JIANGXINORMALUNIVERSITY

江西师范大学博士文库专项资助成果

中国近代大学外语专业人才培养研究
——通识教育的视角

ZHONGGUO JINDAI DAXUE
WAIYU ZHUANYE RENCAI PEIYANG YANJIU
——TONGSHI JIAOYU DE SHIJIAO

肖玮萍 著

中国社会科学出版社

图书在版编目（CIP）数据

中国近代大学外语专业人才培养研究：通识教育的视角/
肖玮萍著 . —北京：中国社会科学出版社，2017.11
（江西师范大学博士文库）
ISBN 978 - 7 - 5203 - 1058 - 1

Ⅰ. ①中… Ⅱ. ①肖… Ⅲ. ①高等学校—外语教学—
人才培养—研究—中国—近代 Ⅳ. ①H09 - 092

中国版本图书馆 CIP 数据核字（2017）第 231869 号

出 版 人 赵剑英
责任编辑 郭晓鸿
特约编辑 席建海
责任校对 张依婧
责任印制 戴 宽

出 版 中国社会科学出版社
社 址 北京鼓楼西大街甲 158 号
邮 编 100720
网 址 http://www.csspw.cn
发 行 部 010 - 84083685
门 市 部 010 - 84029450
经 销 新华书店及其他书店

印 刷 北京明恒达印务有限公司
装 订 廊坊市广阳区广增装订厂
版 次 2017 年 11 月第 1 版
印 次 2017 年 11 月第 1 次印刷

开 本 710×1000 1/16
印 张 22.75
插 页 2
字 数 305 千字
定 价 99.00 元

目　　录

第一章 绪论

中国现代意义上的外语专业教育发轫于晚清。1862 年京师同文馆的创办揭开了中国近代教育的序幕，也是中国近代外语专业教育的先声。自京师同文馆创办至新中国成立的近一个世纪以来，外语学堂或大学外语专业为近现代中国诸多领域培养了大批成就卓著的杰出外语人才。一般而言，人才培养模式是办学理念的具体表现，什么样的办学理念决定了什么样的人才培养模式。大学应该培养通才抑或专才，这个问题在近代中国高等教育界一直存在争论，在这场论战中通识教育理念最终占据主导地位。本书从通识教育的视角，通过探究中国近代大学外语人才培养的历史，深入剖析近代大学外语人才培养模式，对于当前我国大学外语人才培养模式改革、提高外语人才培养质量，具有重要的研究价值。

一 研究缘起及意义

新中国成立 60 多年来，我国高等教育取得了举世瞩目的成绩。在高等教育快速发展的背景下，外语专业的发展尤为迅速。以英语专业为例，在发展速度上，英语专业过去每年平均增加 30 几个；在专业发展规模上，英语专业已由新中国成立初期在全国 23 所高校开设发展成为目前在 1000 多所高校开设，规模扩大了近 50 倍；在专业发展层次上，英语专业从 20 世纪 80 年代初开始已由单一本科教育逐步发展成为本、硕、博一体的人才培养体系，现在全国英语专业硕士点有 208 个，博士点 29 个。① 这些数字表明，过去 30 年外语专业经历了一个"跨越式""超常规"的发展历程，为我国的经济建设、对外交往和社会发展等领域培养了数百万的外语人才。但是，冷静而客观地审视我国外语专业教育发展的现状，发现仍然存在很多问题。

2010 年，第三方调查公司麦可思对连续三届大学毕业生就业情况的调查发现，约三成失业大学毕业生持续性集中在英语、法律、会计、计算机等少数专业。② 与此对照鲜明的是，行业调查结果显示，翻译行业高端人才缺口很大。以 2005 年年初举行的第三届鲁迅文学奖为例，在涉及文学翻译的 5 个奖项中，竟被评委无奈地空缺了 3 个。③ 同时，社会上的口译人才匮乏，尤其是同声传译人才稀缺。作为语言金字塔的"塔尖"，同声传译被称为外语专业的最高境界，这类人才被称为"21 世纪第一大紧缺人才"。据有关媒体报道，在上海所有行业中，小时单位收入最高的仍然属各种高层国际会议的口、笔译人员。④ 英语人才的高失业率与某些高端英语人才严重匮乏之间形成了强烈反差，充分说明了我国高校外语人才的培养现状与社会需求严重错位。早在 1997 年，《外语专业面向 21 世纪教学内容和课程体系改革》北方课题组的一项调查结果显示：被调查的 139 个用人单位对毕业生外语技能基本满意，但对其整体知识结构和研究能力的评价相对较低，其结论是毕业生单一的外语模式已经不适应将来工作的需要。后来甚至有专家大胆指出"英语、计算机这类专业将会消失"⑤。

以上几则信息都指出了同一个问题，即当前我国大学的外语人才培养模式存在诸多亟待解决的问题，这些问题能否得到解决将直接影响到我国

---

① 参见戴炜栋《我国外语教育 60 年：回顾与展望》，《中国外语》2009 年第 5 期。
② 参见冯莉《外语人才培养：需求分析先行》，《光明日报》2010 年 12 月 3 日第 11 版。
③ 参见黄里云《高端外语翻译匮乏呼唤外语人才培养模式的多样化》，《学术论坛》2007 年第 7 期。
④ 参见庄智象《我国外语专业建设与发展的若干问题思考》，《外语界》2010 年第 1 期。
⑤ 冯莉：《外语人才培养：需求分析先行》，《光明日报》2010 年 12 月 3 日第 11 版。

经济与社会的可持续发展以及外语学科的专业合法性存在。以史为镜，对当前探索大学外语人才培养模式改革需总结和借鉴我国近代大学的办学经验。本书选择通识教育的视角，探讨中国近代大学外语人才培养模式的得失，主要基于以下原因：

第一，系统考察中国近代大学外语通识教育理念，对当前大学办学具有重要启示。

近代高等教育是晚清西学东渐背景下的产物，专业性是其重要特质。近代大学外语专业在发展过程中既受到西方高等教育理念的影响，又带有中国传统教育思想的痕迹，由此形成了独具特色的中国近代大学外语通识教育理念。这种外语教育理念强调专业教育与通识教育相结合，以培养人文素养深厚的外语通才为目标。

受社会急功近利风气的不良影响，当前我国高等教育领域出现片面强调专业教育的倾向。殊不知，专业教育与通识教育二者并不是矛盾、对立的关系，它们都是高等教育的重要特性，是互为补充的关系。随着近年来通识教育再次成为高等教育研究和实践中的热点问题之一，我国教育理论界和各高校对于高等教育必须实施通识教育已经达成共识，但是，大学在具体办学过程中应该如何实施通识教育，这可以从中国近代大学外语人才培养历史中获得经验和启示。

第二，深入研究中国近代大学外语专业人才培养模式，能够为当前大学教育变革提供有益借鉴。

中国近代大学外语专业教育为近现代中国许多领域培养了大批杰出人才，有的还是载入史册的历史人物。当时一批留学欧美归国的先进知识分子和西方传教士，以通识教育理念为办学指导思想，对中国近代大学进行卓有成效的改革，从而对外语专业人才培养产生了深刻影响。

当前经过十几年的高校扩招，我国已基本完成高等教育规模扩张的使命。《国家中长期教育改革和发展规划纲要》（2010—2020）对高等教育的要求是：全面提升高等教育质量，建设高等教育强国。因此，从规模扩张向质量提升转变，已经成为我国高等教育面临的最为紧迫的任务。从本质上说，高等教育质量的基础和核心是人才培养质量，[①] 但是传统的人才培养模式在很大程度上抑制了创新型人才的成长。诚如钱学森所言，为什么我们的学校总是培养不出杰出的人才？本文通过深入研究中国近代大学外语专业的通才教育模式，将对我国当前大学人才培养模式改革提供重要借鉴。

第三，探究近代大学外语专业人才培养过程，揭示人才培养规律，这对当前大学外语专业的人才培养模式改革具有重要启示。

中国近代大学外语专业以培养通才为办学目标，在课程设置上重视共同必修课与专业课相结合，通过丰富多彩的课外活动营造良好的校园文化氛围，并以教学管理制度和高水平师资队伍为保障，为近现代中国培养了一大批具有熟练语言技能、较高文学素养、会通中西文化的外语通才。

改革开放 30 多年来，中国外语专业教育改革突飞猛进，其基本特点可用十六个字概括：持续升温，飞速发展，成就巨大，问题犹存。[②] 尤其是在人才培养模式上，不少外语人才存在知识面过窄、人文内涵浅薄、社会适应性不强等缺陷。以史为鉴，当今大学外语专业应该吸取近代大学外语专业人才培养过程中的有益经验，重新把通识教育确立为外语院系的办学理念，实施人文通识教育。正如复旦大学通识教育学院副院长王德峰所说，在通识教育模式下，学生所学的专业及其知识结构虽然并不直接符合行业生涯的需要，但他们在高等教育中所获得的学术修养、独立思考的能力、精神感悟的境界，能使他们形成较为博大的见识、宽广的胸怀和聚散自如的思考能力。而这一切，比起有限的专业知识和技能来说，是更为宝

---

① 参见邬大光《高等教育质量意识的涵义与价值——基于〈质量报告〉的视角》，《高等教育研究》2012 年第 2 期。

② 参见戴炜栋主编《高校外语专业教育发展报告（1978—2008）》，上海外语教育出版社 2008 年版，前言。

贵的品质，是他们有可能在适应社会需要的同时又推动社会进步的根本保证。①

第四，考察近代大学外语学科体系发展历史，可以丰富外语教育理论，推动外语学科的发展。

中国近代外语学科是伴随着近代大学而产生的。晚清时期西方学术分科的观念和方法被引入中国，促使中国近代大学学术分科。"壬寅学制"中"文学科"下设有外国语言文字学，"癸卯学制"中增加为英国文学门、法国文学门、俄国文学门、德国文学门、日本文学门等。随着《大学令》和《大学规程》等教育法规的出台，在形式上最后完成了从注重博、通的中国传统"四部之学"向近代分科性质的"七科之学"的转型，中国近代大学学科体系亦随之形成。② 外语学科归属于文科下设的文学门，分别有梵文学类、英文学类、法文学类、德文学类、俄文学类和意大利文学类。20 世纪 20 年代以后，外语专业逐渐从偏重语言技能训练转向以英美文学教育为主，这种学科定位体现了外语的本质属性——人文性。30 年代以后，多数大学的外文系隶属于文学院，外语学科发展较为稳定。中国近代大学外语学科体系构建过程中，一批留学欧美归国的本土教师和外籍教师把欧美国家的先进外语教育教学理论引入中国大学课堂，从而推动了中国近代大学外语教育理论体系的形成和发展，如燕京大学西语系外籍教师曾经把当时在美国盛行一时的结构语言学理论引入中国。

外语教育是国际性的，介绍和研究国外的外语教学理论有利于开阔我们的视野，跟上外语教育发展的形势。但是这种借鉴和比较还带有一定的盲目性，结合本国国情不够。语言学家王宗炎先生更是一针见血地指出：

---

① 参见高健《试论我国英语专业文化教学与研究的必要性和可行性》，孙有中《英语教育与人文教育》，上海外语教育出版社 2008 年版，第 236 页。

② 参见肖朗《中国近代大学学科体系的形成——从"四部之学"到"七科之学"的转型》，《高等教育研究》2001 年第 6 期。

"有的搞理论的人只是读洋书，讲洋道理，没有回头看看本国情况。"① 应当看到，由于各国的文化传统、思维方式、价值观念不同，在外语教学中所面临的问题和取得的经验，总是带有民族的特点，简单地搬用国外的理论是不可取的。此外，更重要的是，当代外语教育理论是在近代外语教育理论的基础上发展起来的。因此，考察近代大学外语学科体系发展脉络，可以为我国丰富当代外语教育理论体系提供历史依据，促进外语学科的发展。

二　相关概念界定

（一）近代

中国教育史学界一般将 1840 年鸦片战争至 1949 年称为"近代"，1949 年至今称为"现代"。中国近代教育是从传统教育向现代教育的过渡阶段，包括晚清、民国两个时期。本书主要探讨近代中国大学外语专业人才培养问题。

（二）大学

古今大学含义不同。中国古代大学是指培养高层次人才的教育机构，包括辟雍、泮宫、大学、国子监等。中国近现代意义上的大学源于西欧中世纪大学，是实施高等教育的学校。分为综合大学、专科大学或学院。②

不同国家、不同时期的大学模式存在一定差异。中国近代大学移植自西方大学制度。清末《奏定大学堂章程》中规定："大学堂内设分科大学堂。大学堂分为八科。京师大学务须全设。若将来外省有设立大学者，可

---

① 孙梅：《具有中国特色的外语教育理论丛书》，《外语与外语教学》1998 年第 2 期。
② 参见辞海编辑委员会编《辞海》（缩印本），上海辞书出版社 1979 年版，第 624 页。

不必限定全设；惟至少须置三科，以符学制。"① 民初《大学令》规定：

"大学分文、理、法、商、医、农、工七科。大学以文、理二科为主；须

合于下列各款之一，方得名为大学：一、文、理二科并设者；二、文科兼

法、商二科者；三、理科兼医、农、工三科或二科或一科者。"② 1917 年

《修正大学令》规定："设二科以上者得称为大学。其但设一科者称为某科

大学。"③ 1929 年 7 月国民政府公布的《大学组织法》规定：大学分文、

理、法、医、农、工、商、教育各学院，凡具备三学院以上者，始得称为

大学；不合上项条件者为独立学院，得分两科。④ 这些反映了中国近代大

学设置标准的变化。中国近代外语专业人才主要是由大学培养的，此外还

有少量的外语高等专门学校也担负培养外语专业人才的任务。本书以大学

为主要研究对象，即通常所说的综合大学，包括国立大学、私立大学和立

案后的教会大学，并上溯晚清洋务学堂的外语专业人才培养。

（三）外语专业人才

"人才"一般是指"有才识学问的人；德才兼备的人"⑤。《国家中长

期人才发展规划纲要（2010—2020）》中则把"人才"界定为"具有一定

的专业知识或专门技能，进行创造性劳动并对社会做出贡献的人，是人力

资源中能力和素质较高的劳动者"⑥。因此，所谓"人才"必须具备一定程

度的专业知识和品德素质。"专业"是指"高等学校或中等专业学校根据

---

① 璩鑫圭、唐良炎主编：《中国近代教育史资料汇编·学制演变》，上海教育出版社 2007 年版，第 348 页。

② 同上书，第 672 页。

③ 同上书，第 828 页。

④ 参见宋恩荣、章咸主编《中华民国教育法规选编（1912—1949）》，江苏教育出版社 1990 年版，第 416 页。

⑤ 辞海编辑委员会编：《辞海》（缩印本），上海辞书出版社 1979 年版，第 302 页。

⑥ 《国家中长期人才发展规划纲要（2010—2020）》（http://www.gov.cn/jrzg/2010-06/06/content_ 1621777. htm）。

社会专业分工的需要所设置的学业门类"①。综合而言，"外语专业人才"是指高等学校根据社会需要所培养的具有外语专业知识、技能和较高文化素养的人才。本书中简称"外语人才"，特指洋务外语学堂和近代大学外语专业所培养出来的外语专门人才。

（四）人才培养模式

学术界一般认为，"人才培养模式是在一定的办学条件下，为实现一定的教育目标而选择或构思的教育、教学式样"；同时还指出人才培养模式所应涉及的诸要素，包括"课程体系、教育途径、教学方法、教学手段、教学组织手段等"，其中"课程体系是人才培养的核心要素，而其他要素则是为了使课程体系正确而有效的安排和施教从而使培养目标得以落到实处"②。在 1998 年教育部召开的第一次全国普通高校教学工作会议上，周远清副部长将人才培养模式界定为："人才培养目标、培养规格和基本培养方式。它决定着高等学校所培养人才的根本特征，集中体现了高等教育的教育思想和教育观念。"③ 这是从培养目标、培养规格和培养方式三个方面给"人才培养模式"下的定义。

随着理论研究的不断深入，关于人才培养模式内涵的理解颇多。到目前为止，有关人才培养模式概念研究的观点可以归纳为两类：一是狭义说。持这种观点者认为，教育在一定程度上可以归结为两个方面的问题："培养什么样的人"（培养目标）和"怎么样培养人"（培养的方式、方法），二者综合就是人才培养模式问题。如龚怡祖就认为，人才培养模式是"指在一定的教育思想和教育理论指导下，为实现培养目标（含培养规

---

①　杭州大学教育系编：《教育辞典》，江西教育出版社 1992 年版，第 55 页。
②　刘明浚主编：《大学教育环境论要》，航空工业出版社 1993 年版，第 188 页。
③　教育部高教司：《深化教学改革，培养适应 21 世纪需要的高质量人才》，高等教育出版社 1998 年版，第 48 页。

格）而采取的培养过程的某种标准构造样式和运行方式"①。这种界定将人才培养模式仅限于教学模式这个范围内，把"人才培养模式"理解为"过程"或"方式"。二是广义说。此观点认为人才培养不仅是对培养过程的设计和建构，也是对培养过程的管理，把"人才培养模式"理解为各种要素的组合。综合各家观点，本书中的"人才培养模式"是指，在一定教育理论和教育思想指导下，按照特定的培养目标和人才规格，以相对稳定的教学内容和课程体系、管理制度和评估方式，实施人才教育的过程总和。它具体可以包括四层含义：培养目标和规格，为实现一定的培养目标和规格的整个教育过程，为实现这一过程的一整套管理和评估制度，与之相匹配的科学的教学方式、方法和手段。

（五）通识教育

通识教育是一个内涵丰富的，多维度、多阶段的历史范畴概念，不同的历史时期赋予它一定的时代特征，从不同的角度认识通识教育会有不同的定义。狭义的"通识教育"是非专业教育部分，指不直接为学生将来的职业活动做准备的那部分教育，与专业教育一起构成高等教育，但是容易导致通识教育与专业教育的对立；广义的"通识教育"把通识教育看作一种教育理念，指大学教育应给学生全面的教育和训练，教育的内容既包括专业教育，也包括非专业教育。本书采用广义的通识教育，认为通识教育包括教育理念、相应的制度、课程以及教学手段和方法，以把学生培养成知识面宽广、心智和品格等方面协调发展的"完整的人"。

"通识教育"的英文为"general education"，源于亚里士多德提出的liberal education（译为"自由教育""博雅教育"或"文雅教育"）。从字义上看，"general"在《牛津高阶英汉双解词典》中共有六个解释：一是

---

① 龚怡祖：《略论大学培养模式》，《高等教育研究》1998 年第 1 期。

普通的、全面的、整体的、总的；二是非专门的、一般的、普遍的；三是政策的、常规的、通常的；四是大致的、不详细的、笼统的；五是总的、首席的；六是在通常情况下、一般而言。① 所以，"general education" 也被译为"普通教育""一般教育""综合教育"等。国内最早是将"general education" 译作"通才教育""文化素质教育"，直到 20 世纪 90 年代末才开始广泛采用"通识教育"的译法。

19 世纪以前，通识教育一般都作为中小学教育的总称。1828 年美国博德学院教授帕卡德撰文，为大学仍应设公共课而辩护，认为作为进行专业教育训练的前提，大学生必须学习有关的公共课，以得到必要的共同培养，并称这部分保证学生具有一定广度的知识和技能的教育为"通识教育"。② 事实上，中国传统高等教育中也蕴含着丰富的通识教育思想，只是其表现形态不同而已。"儒学教育就其本源和属性而言，乃是一种以人格养成为目的、以儒家经典为范本的通识教育。"③ 台湾学者认为孔子的六艺之教就是通识教育。④ 中国传统儒学通识教育与西方通识教育理念具有相通之处。

三　研究现状综述

迄今直接探讨中国"近代大学外语人才培养"的研究成果并不多见。在中国知网，以"篇名"为检索项，分别用"晚清""外（英）语人才"和"民国""外（英）语人才"进行检索，仅有两篇期刊论文：《晚清外

---

① ［英］霍恩比：《牛津高阶英汉双解词典》，石孝殊等译，商务印书馆、牛津大学出版社 2004 年版，第 727 页。
② 参见鄢彬华、谢黎智《通识教育的内涵辨析》，《教育学术月刊》2010 年第 6 期。
③ 张亚群：《科举制下通识教育传统的演变及其启示》，《华中师范大学学报》2009 年第 4 期。
④ 参见林安梧《孔子的六艺之教就是通识教育——世界最早的通识教育家》，《通识在线》2005 年第 10 期。

语人才培养特色及其当下启示》① 和《民国时期学术型英语人才培养特色
及其当下启示》②，而与中国近代大学外语人才培养相关的研究成果主要集
中在中国外语教育史、大学校史、中国近代大学通识教育实践等研究领域。

（一）中国外语教育史研究

中国近现代意义上的外语教育发轫于晚清。有关中国外语教育史的研
究成果主要集中在两个方面：一是从宏观的、历史的视角梳理中国近现代
一个半世纪以来的外语教育发展变迁；二是从微观的、教育的视角考察中
国近代外语学堂和大学外文系的办学模式及其影响因素等。

1. 宏观的、历史的视角

这类研究成果主要集中在教育史著作中。付克的《中国外语教育史》
（1986）是我国第一部研究外语教育历史的专著，时间跨度始于西汉，止
于 20 世纪 80 年代中期。从篇幅和取材来看，对中国近代外语教育
（1840—1949）的介绍篇幅较小，只有两章对当时开展外语教育的时代背
景、学堂沿革、教学管理、招生制度和课程设置等基本事实大多几句带
过。该书侧重新中国成立后的外语教育，既汇聚了国家教育主管部门的相
关政策文件，又有外语师资、课程设置、教学计划、语种分布的列表和统
计数据，对我们较为清楚地了解1985年之前中国外语教育的方针政策和基
本事实，具有较高的参考价值；李传松和许宝发合著的《中国近现代外语
教育史》是继1986年版《中国外语教育史》后出现的第二本外语教育史
专著，记载了1862年京师同文馆创办至今一个半世纪以来中国外语教育发
展的概况，尤其首次对民国时期的高等外语专业教育进行了系统介绍；李

① 仇云龙、张绍杰：《晚清外语人才培养特色及其当下启示》，《外语教学与研究》2011 年第 2 期。
② 仇云龙、张绍杰：《民国时期学术型英语人才培养特色及其当下启示》，《外语教学》2012年第 4 期。

传松的《新中国外语教育史》的研究重点是新中国成立后的外语教育发展概况，不过教会学校的外语教育和民国时期的高等外语专业教育在第一章中有所涉及。以上三部外语教育史著作主要是从历史梳理的角度介绍中国近现代外语教育的发展概况，其特点是侧重历史叙述，较少评论。这类研究成果虽然关于高等外语专业教育方面篇幅不多，但是为本书的研究提供了广阔的历史背景和丰富的研究史料，有利于笔者从整体上把握中国近代大学外语专业教育的发展脉络。

2. 微观的、教育的视角

对中国近现代外（英）语教学史的整体脉络进行梳理的研究成果有自称是 1986 年版《中国外语教育史》的"姊妹篇"，即许国璋的《中国英语教学史——一部考订详实的教育史》。该著作详细地论述了从清末到 1987 年中国英语教学的发展历史，特点是"倾向于以史带论，史论结合，广泛地收集、引用史料，公正地评价历史事件与人物，客观地论述某一时期教育政策的成败得失"①。该著作对民国时期的几所著名大学（如北京大学、清华大学、中央大学等）外文系的课程设置和教学情况作了详细介绍，为本书的外语人才培养模式研究提供了有价值的史料。

有关晚清洋务外语学堂的教育教学模式的研究成果非常丰富。高晓芳的《晚清洋务学堂的外语教育研究》从语言学入手，采用史料考据的实证方法和横向参照的比较史学方法，对四所典型的外语学堂的办学背景、历史沿革、机构组织、师资、课程设置、教学内容、教材、考试等进行细致描写和客观梳理，并分析与总结其教学成就、影响和特点。粟进英和易点点合著的《晚清军事需求下的外语教育研究》重点考察了以晚清同文三馆为主的外国语言文字学馆、福州船政学堂、水师学堂、武备学堂的外语教育，客观叙述了特殊时代背景下学堂的创办过程、历史沿革、办学宗旨、

---

① 许国璋：《中国英语教学史——一部考订详实的教育史》，《外语教学与研究》1989 年第 2 期。

教习学生、课程设置、教学管理、教材教法、办学特点和成就等。顾卫星的《明清学校英语教学研究》和张美平的《晚清外语教学研究》，通过论述教会学堂的外语教学、官办学堂的外语教学以及留学教育，回顾了中国外语教学的发展轨迹，并总结了晚清外语教学特色、影响及其启示等。此外，李长莉的《晚清同文三馆对人材的培养》①和前文提到的由仇云龙、张绍杰合著的《晚清外语人才培养特色及其当下启示》则从人才培养的角度分析了晚清外语学堂的培养目标、培养方式和学生出路等。

民国时期是外语学科发展较快的黄金时期。有关民国时期大学外语教学（含公共外语和外语专业）的研究成果主要散见于一些期刊论文和回忆录中。

李良佑和刘犁 1988 年合编的《外语教育往事谈——教授们的回忆》中收录了数十位我国外语界老一辈知名专家学者（如季羡林、柳无忌、许国璋、王佐良、李赋宁等）的回忆文章。他们以本人的亲身经历，用生动活泼的语言、充满生活气息的事例，或回忆自己从事外语教学的一生，或追记先辈、师长、同窗的往事，或描述某个时期、某个学校的外语教学实况，所有这一切给我们清晰地勾勒出了一幅中国近当代外语教育的画卷。2005 年束定芳主编《外语教育往事谈（第二辑）——外语名家与外语学习》再次邀请我国外语界和语言学界一批知名的专家学者（如王宗炎、章振邦、李观仪和胡明扬等）撰文回忆自己早年外语学习的经历。此外，一些外语专业出身的名人或其后代以日记、回忆录、自传、口述史、年谱、纪念性文集以及学术随笔等各种方式，生动回顾和反思近代大学外语教学的种种风貌。如《钱钟书传》《季羡林传》《曹禺传》《柳无忌年谱》《追忆吴宓》《吴宓日记》《清华人文学科年谱》《雪林樵夫论中西——英语语言文学教育家范存忠》《冯至传》《学习英语与从事英语工作的人生历程》

---

① 　李长莉：《晚清同文三馆对人材的培养》，《河北师范大学学报》1987 年第 1 期。

《赵瑞蕻自撰传略》等。①

　　此外，还有一些期刊论文对某一所大学的外语教学进行专题研究。如邱志红的《京师译学馆英语教育初探》、陈雪芬的《柳无忌与南开大学英文系》《清华大学外文系的博雅教育模式分析》《吴宓的外语教育思想和实践之探析》等三篇论文，以及陈建中的《吴宓的"博雅之士"：清华外文系的教育范式》和范立彬的《清华学堂的建立及其外语教育模式》，分别对清末京师大学堂译学馆、民国时期的南开大学和清华大学的外语人才培养模式（包括培养目标、课程设置、课外活动、师资队伍等）进行深入研究。徐婕妤的《语言环境、文化教学与拿来主义——我国近代教会学校（圣约翰大学）外语教学的个案分析及启示》和丁伟的《传教士卜舫济及其主持下的圣约翰大学的英语教学》则对教会大学典型代表之一的上海圣约翰大学的外语教学进行分析，而王燕的《西南联大外文系的文化精神——外文系与联大诗人群》则从文学创作的角度得出文学教育在西南联大外文系人才培养过程中的重要性。上述关于民国时期大学外文系的办学实践研究成果为笔者进一步分析民国时期大学外语专业人才培养模式奠定了良好的研究基础。

　　值得关注的文献还有陈雪芬的《中国英语教育变迁》，该著作对中国近代以来英语教育的变迁进行了系统梳理，并在此基础上，重点剖析了中国英语教育变迁与社会物质环境、政治环境、文化环境以及不确定因素之

---

　　① 按专著出版和论文发表的时间先后顺序，成果分别为，孔庆茂：《钱钟书传》，江苏文艺出版社 1992 年版；叶雪芬主编：《柳无忌年谱》，社会科学文献出版社 1992 年版；《吴宓日记》，生活·读书·新知三联书店 1998 年版；齐家莹主编：《清华人文学科年谱》，清华大学出版社 1999 年版；李继凯、刘瑞春选编：《追忆吴宓》，社会科学文献出版社 2001 年版；王守仁编著：《雪林樵夫论中西——英语语言文学教育家范存忠》，南京大学出版社 2002 年版；陆耀东：《冯至传》，北京十月文艺出版社 2003 年版；中央大学南京校友会、中央大学校友文选编辑委员会编：《南雍骊珠：中央大学名师传略》，南京大学出版社 2004 年版；李赋宁：《学习英语与从事英语工作的人生历程》，北京大学出版社 2005 年版；蔡德贵：《季羡林传》，陕西师范大学出版社 2009 年版；田本相：《曹禺传》，东方出版社 2009 年版；赵瑞蕻：《赵瑞蕻自撰传略》，《文教资料》1995 年 Z1 期。

间的互动关系，有助于本书突破历史梳理视角的束缚，对历史事实背后的因素进行分析，提升了理论高度。

(二)　中国近代大学通识教育研究

有关中国近代大学通识教育的研究成果可以归纳为以下几个方面。

1. 近代大学通识教育思想研究

通识教育这一个概念虽然是从西方引进的，但是中国传统儒家教育也蕴含丰富的通识教育思想。如台湾学者黄俊杰在《大学通识教育的理念与实践》一书中以《孟子》为例，探讨中国文化经典中潜藏的通识教育理念及其教学策略。李曼丽的《通识教育——一种大学教育观》在对中国古代教育与西方自由教育进行对比的基础上论述了中国近代大学通识教育的历史和特点。梅贻琦的《大学一解》①一文系统探析了通识教育的内涵及与专才教育的关系。金耀基的《大学之理念》也论述了包括书院在内的中国传统教育中的通识教育思想。

从"传统"到"现代"是一个不断裂的连续体。通识教育成为民国时期大学的主导教育理念并不是一蹴而就。康全礼的《民国时期大学通才教育理念探析》认为近代大学通才教育思想是在与专才教育思想不断冲突中逐渐形成并占据主导地位的，并对其背后的原因进行了分析。由于受中国传统儒家教育和西方教育思想的影响，中国近代大学的校长和知名教授中持有通识教育理念者较多。张亚群和虞宁宁的《会通中西　教泽群贤：陈垣高等教育思想特色辨析》、黄俊伟的《中国近代教会大学的教育理念述评——以华人校长为例》和王列盈的《论蔡元培的通识教育思想》，以辅仁大学校长陈垣和北京大学校长蔡元培的通识教育思想作为研究对象。此外，金林祥、黄延复、梁吉生、张彬、孙邦华、初立萍等也对蔡元培、梅

---

① 黄延复、马相武主编：《梅贻琦与清华大学》，山西教育出版社1995年版，第56页。

贻琦、张伯苓、竺可桢、陈垣、潘光旦等的通识教育思想进行深入研究。

2. 近代大学通识教育实践研究

教育理念决定培养目标，培养目标要通过教育模式实现。因此，归根结底，中国近代大学（外语）人才培养模式与学校创办者或管理者的教育理念密不可分。其中校长又是大学办学的核心人物。张亚群和刘毳的《梅贻琦与清华大学通识教育实践》从人才培养实践的视角，分析了梅贻琦独特的通识教育思想，即教育目的上主张"明明德""新民"，养成整体之人格，人才培养目标上坚持"知类通达""通重于专"，注重通才教育；教育内容和方法上倡导各学科融会贯通，养成广博学识；师生关系上提出"大师"论与"从游"论，强调教师的特殊作用。并将其通识教育理念贯穿其治校方略、师资建设、学科发展、课程设置、校园文化诸环节，促进了创新人才的培养，为当今大学教育变革提供了有益借鉴。[1] 胡莉芳的《中国近代大学校长的通识教育理念和实践》也对一批具有现代大学理念和传统学术修养的中国近代大学校长（梅贻琦、郭秉文、李登辉和竺可桢）秉持通识教育理念，并且付诸大学办学实践进行深入研究。而杜红琴的《清华早期名师关于通识教育的主张与实践》探讨了 20 世纪二三十年代清华大学的教师们（梅贻琦、冯友兰、潘光旦和吴宓）如何立足于一个学科或一个系所，在有限的教育生涯融通着可贵的通识教育精神，为培养通识之才、博雅之士开创了一代学风，也为我们留下了宝贵的通识教育传统。

另外，王运辉的《燕京大学通才教育办学理念及其教育实践》、江渝的《"通才教育"：西南联大成功经验探析》和高建国、张俊峰的《西南联大教授群体通识教育的思想认同与实践效应》则分别考察了燕京大学和西南联大的通识教育办学理念，并从培养目标、课程设置、文体活动等方

---

[1] 参见张亚群、刘毳《梅贻琦与清华大学通识教育实践》，《大学教育科学》2011 年第 4 期。

面具体探讨了大学通识教育实践，以期可以对我国当前大学重建现代大学精神有所借鉴。

3．近代大学通识教育课程研究

通识教育课程是高校课程体系中的重要组成部分，也是充分体现通识教育理念的教育内容。迄今为止，除了在有关大学通识教育实践的研究成果和大学校史中对通识教育课程有所涉及之外，以近代大学通识教育课程作为研究对象的成果仅有两项。如李佳的《近代中国大学通识教育课程研究》在西方大学通识教育理念导入的大背景之下，结合近现代中国社会特有的政治、经济和文化因素，对北京大学、清华大学、南开大学和国立西南联合大学进行案例分析，较为深刻、细致地描述了中国近代大学通识教育课程的演变过程，同时也为当前的大学通识教育改革提供了历史的借鉴。还有冀运鲁的《高校通识教育教学改革与课程设置探究——以民国时期的无锡国专为例》考察分析了以保存国学、继承发扬民族文化为办学宗旨的无锡国专在坚持专业特色的基础上注重通识教育，并把课程建设与教育目标紧密结合起来，提倡厚实基础、博览专精，最终不仅培养了诸多国学精英，而且还培养了钱伟长这样的科学家。

（三）通识教育视角下的外语教育教学研究

基于外语学科的人文属性，外语教育与通识教育关系密切。早在2006年，北京外国语大学英语学院主办了全国人文教育与英语教育研讨会，来自全国各地60多所高校英语专业的近百名学者、教师以及多位海外学者围绕中国高校英语专业的教学改革问题进行讨论。孙有中主编的《英语教育与人文通识教育》就是在此次研讨会基础上出版的论文集。这本论文集由五部分组成。第一部分是"大学教育与人文通识教育"，旨在为英语专业的人文通识教育讨论提供中国高等教育整体改革的宏观背景。第二部分是"外语教育与人文通识教育"，在中观层面探讨外语教育与人文通识教育的基本关系，讨论视角基本上也是英语专业的。第三部分是"英语教育与人文通识教育"，既有对英语专业如何与人文通识教育相结合的理念层面的思考，也有对英语专业近年来探索培养模式改革的回顾。第四部分是"英语专业人文通识课程建设"，反映了英语界在课程设计和教学方法方面的最新探索。第五部分是"反思和展望"。这本论文集为笔者研究外语院系如何加强人文通识教育开拓了思路。

另外，一些学位论文和期刊论文也对通识教育视角下的外语教育教学进行了探讨，可以归纳为两类。

（1）通识教育视野下的大学英语（即公共外语）教学。由于外语具有工具性和人文性统一的属性，因此"大学英语"课程在通识教育中具有重要地位和作用。周谷平与李佳合著的《通识教育视野下的大学公共外语课程——以近代清华大学为个案》一文认为，通识教育视野下的大学公共外语课程绝不仅仅是一个可以使用的工具，而应该是帮助学生获取语言文化和通识性知识以及培养中外交流综合性能力的重要载体。清华大学在实施通识教育中充分发挥公共外语教育的作用，为我们今天更加理性地认识外语的作用和地位，并以此为载体推动通识教育的开展具有借鉴意义。陈坚林与顾世民合著的《试论大学英语课程在通识教育中的地位和作用》则强调大学英语课程应以语言的工具性为主，兼顾人文性，通过改革课程内容体系，在工具性和人文性之间找到恰当的平衡点，使之成为实现通识教育的一种有效手段和重要途径，为此要处理好四个方面的问题：大学英语课程改革的基本方向是朝向通识教育；大学英语课程的地位和任务是对学生进行世界文化的熏陶和本民族文化的认同；加强大学英语通识化教育课程建设，聘请各学科领域既有深厚学养又精通外语的专家以外语为教学语言，开设自然科学和应用技术方面的课程以及人文社科领域中较高水平的课程；加强师资队伍建设。吴鼎民所著的《大学英语教学的"三套车"构想与高素质人才培养》提出一个大学英语教学"三套车"的"大学英语"

课程内容体系，即把英语语言、中外文化和多学科知识融为一体的大学英语教学内容。此外，何蓉、马彦、康志峰、沈骑、冯新华等也在关于如何发挥大学英语课程的通识教育功效方面做了深入探讨。

大学英语教学是一个系统过程，而不仅仅是指大学英语课程。例如潘凌的《浅论"大学英语"教学中的通识教育》提出"大学英语"通识教育，就是在"大学英语"教学活动中，以学生为主体，以更加灵活多样的教学形式和教学方法将英语语言学习和英语国家人文、社科、自然科学等诸多方面的学习有机地结合在一起的一种教育模式；其目的是要塑造和培养既具有较强的英语语言能力又具备广泛的英语相关知识的全面发展的人。而章赟的硕士学位论文《从通识教育视角探讨中国大学英语教学改革》则从中外比较的视角，以麻省理工学院的外（汉）语教学和上海交通大学的英语教学实施通识教育为个案，探讨如何重构我国大学英语教育教学目标、教学内容、教学模式、教学手段和教学评估，为当前我国"大学英语"教学改革和发展提供了域外比较的视角。

（2）外语专业的通识教育实践研究。对中国近代大学外语专业的通识教育实践进行研究的代表性成果有：陈雪芬所著的《清华大学外文系的博雅教育模式分析》，该文指出民国时期清华大学外文系由于实施博雅教育模式，为我国培养了一批学贯中西的外语人才，并提出该模式的特点："博雅之士"的培养目标、博专兼顾的课程体系和博雅之师。由于通识教育是当前大学教育改革的热点，部分大学的外语专业已经或正在进行通识教育实践，因此这方面的研究成果非常丰富。例如，柴改英的《以外语创新人才培养为目标的通识教育》考察浙江工商大学外语系以外语创新人才培养为目标的通识教育实践，在夯实学生专业基础的同时，强调学生创新思维能力、创新实践能力和创新人格的全面发展。张欢雨和马伟林的《通识教育视野下的英语专业教学改革》论述在目前通识教育的大背景下，外语专业应从专业课程设置、传授方式改革和考核体系调整三方面进行改革，以提高学生人文素质，培养学生逻辑思维能力、发现问题解决问题的能力、获取知识的能力和综合运用知识的能力。

梁德智等的《通识教育在外语类高等院校本科教育阶段的地位及其现状的调查研究——以北外、上外、广外、外交学院、西外等五所外语类院校为例》对五所国内外语类高校本科教育阶段的人才培养目标、通识教育课程和通识教育实施途径进行研究。虽然这篇论文的研究对象主要是外语类专门院校，但仍为本书分析综合大学的通识教育课程结构提供了参照。

此外，还有一些期刊论文在人文课程开设和教材选取上提出了见解，例如陈晓平的《通识教育的有益尝试——英语专业开设中国传统诗词课程的实践研究》和张科平的《英语通才培养探析———声像教材和语法教材的综合运用》等。

综合以上研究成果可知，已有研究成果能够为本研究的开展提供许多有价值的参考，主要表现在三个方面：一是有关中国外语教育史的研究成果为外语人才培养提供许多直接的、丰富的史料，使得笔者可以在历史客观事实基础上总结历史经验以资借鉴；二是中国近代大学通识教育研究的成果为本书提供了一个研究背景——通识教育，使得本书更有针对性，尤其是关于大学校长的通识教育思想研究，为笔者考察近代大学外语人才培养模式奠定了理念基础；三是通识教育视角下的外语教学研究成果为笔者在总结前人经验并得出现实启示时提供了更多研究设想和参考。由于关于中国近代大学外语人才培养问题目前还没有系统的专门研究，因此，本研究尝试在归纳整理已有相关研究成果的基础上，考虑到人才培养理念嬗变的影响，对中国近代大学外语人才培养模式进行深入研究，以期为我国当前大学外语人才培养改革提供有益借鉴。

四　研究思路与方法

本书以高等教育学基本理论为指导，从通识教育的视角，围绕中国近代大学外语人才培养的主题，在探讨中国近代大学外语人才培养理念嬗变的基础上，系统考察中国近代大学外语人才培养模式，并分析近代大学外语人才培养的一系列制度保障及办学成效；最后，从理论上分析中国近代大学外语人才培养的影响因素，总结出外语人才培养的特点，为当今我国大学外语人才培养改革提供历史借鉴和现实思考。

本书主要运用以下三种研究方法。

（1）历史文献法。这是本书所采用的主要方法。中国近代大学外语人才培养的相关文献可分为三类：一是档案资料，它们分散保存在国家图书馆、各大学的图书馆和档案馆中，主要以"学程大纲""大学一览""选课指导书"等形成存在；已有的中国近代教育史资料汇编和大学校史中也散见部分相关史料。二是报刊文献，如《申报》和各校的校报和校刊中有关近代大学外文系办学情况的记载。三是时人的相关文献记录，如近代大学外语专业的教师和学生在传记、日记或回忆录中对当时外文系的教学和学习生活的描述。笔者在研究中收集、查阅、整理和筛选相关大学外语专业的历史文献，在此基础上归纳总结，进行理论分析。

（2）比较研究法。从办学经费来看，中国近代大学大致可分为国立大学、省立大学、私立大学和教会大学。虽然在通识教育理念的影响下，培养外语通才是民国时期大学外文系的共同培养目标，但是不同性质的大学在制定具体培养目标上，或多或少会考虑到自身校情。因此，不同性质的大学在外语人才培养模式上的异同，只有通过比较才能得出结论。为此，本研究选取国立、私立和教会大学各一所，对其培养目标、课程设置等方面进行比较，以总结出近代大学外语人才培养的规律性和独特性。

（3）个案研究法。本研究选取清华大学外文系人才培养作为个案，考察分析外文系的博雅教育模式，以进一步证明通识教育理念在外语人才培养和成长过程中的重要作用。

本书的主要内容包括以下六部分：

第一，运用高等教育基本理论，探讨中国近代大学外语人才培养理念的历史嬗变。鸦片战争后，为了救亡图存，"中体西用"人才观成为洋务外语学堂人才培养指导思想，外语学堂致力于培养外交翻译人员和懂西语的科技专门人才，如《钦定京师大学堂章程》确立以"端正趋向，造就通才"为办学宗旨，培养既精通中学，又具备"西学艺能"之士成为清末分科大学的人才培养目标。受德国教育思想和蔡元培大学教育思想的影响，民初《大学令》提出"硕学闳才"的教育宗旨。五四运动以后，由于国内政治经济环境的变化和留美学生群体的推介，美国大学通识教育理念进一步影响中国大学办学实践，而1938年共同科目表的颁布，标志着通识教育已经成为影响大学人才培养的主导理念。

第二，探析通识教育视角下的中国近代大学外语人才培养模式。中国近代大学的组织模式随着大学学科建制的演变而不断发展，即从清末的分科大学模式到民初的文理综合型大学模式，再到民国中后期的大学学院制模式。本书分别以京师大学堂译学馆、国立北京大学英文系、国立中央大学外文系、厦门大学英文系和辅仁大学西语系为案例，从培养目标、课程设置、课外活动、师资队伍和教育成效等几个方面考察分析中国近代大学外语人才培养模式。

第三，探究民国时期大学外语人才培养的制度保障。在教学管理制度方面，灵活而有弹性的选科制和学分制为外文系在课程设置上贯彻通识教育理念、培养通才提供了制度前提；严格的成绩考核制度保证了外文系培养出较高质量的外语人才；而宽松的转学、转系制度则使得学生可以选择自己心仪的学校和专业，为他们日后成才奠定了良好基础。在师资制度方面，教师聘任制为各校聘任到合格、优秀的师资确立了聘任标准；导师制的实行为学分制下的学生自主学习提供了学业、生活和品德等方面的宏观指导；各校在教师兼课和学术休假研究方面制定的措施有助于教师的培养和提高，并为外语人才培养提供了较为充足和优质的师资保障。

第四，选取清华大学外文系进行个案研究。在对梅贻琦和吴宓的通识教育思想进行分析的基础上，从培养目标、课程设置、课外活动和师资队伍四个方面考察清华大学外文系的博雅教育模式，充分展现了近代大学外语人才培养的共性与个性特点。

第五，分析中国近代大学外语人才培养的成效。在对近代大学外语专业培养的、在诸多领域成就突出的毕业生进行分类整理的基础上，总结外语专业毕业生的群体特点，并进一步分析近代大学外语人才辈出的原因。

第六，在对中国近代大学外语人才培养的政治、经济和文化教育因素进行分析的基础上，从人才培养理念、课程设置、非正式教育和师资队伍等四个方面总结出近代大学外语人才培养的特点；并以史为鉴，针对当前我国大学外语人才培养模式存在的问题，提出几点现实启示。

第二章　中国近代大学外语专业人才培养理念的嬗变

　　教育理念是人们对于教育现象和教育活动的理性认识、理想追求及其所形成的教育理想观念和教育哲学观点。它具有导向性、前瞻性和规范性等特征。① 人才培养模式是教育理念直接的、具体的表现形式。"凡研究一个时代思潮，必须把前头的时代略为认清，才能知道来龙去脉。"② 因此，要研究中国近代大学外语专业人才培养模式，首先要考察在其背后起关键作用的人才培养理念的嬗变轨迹。探究不同历史时期的外语人才培养观，对于我们梳理中国近代大学外语专业人才培养理念的脉络具有重要意义。本章主要从晚清洋务学堂的"中体西用"人才观、清末大学的通才教育思想以及民国时期大学的通识教育理念三个方面，分析近代大学外语专业从专才向通才的转变。

第一节　晚清洋务学堂的"中体西用"人才观

　　我国外语教育历史悠久。明代四夷馆和清初俄罗斯文馆由于受到"科举入仕"的影响，具有办学规模小、教学缺乏阶段性、外语人才培养不受

---

① 参见韩延明《大学理念论纲》，人民教育出版社 2003 年版，第 64 页。
② 梁启超：《中国近三百年学术史》，人民出版社 2008 年版，第 2 页。

重视等局限性。① 现代意义上的外语专业教育始于晚清。1840 年的鸦片战争打破了古老的中华帝国闭关自守的、与世界隔绝的状态，中华民族面临着亡国灭种的危机。为了救亡图存，清朝统治者不得不引进西方的专业教育模式，洋务学堂应运而生。中国传统的以培养"通儒""贤人"为目标的儒家伦理道德教育受到严重冲击，培养掌握经世致用的西学艺能之人成为洋务学堂的教学目标。其中，为了应付晚清政府在外交、军事和科技上的迫切需要，以京师同文馆为代表的洋务外语学堂从最初以培养外交翻译人才为主到后来逐渐培养精通西语的科学技术人才，其办学宗旨都是偏重培养"中体西用"的工具型人才。

一　"中体西用"人才观的确立

所谓"中体西用"，中学，指的是中国传统的纲常礼教、伦理道德和文物制度等；西学，指的是西方的语言文字、军事技术和工艺制造技术。二者关系中，中学是核心、根本，西学是补充、附庸。冯桂芬是"中体西用"论的最早表述者。他在《校邠庐抗议》中提出"以中国之伦常名教为原本，辅以诸国富强之术"②。这种"本辅说"可以看作"中体西用"论的雏形。洋务派主要代表人物奕䜣、曾国藩、李鸿章等都直接受到这一观念的影响。19 世纪 60 至 90 年代，洋务教育就是在"中体西用"思想的指导下全面展开的。在人才培养上，洋务外语学堂摒弃了中国传统高等教育培养"通才""贤才"的人才观，而转向"中体西用"的人才观，提倡学习西文、西艺，培养各种实用人才。之所以出现这样的转向，一方面是因为中国传统高等教育人才培养模式与现实社会不相适应；另一方面也与晚清一些开明人士在言论和实践上的大力倡导分不开。

---

① 参见高晓芳《晚清洋务学堂的外语教育研究》，商务印书馆 2005 年版，第 59—60 页。

② 璩鑫圭、童富勇主编：《中国近代教育史资料汇编·教育思想》，上海教育出版社 2007 年版，第 27 页。

（一）中国传统高等教育人才培养模式弊端凸显

高等教育是一个历史的、动态的概念，在不同的社会以及同一社会的不同历史阶段，表现出不同的形态或模式。近现代意义上的高等教育是"建立在普通教育基础上的专业教育。它是随着资本主义经济的萌芽与发展、近代科学的产生与发展而在教育领域中，首先是在学校教育的领域中逐渐形成的历史概念"①。相比之下，古代东西方所出现的具有某种高等教育属性的学校教育则属于传统高等教育，亦称古代大学教育。中国古代高等教育的形态多种多样，按办学性质和教育功能来划分，其形态主要包括三种，即源远流长的官学、影响深远的科举考试制度以及具有私学传统的书院教育组织形式。② 然而，不论哪一种高等教育形态，终究都是以儒家思想为核心，以培养人的完善人格为主要目的。它们重视道德教育，轻视有关生产、生活实际知识的学习，即贵"做人"而轻"治事"。当晚清科举制度弊端加深、西方列强侵略不断之际，为挽救摇摇欲坠的清政府统治，以奕䜣、李鸿章为首的朝廷官员积极倡导"洋务运动"，兴办军事工业，并围绕军事工业开办其他企业。在兴办洋务实业过程中，洋务派感到了新式人才的严重匮乏和科举人才与新形势间的不适应。传统高等教育人才培养模式面临严重的危机，主要表现如下。

1. 人才培养目标单一

中国古代高等教育的办学目的是培养"修身、齐家、治国、平天下"的人才，而不是以专业或职业的训练为目的。儒家教育的培养目标是"君子不器"（《论语·为政》），也就是说，无论是做学问还是从政，都应该博学而才能广泛，努力使自己成为适应各个方面需要的通才。隋唐以降，

---

① 潘懋元：《高等教育学》（下册），人民教育出版社 1985 年版，第 246 页。
② 参见张亚群《科举革废与近代中国高等教育的转型》，华中师范大学出版社 2005 年版，第 8 页。

科举选士制度与儒学教育紧密结合。在"学而优则仕"的传统思想观念的指引下，中国古代高等教育以培养各级行政官吏为基本导向。因此，传统的中国高等学校，如太学、国子监、书院等，培养目标单一，无论是"通儒""大儒"还是"智者""贤人"，其规格大同小异，即学生最基本的品质是忠君尊孔，恪守封建伦理纲常；接受的是儒家经典教育；其最终目标是科举入仕，而忽视其他专门人才的培养。虽然唐代设有律学、书学、算学、医学等专门学校，事实上它们的社会政治地位远不如太学、国子监学和四门学。在科举时代，读书人为了应付科举考试，整天埋头八股文，导致知识日渐贫乏、思想日益僵化，无法适应社会现实需要。鸦片战争后，近代中国社会发生巨大变化。在洋务运动的推动下，军事、造船、驾驶、电报、矿务、冶金、铁路、纺织和商务等洋务实业的发展对学校培养目标的需求呈现出专门化和多样化的特征，而这些恰恰是国子监和书院教育无法满足的。虽然当时存在少量的专科学校，但也仅限于医、算、律、书、画数种，而这些学校绝不可能培养出近代中国所急需的军事、外交、科学技术、工商实业等专门人才。

2. 教育内容重人文轻自然

我国自先秦时期就形成了社会本位的教育价值观。自从汉武帝提出"罢黜百家，独尊儒术"之后，中国传统教育始终将儒学及儒家经典作为学校主要的教学内容。为了更好地实现其培养完善人格的教育目的，中国儒家教育崇尚伦理道德，重视经学、文学、历史、法律等人文学科知识，排斥自然科学，贬抑生产技艺。

事实上，在中国，专科学校的发展有着悠久的历史，最早可追溯至东汉灵帝光和元年（178）在洛阳建立的鸿都门学。它的教学内容主要是辞赋、小说、尺牍、字画等，可以说是一所文学艺术专科学校。唐朝中央官学中设有律学、算学、医学、崇玄学等专科，但占主导地位的仍然是儒家人文教育。为了选拔治国人才，除了专设明经科外，凡文学、历史、法律、时务等人文与社会知识均为科举考试的重要内容。"数学、天文学、医学在讲求'天人合一'的中国古代还是与'人事'有一定的关系，才受到统治者某种程度的扶植，而与'人事'没有多大关系的物理、化学、生物、地质等学科，则更为社会所忽视了。"① 明末清初以西方传教士为媒介，西学开始传入我国，"以天文学为主，数学次之，物理学又次之，而其余则附庸焉。其在我国建设最大者为天文学，与清代学术团体关系最深者，天文学与数学惟均"②。但由于儒家文化传统的排斥作用，西学不可能影响到国子监和书院的教学体系，也未列入科举考试的范围。中国传统学校教育重人文轻自然的教育取向，也进一步阻碍了中国古代自然科学的发展。

1840 年鸦片战争的洋枪洋炮，把古老的中华帝国轰出了中世纪，中国被迫跨进近代的大门。近代社会是以产业革命为基础的，而产业革命本身就是科学和生产相结合的产物。因此，近代社会要求学校开设以实验为基础，以实用为目的的近代自然科学、应用科学、工艺制造、语言文化等课程，使教育与社会、与经济、与人民的生活密切联系，以满足资本主义发展的需要。③ 但是，中国传统高等学校的教育内容显然无法适应这一社会现实需要。

3. 教学方法机械僵硬

先秦儒家所倡导的教育方法很多。有些教育方法由于具有科学性和合理性，而沿用了几千年，如"因材施教""启发教学""反求诸己"等。不过，隋唐以后，由于儒学教育与科举考试相结合，教育方法开始从注重启发、自学逐渐转向以考试技能的训练为主。尤其是宋代以后，由于受科

---

① 刘海峰：《传统文化与中国古代高等教育特点》，《机械工业高教研究》1994 年第 4 期。

② 斯日古楞：《中国近代国立大学学科建制与发展研究》，博士学位论文，厦门大学，2012年，第 25 页。

③ 参见霍益萍《近代中国的高等教育》，华东师范大学出版社 1999 年版，第 4 页。

举入仕的功利影响，除书院教育外，官学教育总体上逐渐从注重主动的"教"与"学"，蜕化为被动地死记硬背、猜题押题等应试"训练"。读书人为了应举，除了科举考试要考的那几部有限的经书，乃至其中特定的篇卷之外，其他一概不关心。这种对儒家经典的机械灌输、死记硬背，使得大多数读书人知识结构褊狭、思想禁锢僵化。

（二）有识之士的积极倡导

由于中国传统高等教育所培养的人才无法适应中国现实社会的需要，晚清一些具有开明思想的政府官员和知识分子开始把学习目光投向西方，从而开启了西学东渐的学习历程。西学东渐是指西方近代文化（包括西方近代高等教育）向东方国家传播与被接纳的过程。① 鸦片战争后，中国的国门被打开，传教士仰仗不平等条约，获得在华传教、办学等特权，对中国社会文化产生广泛冲击。据统计，1843—1860 年间，传教士在香港、广州、福州、厦门、宁波和上海六城市，出版各种西书 434 种，是鸦片战争前 30 多年（138 种）的 3 倍。其中纯属宗教性质的有 329 种，占总数的75.8%；属于天文、地理、数学、医学、历史、经济等方面的有 105 种，占 24.2%。② 由此可见，传教士在鸦片战争后将近 20 年里，扮演着传播西学的主角，其活动实际上是配合其宗主国军事侵略的一种文化侵略。③ 西方帝国主义的炮舰，不仅打开了中国的国门，也惊醒了一些开明的中国人。他们开始意识到中国的落后，欲使民族不灭、国家不亡，必须向西方学习。"1840 年以后，中国文人学者逐渐开始更多地注意世界问题，到1861 年，已写出了二十二部以上的著作。"④

林则徐是中国近代史上积极提倡学习西方的开明人士之一。在广州禁

---

① 参见朱国仁《西学东渐与中国高等教育近代化》，厦门大学出版社 1996 年版，第 3 页。
② 参见熊月之《西学东渐与晚清社会》，上海人民出版社 1994 年版，第 8 页。
③ 参见朱国仁《西学东渐与中国高等教育近代化》，厦门大学出版社 1996 年版，第 20 页。
④ ［美］费正清：《剑桥中国晚清史》（下卷），中国社会科学出版社 1985 年版，第 176 页。

烟期间，林则徐派人翻译外文书报，主动地搜集、了解西方资本主义国家的情况。他主持编译的《四洲志》介绍了世界五大洲 30 多个国家与地区的地理、政情、历史。书中不少地方直接表达了林则徐学习西方的愿望，如"英吉利（今英国）……先本荒岛，辟地居处，始自佛兰西之人因戈伦瓦。产锡最佳，遂有商舶往贸。……开港通市，日渐富庶，遂为欧罗巴大国……纺织器具俱用水轮、火轮，亦或用马，毋烦人力"①。林则徐希望中国能借鉴他国走向富强。继林则徐之后，魏源根据《四洲志》，编著了《海国图志》。在这部书中，魏源继承并发扬了林则徐的"悉夷"主张，提出了"师夷长技以制夷"的口号。"然则欲制外夷者，必先悉夷情始。欲悉夷情者，必先立译馆，翻夷书始。"② 魏源强调翻译西书的目的是了解西方，进而打击列强。而要达到这个目的，必须首先培养外语人才。郭嵩焘是近代史上奏请朝廷培养外语人才的第一人。咸丰九年（1859）他曾向咸丰皇帝奏呈《请广求谙通夷语人才折》。在这份奏折内，他仔细分析了外国语文的重要性，建议在广东、上海等地挑选通悉外语的人员，并提出招生和教学的方法。后来恭亲王奕䜣等人奏呈著名的《通筹善后章程折》，建议挑取八旗子弟学外语的构想与郭嵩焘的言辞颇为相似，应该是郭的影响所致。③ 冯桂芬也重视经世致用之学，他建议清政府鼓励国人学习西方语言与实用学科，"今欲采西学，宜于广东、上海设一翻译公所，选近郡十五岁以下颖悟文童，倍其廪饩，住院肄业，聘西人课以诸国语言文字，又聘内地名师课以经史等学，兼习算学。……且以通市二十年来，彼酋之习我语言文字者甚多，其尤者能读我经史，于我朝章、吏治、舆地、民情，类能言之。而我都护以下之于彼国，则懵然无所知，相形之下，能无

---

① 林则徐：《四洲志》，华夏出版社 2002 年版，第 114—125 页。
② 璩鑫圭、童富勇主编：《中国近代教育史资料汇编·教育思想》，上海教育出版社 1997 年版，第 10 页。
③ 参见高晓芳《晚清洋务学堂的外语教育研究》，商务印书馆 2007 年版，第 63—64 页。

愧乎?"① 他的这一具体设想最终以上海广方言馆的创办而得以实现。

总之,中国传统高等教育人才培养模式的落后为洋务外语学堂转变人才观提供了现实基础,而在近代西学东渐背景下,一些有识之士倡导学习西方的言论和实践又为洋务外语学堂培养外交和翻译的专门人才提供了理论依据和思想先导。

二　洋务外语学堂的人才培养

第二次鸦片战争后,在资本主义列强对中国进一步侵略和以太平天国为代表的国内农民革命运动的冲击下,晚清政府被迫启动一场自救运动,主张学习西方的科学技术,即"洋务运动"。所谓"洋务",当时指的是对外交涉的一切事情,以及与来自外洋的事物有关的一切事情:如外事交涉、签订条约、派遣留学生、购买洋枪洋炮、开矿办厂、造船造炮、雇用外国军官用洋法来操练军队等。当洋务运动开始后,洋务派立即感到了传统旧式人才与新形势间的不适应。"深观时局,默数人才,蒿目惊心。"② 要学习西学,首先要懂得西语。此外,清政府与列强在谈判与签订条约过程中深感"与外国交涉事件,必先识其性情。今语言不通,文字难辨,一切隔膜,安望其能妥协!"③ 由于缺乏英语人才,不得不从上海、广州、宁波等通商口岸的商人及其子弟中雇人充当翻译,时称"通事"。但这些人,一则素质差,"声色货利之外,不知其外;惟借洋人势力,狐假虎威,欺压平民,蔑视官长,以求其所欲"。二则水平低,"仅通洋语者十之八九,兼识洋字者十之一二,所识洋字,亦不过货名银数与俚浅文理,不特于彼

---

① 璩鑫圭、童富勇主编:《中国近代教育史资料汇编·教育思想》,上海教育出版社 1997 年版,第 26—27 页。

② 霍益萍:《近代中国的高等教育》,华东师范大学出版社 1999 年版,第 7 页。

③ 高时良、黄仁主编:《中国近代教育史资料汇编·洋务运动时期教育》,上海教育出版社 2007 年版,第 6 页。

中致治张弛之故懵焉无知"①。因此翻译时常常不能准确地表达意思。此外，1858 年签订的《中英天津条约》的第五十条款中有三项规定：（1）"嗣后英国文书俱用英文书写"；（2）"暂时仍以汉文配送"；（3）"自今以后，遇有文词辩论之处，总以英文作为正义，此次定约汉英文字详细校对无讹，亦照此例"。② 因此，不管清政府主观上是否愿意，条件是否成熟，培养外语人才，特别是翻译人才已成为"今日御夷之切要"。经过一段时间的努力筹备，附设于总理各国事务衙门的京师同文馆终于在 1862 年 6 月正式开学。同文馆先开设英文馆，招收学生 10 名。1863 年 4 月，增设法文馆、俄文馆，每馆各招生 10 名，至此，京师同文馆已初具规模。随后，上海同文馆（最初为"上海外国语言文字学馆"，接着改名"上海同文馆"，最后易名为"上海广方言馆"）和广州同文馆（又名"广东同文馆"）仿照京师同文馆分别于 1863 年和 1864 年创办。这两所学校由于不是清朝中央政府直接兴办管辖，规模也较小，所以其影响不如京师同文馆。为了中俄边境交涉事务，19 世纪 80 年代在吉林和新疆两地分别还设立了俄文学堂。而创办于 1893 年的湖北自强学堂应该是晚清政府于洋务运动时期创办的最后一所规格较高的外国语文学堂。

由于京师同文馆是中国近代第一所新式高等学校，并且在中国近代外语教育史上具有重要地位，因此，以下对洋务外语学堂人才培养的分析主要以京师同文馆为例。

（一）培养目标

洋务外语学堂最初的办学宗旨是培养应外交和洋务需要的翻译人员。根据 1861 年奕䜣等《通筹善后章程折》中所拟定的计划，"俟八旗学习之

---

① 高时良、黄仁主编：《中国近代教育史资料汇编·洋务运动时期教育》，上海教育出版社 2007 年版，第 7—8 页。

② 陈学恂主编：《中国近代教育史教学参考资料》（上册），人民教育出版社 1986 年版，第 37 页。

人，于文字言语悉能通晓，即行停止"①。后来，办学者发现，仅仅懂外语还不足以应付当时政治、经济、军事等涉外事务，因此，洋务外语学堂的培养目标逐渐向培养精通西语的科学技术人才转变，归根结底是为了被动满足清政府眼前的需要，把学生培养成具备外语运用能力的"工具型"人才。

从总理各国事务衙门的职能来看其附设机构京师同文馆的办学宗旨。"京师设立总理各国事务衙门以专责成也。……今年各路军报络绎，外国事务，头绪纷繁，驻京之后，若不悉心经理，专一其事，必致办理延缓，未能悉协机宜。请设总署衙门……一切均仿照军机处办理，一专责成。俟军务肃清，外国事务较简，即行裁撤。"② 也就是说，总理各国事务衙门是在"各路军报络绎，外国事务，头绪纷繁"的背景下设立的，为一暂时机构，待"军务肃清"即行停办。因此，作为总理各国事务衙门的附设机构，京师同文馆最初是为应付军务肃清需要而提供外语人才的暂设机构。此外，根据奕訢等朝廷大臣于同治元年七月二十五日（1862 年 8 月 20 日）上奏的《遵议设立同文馆折》所说："欲悉各国必先谙其言语文字，方不受人欺蒙。各国均以重资聘请中国人讲解文义，而中国迄无熟悉外国语言文字之人，恐无以悉其第蕴。"③ 因此，为了涉外交往的需要必须培养熟悉外国语言文字的人才。不过，开馆五年后，其办学宗旨开始发生变化。1866 年，奕訢等洋务派人士认为"洋人制造机器火器等件，以及行船行军，无一不自天文算学中来，现在上海、浙江等处，讲求轮船各项，若不从根本上用着实功夫，即学习皮毛，仍无裨于实用"④。也就是说，如果只是学习西人的语言文字，仍不能达"自强""御辱"的目的，乃奏请在同

---

① 高时良、黄仁贤主编：《中国近代教育史资料汇编·洋务运动时期教育》，上海教育出版社 2007 年版，第 6 页。

② 粟进英、易点点：《晚清军事需求下的外语教育研究》，湖南大学出版社 2010 年版，第 13 页。

③ 舒新城主编：《中国近代教育史资料》（上册），人民教育出版社 1985 年版，第 115 页。

④ 朱有瓛主编：《中国近代学制史料》（第一辑上册），华东师范大学出版社 1983 年版，第 13 页。

文馆添设天文算学馆。天文算学馆的设立是同文馆在办学方向和体制上的一个重大转折和突破。鉴于"格致一门,为新学之至要,富国强兵,无不资之以著成效"①,1888 年同文馆添设格致馆,但是"馆中功课以洋文、洋语为要,洋文、洋语已通,方许兼习别艺"②。因此,京师同文馆是以培养精通西语的外交人才和翻译人员为主,兼顾培养通西语的"西艺"(西方科学技术)人才。

(二)课程设置

课程设置是围绕人才培养目标而开设。洋务外语学堂课程设置的特点是:从重视外语为主,到以外语为教学媒介开设一系列西学课程。因为洋务外语学堂最初的培养目标基本上局限于"译员",因此在课程开设上主要是外语和汉语。但是,在办理洋务实业过程中,洋务派为西方的船坚炮利所折服,因而意识到只学语言文字不足以实现"以夷制夷"的目的,学习西方科技才是中国富强的根本。正如奕䜣所说:"华人之智巧聪明不在西人以下,举凡推算格致之理,制器尚象之法,钩河摘洛之方,倘能专精务实,尽得其妙,则中国自强之道在此点。"③

京师同文馆的课程设置以 1867 年为转折点。1867 年之前的课程较为单一,只设外文与中文两门功课,学生每日上午跟汉教习学习汉文,下午跟洋教习学习西文。英、法、俄三馆各请洋教习一名。1867 年天文算学馆成立,这是中国学生正式接受西方近代自然科学的开端。根据吴宣易的《京师同文馆略史》中记载,京师同文馆从 1866 年起陆续增加了一系列西学课程:

---

① 高时良、黄仁贤主编:《中国近代教育史资料汇编·洋务运动时期教育》,上海教育出版社 2007 年版,第 52 页。
② 同上书,第 56 页。
③ 朱有瓛主编:《中国近代学制史料》(第一辑上册),华东师范大学出版社 1983 年版,第 13—14 页。

算学——同治七年（1868），请李善兰为教习。

化学——同治五年（1866），中国海关总税务司赫德（R. Hart）回英，介绍法人毕利干（M. A. Billequin）来教化学，毕氏为介绍化学到华第一人。

万国公法——同治八年（1869），请同文馆校长丁韪良（Martin）讲万国公法。

医学生理——同治十年（1871），请德贞（Dr. Dudgeon）讲医药与生理。

天文——光绪三年（1877），添设天文一课，先由美人海灵敦（Harrington）讲授，旋以费礼饬（Dr. Fritsche）继之。

物理——光绪五年（1879），添设格致（即物理学），首由欧礼斐（C. H. Oliver）讲授。①

从上述内容可知，在洋务外国语学堂发展初期，由于国内新式人才匮乏，除了外国语课程由西人担任，西方科学技术课程（除算学由中国人李善兰讲授外）也几乎都是由外国人讲授。

从西文、西语的学习到西艺的学习，京师同文馆的课程不断增加。1876年京师同文馆公布了《京师同文馆八年课程表》②，具体规定如下：

由洋文而及诸学共须八年。馆中肄习洋文四种：即英、法、俄、德四国文字也。其习英文者，能藉之以及诸课，而始终无阻；其余三国文字虽熟习之，间须藉汉文以及算格诸学。

首年：认字写字。浅讲辞句。讲解浅书。

----

① 高时良、黄仁贤主编：《中国近代教育史资料汇编·洋务运动时期教育》，上海教育出版社2007年版，第161—162页。

② 陈学恂主编：《中国近代教育史教学参考资料》（上册），人民教育出版社1993年版，第31页。

二年：讲解浅书。练习文法。翻译条子。

三年：讲各国地图。读各国史略。翻译选编。

四年：数理启蒙。代数学。翻译公文。

五年：讲求格物。几何原本。平三角。弧三角。练习译书。

六年：讲求机器。微分积分。航海测算。练习译书。

七年：讲求化学。天文测算。万国公法。练习译书。

八年：天文测算。地理金石。富国策。练习译书。

八年课程表充分体现了京师同文馆的人才培养思路，即从培养翻译人员到精通西语的科技人才的转变。通观八年课程安排，可以得出以下几点：（1）同文馆的主干课程是外文，学生全程八年都要学习外文。（2）八年课程由外语类过渡到科学类课程（包括人文社会科学和自然科学类）。一至四年是外语基础学习阶段，并用外语讲授西方历史、地理等人文社会科学基础课程和数理启蒙。五至八年是提高阶段，以科学类课程为主，外语类课程为辅，讲授格物、数学、机器、航海、化学、天文、万国公法、地理等课程。无论是外语类课程还是科学类课程，都是遵循由浅入深的原则。（3）京师同文馆的课程已经是分科而设，而且某些学科的课程已经相当细化了。例如，自然科学课程中的算学，就分为数理启蒙、代数学、几何原本、平三角、弧三角、微分积分等；这也充分体现了西方高等教育体系中的专业教育模式开始引入中国。

再看另一所洋务外语学堂——上海广方言馆的课程设置情况。1870 年上海广方言馆并入江南制造总局，制造局总办冯焌光、郑藻如拟定《计呈酌拟广方言馆课程十条》（简称《十条》）和《再拟开办学馆事宜章程十六条》（简称《十六条》）。馆内学生分为上下班，不同班级的课程设置也不同，共同特点是以实用为原则。《十条》中的第八条说："求实用。……兹建广方言馆，苦心经营，立教之本意，无非储真才以收实效。……凡有关于今日军国之要者，务宁切实讲求。"①《十条》中第九至十条记载了分班教学中不同班级的课程设置："初进馆者先在下班，学习外国公理公法，如算学、代数学、对数学、几何学、重学、天文、地理、绘图等事，皆用初学浅书教习。……至年底考试可取者，察其性情相近，并意气所向，再进上班，专习一艺。""上班分七门：一、辨查地产，分炼各金，以备制造之材料；二、选用各金材料，或铸或打，以成机器；三、制造或木或铁各种；四、拟定各汽机图样或司机各事；五、行海理法；六、水陆攻战；七、外国语言文字，风俗国政。"② 可见，上海广方言馆的课程内容更丰富、复杂。除继续学习西文外，初入馆者须先学习社会科学和自然科学的基础课程，经考核后进入"上班"学习一门专业。这种分班制就使一部分外语基础较好的学生得以进入某一专业领域进行学习，在持续学习外语的前提下加载一个专业方向，体现了对京师同文馆的课程设置上从"从单纯的西文走向西艺"的进一步深化。此外，在外语专业课程设置方面，仅设诸如"认字""写字""翻译"等工具类科目，缺乏外语语言学、文学及文化类等专业知识课程，体现了外语学堂在人才培养上的工具性和实用性。上海广方言馆的"外语＋专业方向"模式开创了专业外语教学中加载另一门专业知识的人才培养模式，可以说是20世纪八九十年代复合型外语人才培养模式的滥觞。

张之洞创办的湖北自强学堂自建立之初便有"以期教育成材，上备国家任使"的目的，以"不尚空谈，务求实务"为宗旨，分方言、格致、算学、商务四科，同样具备"外语＋专业方向"的雏形，尽管这种探索在开办当年即告失败，但张之洞并未放弃将外语与专业相结合的努力，在优先发展外语教育的基础上，"建议将有关内容（格致、商务）融进外语学习

---

①　高时良、黄仁贤主编：《中国近代教育史资料汇编·洋务运动时期教育》，上海教育出版社2007年版，第191页。

②　同上书，第192页。

的材料中"①，使其外语课程具有专业方向性。

综上所述，洋务外语学堂在课程设置上充分体现了功利性和实用性。它最初以外语为主，培养外交翻译人才，后期则以外语作为语言工具，学习西方科学技术知识，以培养精通外语的科技人才。自京师同文馆起，西方近代学科及课程在中国从无到有，由少到多，逐渐在中国的土地上生根发芽。它们以其专业性和实用性的特点打破了儒家经典一统天下的局面，逐渐夺取了中国传统学科的阵地，对中国传统高等教育制度产生了极大冲击。但是，在教育内容的安排上由始至终都把学生当作应付清政府救亡图存需要的工具，忽视学生自身发展和完善的需求。

（三）培养成效

京师同文馆、上海广方言馆等洋务外国语学堂的创立，是中国近代教育史上一件具有划时代意义的大事。由于洋务外语学堂的办学宗旨是培养懂外语的外交翻译人才和科技人才，因此学生毕业后主要集中在外交、教育、科技和军事等领域。

1. 为中国近代培养了一大批外交、翻译人才

同文馆设立之前，中国办理外交事务时或依赖"通事"，或"皆凭外国翻译官传述"，因此，难保"无偏袒捏架情弊"②。在培养出合格的翻译人才之前，中国的外交使团也要由洋人领衔率领，这对一个泱泱大国来说简直是耻辱。譬如，1866 年年初清廷派出的第一个出国考察团由英国人赫德率领；1869 年清政府正式派出的第一个外交使团也是由前美国驻华公使蒲安臣以"办理中外交涉事务大臣"的身份出访欧美的。虽然，在这两个出访使团中都有京师同文馆的学生随行，但是，对学生来说这只是一项课

---

① 高晓芳：《晚清洋务学堂的外语教育研究》，商务印书馆 2007 年版，第 176 页。
② 高时良、黄仁贤主编：《中国近代教育史资料汇编·洋务运动时期教育》，上海教育出版社 2007 年版，第 182 页。

外实践活动而已。这种尴尬局面一直到洋务外国语学堂发展后期才得以改善。洋务外语学堂开设的外国语言文字和万国公法等西学课程，为中国近代培养出一批翻译人员和外交官员奠定了良好基础。晚清洋务外国语学堂总共培养了多少学生，目前尚无具体数据。不过，从《京师同文馆学友会第一次报告书》中对同文馆学生离校后的情况统计可以看出，情况较详细的127人中，从事外交工作的有将近50人[1]，他们中有的被选为驻外公使、参赞、领事，有的为各级外交部门的官员，在我国近代外交界占有相当重要的地位，见表2-1。

表2-1　　　　　　　　洋务外国语学堂培养的驻外公使统计

姓　名	籍　贯	外国语学堂	翻译和外交经历
汪凤藻	江苏元和	上海广方言馆 京师同文馆	1887年出使俄、奥、匈三国二等参赞 1891—1894年任驻日公使
庆　常		京师同文馆	1895—1899年任驻法公使
张德彝	辽宁铁岭	京师同文馆	比利时、意大利公使 1901—1905年任驻英公使
荫　昌	北　京	京师同文馆	1901—1905，1908—1910年任驻德公使
杨兆鋆	浙江吴兴	上海广方言馆 京师同文馆	1902—1905年任驻比利时公使
杨　晟	广东东莞	广东同文馆 京师同文馆	1903—1905任驻奥匈帝国公使，1905—1907年住驻德国公使、外交司长（民国）
杨　枢	广　州	广东同文馆 京师同文馆	1903—1907任驻日本公使 1909—1910年任驻比利时公使
刘式训	江苏南汇 （今上海）	上海广方言馆	1905—1912年住驻法国和西班牙公使 1914—1916年住驻巴西公使、外交部次长

---

[1]　参见朱有瓛主编《中国近代学制史料》（第一辑上册），华东师范大学出版社1983年版，第279—292页。

姓　名	籍　贯	外国语学堂	翻译和外交经历
陆征祥	江苏上海（今上海）	上海广方言馆京师同文馆	1905—1907 和 1908—1911 年住驻荷兰公使,1911 年任驻俄公使,1912 年至 1920 年间数次担任外交部部长,北洋军阀统治时期任国务总理兼外交总长,1921 年巴黎和会中国首席代表和 1922 年出席国际联盟的中国代表
萨荫图		京师同文馆	1907—1911 年任驻俄公使
吴宗濂	江苏嘉定（今上海）	上海广方言馆京师同文馆	1909—1911 年革命后任驻意大利公使
刘镜人	江苏宝山（今上海）	京师同文馆	1911 年任驻荷兰公式1912—1918 年任驻俄国公使
胡维德	浙江吴兴	上海广方言馆	清末驻英使馆翻译、使俄大臣、外务部右丞;民国时期历任外交总长,驻法、日、西、葡公使。并代国务总理,内务总长,连任海牙和平会议公断员
戴陈霖	浙江海盐	京师同文馆	驻法国公使馆任随员、翻译官、秘书。民国时期任驻西班牙公使兼葡萄牙公使。1918 年兼任驻梵蒂冈公使。1922 年任驻瑞典公使兼驻挪威、丹麦公使
唐在复	上　海	上海广方言馆京师同文馆	历任驻法使馆随员、翻译官、参赞官,驻俄、荷兰等国使馆参赞。外务部右参议。民国时期历任外交部参事、驻荷兰全权公使和意大利全权公使
颜惠庆	上　海	上海广方言馆	北洋军阀政府外交次长、外交总长、内务总长,国际联盟大会的首席代表
刘玉麟	广东香山	上海广方言馆	新加坡、澳大利亚总领事,驻英公使
蔡锡勇	福建龙溪	广东同文馆京师同文馆	1875 年起先后担任过出使美国、日本、秘鲁三国使者的翻译官和驻西班牙参赞

续　表

姓　名	籍　贯	外国语学堂	翻 译 和 外 交 经 历
那　三		广东同文馆 京师同文馆	新加坡总领事
左秉隆	辽宁沈阳	广东同文馆 京师同文馆	新加坡第一任领事、总领事
贾文燕	广东南海	广东同文馆	驻缅甸仰光领事
杨　佑	广东东莞	广东同文馆	朝鲜元山随习领事
周自齐	山东单县	广东同文馆 京师同文馆	清末历任驻美公使馆书记官、参赞， 驻纽约、旧金山领事

资料来源：1. 高时良、黄仁贤主编：《中国近代教育史资料汇编·洋务运动时期教育》，上海教育出版社 2007 年版，第 83—91 页；2. 朱有瓛主编：《中国近代学制史料》（第一辑上册），华东师范大学出版社 1983 年版，第 279—301 页；3. 季压西、陈伟民：《语言障碍与晚清近代化进程（三）·从"同文三馆"起步》，学苑出版社 2007 年版，第 110—111 页；4. 高晓芳：《晚清洋务学堂的外语教育研究》，商务印书馆 2007 年版，第 150—152 页；5. 粟进英、易点点：《晚清军事需求下的外语教育研究》，湖南大学出版社 2010 年版，第 46—47，67—68，82—83 页。

从表 2 - 1 中可以看出，洋务外语学堂在中国近代外交领域做出了重要贡献。1901 年清政府外务部成立。同文馆开馆时最初的十名学生之一联芳于 1901 至 1902 年担任外务部右侍郎，1903 至 1904 年升任左侍郎。《中国百年风云录》一书将联芳列为清政府培养的第一代外交人才的代表。越到晚清后期，外交队伍中的同文馆毕业生所占人数越多、比例越高。如光绪二十六年（1900）以前，每年驻外使臣中，只有一名是同文馆出身；但在光绪二十九年（1903）以后的最后九年中，同文馆毕业的学生越来越多，所占比例越来越高。其中有三年占十分之四，一年占十一分之五，四年占十一分之六，一年占十分之七。即使在民国时期，在民国十七年以前，也分别有 7 名、8 名和 11 名同文馆毕业的学生分别担任过驻外公使、代办和总领事。其中至少有 15 人次为京师同文馆的毕业生。① 从光绪二十七年（1901）到民国十七年（1928）之间，还分别有 7 人和 27 人分别担任过晚清和民国国内中央和地方的外交职务。在总计 34 人次中，除 2 人情况不详、2 人馆属情况模糊外，其余 30 人次中，有 28 人次都毕业于京师同文馆。② 京师同文馆学生成为这一时期外交机构人才的主要来源。总理各国事务大臣奕䜣曾在奏折中说："（同文馆）指授学习各国语言文字以及天文、算学、化学、医学等项，冀于洋务有裨……各学生等因而日起用功，或随带出洋充作翻译，或迁升外省及调赴沿海各省差委者不乏其人，实属卓有成效。"③

2. 为新式教育输送教习和管理人员

京师同文馆是晚清政府创立的第一所新式学堂，其嚆矢之功在于它的出现催生了其他外语、船政、武备、水师、电报等一系列新式学堂。这些新式学堂在培养目标、课程设置、管理制度等方面与中国传统的高等学校有本质的不同。而以京师同文馆为首的洋务外语学堂承担了向这些新式学堂输送师资与管理人员的任务。

根据苏精对京师同文馆的统计：光绪五年的第一次题名录中，没有任何一位学生在本馆之外的其他学校任教；在十三年的题名录中，有两位分别在两所学校担任监督与教习；在十九年的题名录中，便有九位在各地新式学校中任职；在二十四年第七次的题名录中，在各地从事教育工作的同文馆学生已经增加到十六人之多。④ 根据光绪二十四年（1898）《同文馆题名录》关于学生升途的记载，毛鸿遇任珲春俄文书院教习；长德任四川学

———————

① 参见陈向阳《晚清京师同文馆组织研究》，广东高等教育出版社 2004 年版，第 286 页。

② 同上书，第 287 页。

③ 夏莉萍：《中国近代史上第一所培养外交人才的学校——京师同文馆》，《历史教学》1998 年第 3 期。

④ 参见高晓芳《晚清洋务学堂的外语教育研究》，商务印书馆 2007 年版，第 117 页。

堂英文教习；恩禧任四川学堂法文教习；陈应宗和德海任天津武备学堂教习；德昆和李联壁任安徽学堂教习；陈寿平任畿辅学堂斋长；等等。① 京师大学堂建立以后"先后聘任的法文教习，包括外国人在内总共是九名，英文教习总共十六名，其中同文馆出身的教习在法文中超过半数，在英文中亦占四分之一"②。洋务外国语学堂毕业，并在教育领域取得突出成就者也为数不少，例如：

席淦——洋务外国语学堂中第一个获得教习职位的学生。先在京师同文馆任算学副教习，1886 年接替李善兰的算学教习。任教近 30 年，成为继李善兰之后最有名的算学教习。

汪凤藻——先在京师同文馆担任算学副教习，1902 年曾被盛宣怀任命为上海南洋公学的"总办"（相当于校长）；后来张之洞举荐他担任京师大学堂"格致科监督"（相当于理学院长）。

经亨咸——1913 年任由北洋海军医学堂改名的直隶医学专门学校校长。

吴匡时——上海交通大学教员。

徐绍甲——江苏高等学堂法文教员。

郭世绾——北京大学教员。

钟天纬——上海三等公学创始人，近代小学教学方法改良的先行者。

此外，那三、茂连都曾先后担任过京师同文馆、天津电报学堂英文副教习与教习等职务。

3. 通过参加科举考试走上仕途

尽管洋务外语学堂属新式学堂，但由于科举入仕还是当时的主流，因此学堂毕业生仍然热衷于科举考试。李鸿章在《请设外国语言文字学馆》

---

① 参见高时良、黄仁贤主编《中国近代教育史资料汇编·洋务运动时期教育》，上海教育出版社 2007 年版，第 86—87 页。

② 高晓芳：《晚清洋务学堂的外语教育研究》，商务印书馆 2007 年版，第 118 页。

中说："学成之后，送本省督抚考验，作为该县附学生，准其应试。"① 附生是生员中的一种。总理衙门允许学生参加每三年一次的科举考试，考中的学生均被授予相应的科名，光绪二十四年（1898）《同文馆题名录》记载了京师同文馆历年科甲人员的名单②，如下③：

四品衔户部员外郎恩裕（乙亥恩科举人）——1875 年，

五品衔吏部主事郭万俊（丙子联捷进士）——1876 年，

五品衔提督衙门委署主事长秀（丁丑联捷进士）——1877 年，

盐运使衔泰陵工部郎中（候选知府）恩光（己卯科举人）——1879 年，

世袭云骑尉四川（大竹县知县）玉启（庚辰联捷进士）——1880 年，

二品顶戴记名知府翰林院编修前出使日本大臣汪凤藻（癸未联捷翰林）——1883 年，

户部候补主事何文澜（丙戌科进士）——1886 年，

八旗官学教习董钧（戊子科副榜）——1888 年，

翰林院编修吴筠孙（壬辰科传胪）——1892 年，

山东武城县知县袁桐（壬辰科翰林）——1892 年，

光绪癸巳恩科举人王泽沛——1893 年，

光绪癸巳恩科翻译举人祺昌——1893 年，

同知衔分省补用知县周自齐（甲午科副榜）——1894 年。

《同文馆题名录》自光绪五年（1879）开始编制，故上述科甲名单不包括同治朝的科举情况。但是我们仍然可以从名单中看出，从光绪元年（1875）至二十年（1894）近 20 年的时间内，京师同文馆有十三名学生在

---

① 舒新城主编：《中国近代教育史资料》（上册），人民教育出版社 1981 年版，第 127 页。

② 参见高时良、黄仁贤主编《中国近代教育史资料汇编·洋务运动时期教育》，上海教育出版社 2007 年版，第 91—92 页。

③ 为了便于确认，本书参照商务印书馆的《现代汉语词典》（第 5 版）附录中"干支次序表"，将干支纪年转换为公元纪年。

乡试以上的科举考试中金榜题名，包括翰林二人，进士五人，举人及副榜六人，因此也说明，除了参与外交工作外，通过科举考试而走上仕途仍然是洋务外国语学堂毕业生的就业渠道之一。

　　洋务外语学堂还有部分毕业生在当时的军事部门、军营要地供职。如京师同文馆第一届留法生双荈担任过清政府兵部、陆军部员外郎；京师同文馆第一届留俄生桂芳担任过清驻海参崴总领事及黑龙江都督、将军、省长；京师同文馆第一届留德生治格担任过清民都副使、陆军中将；等等。①此外，洋务外语学堂还为中国近代交通、矿务、制造等实业部门输送技术和管理人员，如蔡康曾任武昌造币分厂厂长，延熏任职天津电报局，王文灏任厘金局委员，谈汝康任职徐州铁路局，②唐德萱曾任京绥铁路局局长，程经世任交通部参事、郝树基任农工商部和矿政局科长，等等。③

　　由于在培养目标、教学内容与方法上与作为科举附庸的传统高等教育存在明显差异，因此，洋务外语学堂通过培养新式人才所产生的社会影响已经超越了教育领域范畴。尽管如此，洋务外语学堂的创办者毕竟是封建统治阶级内部的官僚士绅，地主阶级利益的既得者，在维护封建专制制度、捍卫传统封建主义的纲常名教上，他们与顽固派并无本质区别。他们虽然提出向西方学习的主张，在学堂设置近代科学课程，培养外语及近代军事、技术人才，但是他们要求学习西学的目的主要还是维护封建专制制度。"西学"是用，必须服务于"中学"这个体。如张之洞就强调，"讲西学必先通中学，乃不忘其祖也"④。正是这种局限性导致洋务专门人才越来越无法适应时代前进的步伐。

---

　　①　参见粟进英、易点点《晚清军事需求下的外语教育研究》，湖南大学出版社 2010 年版，第 47 页。

　　②　参见季压西、陈伟民《语言障碍与晚清近代化进程（三）·从"同文三馆"起步》，学苑出版社 2007 年版，第 110—111，169 页。

　　③　参见高时良、黄仁贤主编《中国近代教育史资料汇编·洋务运动时期教育》，上海教育出版社 2007 年版，第 180—181 页。

　　④　舒新城主编：《中国近代教育史资料》（上册），人民教育出版社 1981 年版，第 59 页。

第二节　清末大学通才教育思想的萌芽

　　1898 年京师大学堂的设立和《京师大学堂章程》的出台标志着中国近代高等教育体系的形成。京师大学堂因此成为我国近代第一所真正称之为"大学"的高等教育机构，并首次提出了"通才教育"的大学人才培养宗旨。这一办学宗旨虽然并未摆脱"中体西用"思想的樊篱，但它拓展了大学教育的内容，为外语专业人才培养创造了新的发展空间。自此，中国近代大学人才培养理念就在"通"和"专"之间游移变化。

一　通才教育思想萌芽的背景

　　1894 年中日甲午战争的惨败实际上宣告了洋务运动的破产。这在一定程度上也证明了，洋务学堂在"中体西用"办学思想指导下所培养的工具型人才在时代意识、知识结构和能力素养等方面存在很多不足，这成为甲午战争后朝廷上下倡导教育改革的主要原因。清光绪帝宣示要痛陈积弊，进行改革，把创立学堂作为变法图强的一项重要举措。康有为、梁启超等维新人士极力倡导全面学习西方大学办学模式，兴办新式大学教育，培养合乎时代发展需要的人才。而外国来华传教士对西方教育理念和制度的介绍则为清末大学教育改革提供了可资借鉴的范本。

　　甲午战争后，中国面临着被瓜分的危机。于是在士大夫中间兴起了一场救亡图存的维新变法运动。其中在教育领域中引发了"中学"与"西学"之争。早在 19 世纪 60 年代，洋务学堂就提出"中学为体，西学为用"的办学指导思想，即以传授中国传统的经史之学为主，以学习西方实用科学为辅。这一指导思想在洋务学堂发展早期起过积极作用，但随着社会形势的发展，很多有识之士对"中体西用"的认识不断发展。1896 年，工部尚书孙家鼐在《议复开办京师大学堂折》中建议："今京师创立大学堂，自应以中学为主，西学为辅；中学为体，西学为用；中学有未备者，以西学补之；中学有失传者，以西学还之；以中学包罗西学，不能以西学凌驾中学。此是立学宗旨，日后分科设教，乃推广各省，一切均应抱定此意，千变万化，语不离宗。"① 这是在奏折中最早见到的"中体西用"的说法。1898 年盛宣怀在《筹集商捐开办南洋公学情形折》中也提到："西学为用，必以中学为体。"② 康有为、梁启超参与制订的《总理衙门奏拟京师大学堂章程》也讲到："夫中学，体也，西学，用也。二者相需，缺一不可，体用不备，安能成才"，并进一步提出"此次设立学堂之意，乃欲培植非常之才，以备他日特达之用。……今力矫流弊，标举两义：一曰中西并重，观其会通，无得偏废；二曰……"③ 对"中体西用"思想进行系统阐述和理论概括的是张之洞，他在其《劝学篇》中提到"'四书''五经'、中国史事、政书、地图为旧学，西政、西艺、西史为新学。旧学为体，新学为用，不使偏废"④。由此可见，19 世纪末在部分有识之士心目中，西学的范围已经由洋务运动时期的西文、西艺扩展到西方的政治制度、社会科学和自然科学理论等，并且对"中体西用"认识更为深刻。如严复认为：体和用是不可分割的，中学和西学各不相同，"中学有中学之体用，西学有西学之体用，分之则两立，合之则两亡"⑤。因

---

① 北京大学校史研究室编：《北京大学史料》（第一卷 1898—1911），北京大学出版社 1993 年版，第 24 页。

② 璩鑫圭、童富勇主编：《中国近代教育史资料汇编·教育思想》，上海教育出版社 2007 年版，第 129 页。

③ 北京大学校史研究室编：《北京大学史料》（第一卷 1898—1911），北京大学出版社 1993 年版，第 82 页。

④ 璩鑫圭、童富勇主编：《中国近代教育史资料汇编·教育思想》，上海教育出版社 2007 年版，第 105 页。

⑤ 同上书，第 320 页。

此，他主张"会通中西"①，打破中学和西学的界限，实现中西文化的全面融合，并全面向西方学习。梁启超、严复等的"会通中西"观，是对洋务派高等教育办学指导思想的改进，对清末大学堂的培养目标和课程设置具有重要影响。

伴随着一系列保护传教士在华特权的不平等条约的签订，外国来华传教士在创办教会学校及从事新式学堂管理和教学工作的同时，致力于创办各种报纸杂志，并著书撰文，比较系统地介绍了西方近代教育理念与制度。如德国传教士花之安于 1873 年撰写、李善兰作序的《德国学校论略》中全面论述了德国的学校制度。李善兰在序言中深有感触地说："比年德与诸邻国战，必大胜之。夫德之邻，皆强国也；而德之兵，必出于学校，人人向义，故能胜之。"② 也就是说，他把德国军事的胜利归功于士兵所受的良好教育。1883 年美国传教士丁韪良受清政府委托出访欧洲、美国、日本后编撰的《西学考略》，介绍了美、英、法、德、瑞士、意大利和日本等国教育制度，成为清政府了解和学习西方各国学校制度的重要参考。1892 年英国传教士李提摩太撰写的《七国新学备要》和《新学汇编序》对英、法、德、美、日、俄以及印度等国的学校、图书馆、学科门系等做了介绍。美国传教士林乐知翻译的驻美日本公使森有礼所编撰的《文学兴国策》包含了森有礼与十三位美国教育界权威人士的来往信函，在序言中林乐知认为，中国要变强应该采取欧美的教育制度，吸取近代欧美教育理念，并指出日本的富国强兵就是因为教育制度的革新，中国应该迅速向日本学习。上述这些译著为当时正处于十字路口徘徊、寻找教育改革方向的中国社会，开启了一扇向西方大学学习的窗口。

---

① 朱国仁：《西学东渐与中国高等教育近代化》，厦门大学出版社 1996 年版，第 54 页。

② 参见璩鑫圭、童富勇主编《中国近代教育史资料汇编·教育思想》，上海教育出版社 2007 年版，第 41 页。

二　"通才教育"的提出

较之洋务外语学堂在"中体西用"基础上强调西文（西方语言文字）、西艺（西方科学技术），清末维新派更为强调"会通中西"，培养中西贯通的人才。他们首先对洋务教育时期的"中学"和"西学"进行重新归类，这不仅为近代大学学科朝着专门化方向发展奠定了基础，而且有助于学生成为中西兼具的通才。

1898 年 7 月 2 日（光绪二十四年五月十五），康有为、梁启超在参考日本和西方国家学制的基础上起草了《总理衙门奏拟京师大学堂章程》，其中对"专门学"和"溥通学"加以明确划分。"西国学堂所读之书皆分两类：一曰溥通学，二曰专门学。溥通学者，凡学生皆当通习者也。专门学者，每人各占一门者也。"① 康、梁二人在借鉴日本和西方国家通行的学校功课种类基础上，结合"中学"，将经学、理学、中外掌故学、诸子学、初级算学、初级格致学、初级政治学、初级地理学、文学、体操学等十门归为"溥通学"；英国语言文字学、法国语言文字学、俄国语言文字学、德国语言文字学、日本语言文字学等五种，学生必须选习一种作为溥通学。学习完溥通学后，学生可以在高等算学、高等格致学、高等政治学（法律学归此门）、高等地理系（测绘学归此门）、农学、矿学、工程学、商学、兵学、卫生学（医学归此门）等十种"专门学"中选习一门或两门。康、梁二人的大学分科思想中的"溥通学"就是西方大学教育中的"通识教育"，"专门学"就类似于西方大学的"主修"。只是由于长期受"中学为体"思想的影响，他们所提出的"溥通学"中不仅有西方近代大学课程如算学、物理学、政治学、地理学、体操、外语等，还有中国传统学术学科如经学、理学、中外掌故学和诸子学。虽然这种大学分科思想后

---

① 北京大学校史研究室编：《北京大学史料》（第一卷 1898—1911），北京大学出版社 1993 年版，第 82 页。

来并未在京师大学堂真正实施，但是为之后"通才"培养目标的提出奠定了思想基础。

　　1902 年 1 月 10 日（光绪二十七年十二月初一），清政府派张百熙为京师大学堂管学大臣。"兴学育才，实为当今急务。……从前所建大学堂，应即切实举办。着派张百熙为管学大臣，将学堂一切事宜，责成经理，务期端正趋向，造就通才，明体达用，庶收得人之效。"① 这是目前发现的近代最早将"通才"与"教育目的"联系在一起的历史文献。② 1902 年张百熙主持拟定的《钦定京师大学堂章程》（亦称"壬寅学制"）中再次提到了"通才"："京师大学堂之设，所以激发忠爱，开通智慧，振兴实业；谨遵此次谕旨，端正趋向，造就通才，为全学之纲领。"③ 由于种种原因，《钦定京师大学堂章程》并未真正实行。1903 年由张之洞、张百熙、荣庆重新厘定的《奏定学堂章程》（亦称"癸卯学制"）中又一次强调："以谨遵谕旨，端正趋向，造就通才为宗旨。"④

　　作为我国近代首次正式颁布的大学教育宗旨，清末大学所提出的"通才"与中国古代高等教育所培养的为政"通才"各有异同。二者都有"德"和"智"两方面的要求。在"德"方面中国传统高等教育和清末大学教育的要求一致，其核心都是封建伦理道德规范。在"智"方面二者区别明显。中国传统高等教育重视学习儒家经史典籍，史载："凡贡举人有博识高才，强学待问，无失俊选者，为秀才；通二经已上者，为明经；明闲时务，精熟一经者，为进士；通达律令者，为明法。"⑤ 并且还应兼通语

---

　　① 北京大学校史研究室编：《北京大学史料》（第一卷 1898—1911），北京大学出版社 1993 年版，第 51 页。

　　② 参见李曼丽《通识教育——一种大学教育观》，清华大学出版社 1999 年版，第 200 页。

　　③ 北京大学校史研究室编：《北京大学史料》（第一卷 1898—1911），北京大学出版社 1993 年版，第 87 页。

　　④ 璩鑫圭、唐良炎主编：《中国近代教育史资料汇编·学制演变》，上海教育出版社 2007 年版，第 348 页。

　　⑤ 张亚群：《科举制下通识教育传统的演变及其启示》，《华中师范大学学报》（人文社会科学版）2009 年第 4 期。

言文字、文学、历史、地理、法律乃至一些自然科学知识。但是由于儒家教育思想的强大影响，精通儒家经典始终是 1300 多年科举时代在"智"方面的主要衡量标准。清末大学教育对"智"的要求即用西学艺能"开通智慧"，因此除了强调中国传统学问之外，更强调西文（语言文字）、西艺（科学技术），乃至西政（政治制度、教育制度等）方面的学问。1904 年，张百熙等在《重订学堂章程折》中进一步明确了"通才教育"的教育宗旨，"至于立学宗旨，无论何等学堂，均以忠孝为本，以中国经史之学为基。俾学生心术壹归于纯正而后以西学沦其智识，练其艺能，务期他日成材，各适实用，以仰副国家造就通才、慎防流弊之意"①。

清末大学的通才教育思想具有以下几个特点：第一，"通才"的提出是对洋务学堂满足于实用知识的传授，"囿于一才一艺"的"中体西用"人才观的改进，着力于培养具有一定知识面的西学艺能之才；第二，"通才"是指"通达之才"，光绪帝在"明定国事诏"中明确京师大学堂的培养目标是"以成通经济变之才"②，即精通经学和时务（包括外交、军事、实业、政治等）的人才。因此它克服了传统教育与社会发展需要相脱节的弊病，顺应了社会发展要求人才具有"西学智识、艺能""各适其用"的趋势，具有时代的先进性和合理性。③ 不过，由于一方面受到外国教育理念和制度的影响，被迫向西方学习，另一方面仍然把教育视为继续维护封建统治秩序的工具，重视封建纲常礼教和传统文化教育，因此，教育不得不在中学和西学的冲突间进行协调和妥协。清末通才教育正是这种冲突和调和的产物。

---

① 璩鑫圭、唐良炎主编：《中国近代教育史资料汇编·学制演变》，上海教育出版社 2007 年版，第 298 页。

② 北京大学校史研究室编：《北京大学史料》（第一卷 1898—1911），北京大学出版社 1993 年版，第 43 页。

③ 参见李曼丽《通识教育——一种大学教育观》，清华大学出版社 1999 年版，第 202 页。

第三节　民国时期大学通识教育理念的发展

　　民国时期是中国高等教育的重要变革时期。从民初蔡元培先生引进德国的大学理念，并在北大率先试行教育变革，到 20 世纪 20 年代留美归国学生推动"新学制"改革，全面引进美国的高等教育模式，中国大学逐步建立起通才培养与专业教育相结合的新模式。抗战时期国民政府制订和实施"共同必修科目表"，标志着我国近代大学通识教育理念进入新的发展阶段。

一　民国初期大学通识教育理念的形成

　　一般认为，近代意义上的通识教育源于古代西方的自由教育（Liberal Education)，这在教育史学界已经成为定论，此处无须赘述。中国古代高等教育中曾有过丰富的通识教育思想，不过，中国近代大学的通识教育理念主要还是伴随着欧美大学制度模式的移植而被引入。清末大学教育以近邻日本作为效仿对象，但是借鉴效果并不明显。1915 年 2 月，临时政府大总统签发的《整理教育纲要》中提到："我国学制仿自日本，数年以来，不胜其敝。彼邦人士纷纷议改，我国稍明教育者亦类能言之；即不明教育者，观数年来教育之结果，亦可以知矣。"[1] 为此，教育部 1918 年 12 月 30 日公布成立教育调查会，以调查审议教育上之重要事项为目的。在 1919 年 4 月教育调查会第一次会议报告中提出"当采英、法、美三国之长"，谨拟"以养成健全人格，发展共和精神"为宗旨。所谓健全人格者，当具下列

---

[1]　璩鑫圭、唐良炎主编：《中国近代教育史资料汇编·学制演变》，上海教育出版社 2007 年版，第 849 页。

条件："一是私德为立身之本，公德为服役社会国家之本；二是人生所必需之知识技能；三是强健活泼之体格；四是优美和乐之感情。"① 由此可见，放弃日本教育模式已经成为当时教育界的共识。由此，中国教育界开始把学习目光投向日本的学习对象——德国，并通过蔡元培及其高等教育实践引入德国式理想主义的通识教育。

（一）近代德国大学通识教育理念及其影响

从 1810 年柏林大学的建立到 1914 年第一次世界大战爆发，这是德国大学鼎盛发展的一个世纪，它为现代大学教育提供了一种观念上和组织上的新模式。美国比较教育学家菲利普·G. 阿特巴赫指出，德国是第一个切实改变高等教育制度的欧洲国家，它为西欧、美国、日本以及在比较小的程度上讲也为英国和法国，提供了一种大学的模式。②

1807 年普鲁士战败，蒙受割地赔款之辱，哈勒大学和哥廷根大学等也被法国关闭。在内忧外患的背景下，洪堡在德国创办了柏林大学。洪堡指出，大学兼有双重任务，一是对科学的探究。他所说的科学即所谓的纯科学。纯科学不追求任何自身之外的目标，只进行纯知识、纯学理的探究。二是个性与道德的修养。洪堡从新人文主义出发，认为修养，或者说通识性的修养是个性全面发展的结果，是人作为人应具有的素质，它与专门的能力和技艺无关。他认为，一切以特定职业和行业为目标的教育都有悖于修养的原则。因此，大学是修养的机构，修养意味着通识性、全面性的修养。虽然德国大学中不同的学院受修养的观念影响有所不同，但从总体上看，源于新人文主义的修养观念从 19 世纪初起，成为德国大学的一项核心价值观念。"改革后的大学其实为一般大学生也提供了为分工的职业社会

---

① 璩鑫圭、唐良炎主编：《中国近代教育史资料汇编·学制演变》，上海教育出版社 2007 年版，第 859—860 页。

② 参见［美］菲利普·G. 阿特巴赫《比较高等教育》，符娟明、陈树清译，文化教育出版社 1985 年版，第 29 页。

所需的专业教育，这是不可否认的。但这只是部分的事实，它们还培养了数量不少、改革者们所设想的那种有修养的'通才'。"① 由此可见，培养"有修养的通才"是当时德国大学人才培养的规范和标准。在课程设置上，直接与修养相关的课程极为受重视，比如哲学和古典语文。虽然随着时代的发展，修养的内容在不断发生变化，但有一种基本的观念在德国大学烙下了深刻的印记，即大学生和学者所具有的，不应仅仅是专业的知识，他们应是掌握一门专业的通人，具有广泛的专业及相关领域的知识，还要具有文化的、哲学的素养及特定的人生态度。

　　近代德国大学的通识教育思想对其他国家产生了深远影响。从 19 世纪初至 20 世纪 20 年代，德国大学以其高水平的办学质量吸引了大批美国、日本、英国、中国的留学生。这些留学生归国后，把德国大学的办学理念和组织制度也带回祖国，蔡元培就是其中的典型代表。

（二）"硕学闳才"的大学教育宗旨

　　蔡元培是中国近代探索大学通识教育问题的先驱，其教育思想受德国大学观念的影响较大。1907 年 5 月，已近不惑之年的蔡元培前往德国柏林，进入莱比锡大学听课和研究心理学、美学、哲学诸学科。在德留学四年，蔡元培除了编著《中国伦理学史》等一批学术书籍外，最大收获就是对德国高等教育的思想和实践有了更深认识，这对他的通识教育思想形成具有直接影响。1910 年 12 月他在《教育杂志》上发表的译文《德意志大学之特色》（德国著名哲学家和教育学家包尔生所著）中系统介绍了德国大学理念：大学教育目的，非职业上实地之训练，而在授以科学的知识与科学的研究之途径。"故德国大学之特色，能使研究教授，融合而为

---

① 陈洪捷：《德国古典大学观及其对中国的影响》，北京大学出版社 2006 年版，第 71 页。

一。"① 该理念在他领导民初教育改革和北京大学改革过程中得到了具体实践。

　　1912 年 1 月 9 日，南京中华民国临时政府教育部成立，蔡元培就任首任教育总长，在任期间他主持起草了一系列教育法令和规程，重新修订了学制，建立起新的学校系统，史称"壬子癸丑学制"。在高等教育方面，民初教育部先后制定颁布了《专门学校令》（1912）、《大学令》（1912）、《公立私立专门学校规程》（1912）、《大学规程》（1913）、《私立大学规程》（1913）、《高等师范学校规程》（1913）等。其中《大学令》明确规定，"大学以教授高深学术、养成硕学闳材、应国家需要为宗旨"②。"硕学闳才"的教育宗旨就是通识教育理念在民国初年的具体体现，也充分反映了蔡元培的大学教育思想。所谓"硕学"，"硕"即"大而多"；"学"，即一般的科学、学问之意，但更多的是指与"术"相对的"学"。具体到高等学校的学科，蔡元培认为文理两科是"学"。他说："学与术虽关系至为密切，而习之者旨趣不同。文、理，学也。虽亦有间接之应用，而治此者以研究真理为的，终身以之。所兼营者，不过教授著述之业，不出学理范围。法、商、医、工，术也。直接应用，治此者虽亦可有永久研究之兴趣，而及一程度，不可不服务于社会，转以服务时之所经验，促其术之进步。"③ 所谓"闳才"，"闳"乃"宏阔""广博"。"硕学闳才"即学问广博而精深的人才。"硕学闳才"首先以追求高深学问为本。因为大学为"纯粹研究学问之机关，不可视为养成资格之所"，这与德国大学追求"纯科学的研究"的本质一致。高深学问建立在学识广博的基础上，因此，民初的"硕学闳才"是一种承上启下的大学教育理念，其过渡性在于，一方

---

　　① 陈洪捷：《蔡元培对德国大学理念的接受——基于译文〈德意志大学之特色〉的讨论》，《北京大学教育评论》2008 年第 3 期。

　　② 宋恩荣、章咸主编：《中华民国教育法规选编（1912—1949）》，江苏教育出版社 1990 年版，第 402 页。

　　③ 蔡元培：《读周春岳君〈大学改制之商榷〉》，高平叔编著《蔡元培教育论著选》，人民教育出版社 1991 年版，第 136 页。

面注重高级专门学术人才的培养，另一方面又强调学识广博人才的培养。为了实现这个培养目标，蔡元培提出要"融通文理两科之界限"，主张文理"兼习"，"习文科者不可不兼习理科，习理科者不可不兼习文科"①。根据蔡元培的观点，"硕学闳才"主要在于培养学识宽广深厚的人才，不仅要文理兼通，而且要深入研究学理。蔡元培的这些主张不仅对北京大学，而且对同一时期的其他大学都产生了极为深刻的影响。

民国初年的"硕学闳才"大学教育理念与清末大学的"造就通才"教育宗旨相比是本质上的进步。首先，在人才培养规格的"德"方面要求更高。清末大学的"通才"仍是以封建伦理道德和忠孝思想为核心，培养的是"御用人才"；而民国初年由于社会的需要和资产阶级的要求，大学培养的既是健全的国民，又是符合民主共和所需要的"闳才"。其次，在"智"的方面不同。清末大学的"通才"是指具有一定知识面的"西学艺能"之才，这种"通才"思想还是着眼于"才"，偏重人的"工具"和效能作用。而"硕学闳才"的内涵更为丰富，不仅要求大学要培养知识面宽广的通才，还强调要培养注重学理研究的"硕学"之才，这与民初我国教育界对学术独立的诉求是分不开的。面对清末京师大学堂、北洋大学堂等高等教育机构在教学管理和师资队伍等方面严重依赖外国的状况，严复、胡仁源、蔡元培等深感学术研究和专门学者对于大学的重要性，因此倡导大学要注重学理研究，要培养学术人才。但是民初封建思想主义的思想仍充斥高等教育界，多数大学（如北京大学）官僚积习很深，不少人把大学作为升官发财的阶梯。为了扭转这种不良风气和观念，蔡元培即任北大校长后就提出"大学者，研究高深学问者也"。"硕学闳才"教育宗旨对大学教育发展和社会进步发挥了重要的促进作用。

---

① 璩鑫圭、唐良炎主编：《中国近代教育史资料汇编·学制演变》，上海教育出版社2007年版，第674页。

二　民国中期大学通识教育理念的发展

本书中的"民国中期"特指从 1919 年至 1937 年抗日战争爆发前夕。五四运动以后，在中国大学发展进程中，无论是制度层面还是实践层面，美国高等教育都是效仿的对象，尤其在大学人才培养上，美国的大学通识教育理念逐渐开始成为其主要影响因素。

（一）　美国的大学通识教育理念及其影响

自从 1810 年柏林大学创办后，大批美国人赴德留学。从 1814 年起第一批四名美国学生赴德学习，到第一次世界大战前，约有一万多名美国青年和学者到德国大学学习，仅柏林大学前后接纳的美国学生就超过了五千人。包括：密歇根大学的奠基人亨利·塔潘、哈佛大学的艾略特、康奈尔大学的怀特和约翰·霍普金斯大学的吉尔曼。德国大学的"教课自由"和"学习自由"的学术自由思想便由大批留德的美国学生带回美国，再由大批留美的中国学生引入中国。

19 世纪以前的美国大学同英国牛津、剑桥一样，崇尚"自由教育"，以培养牧师、律师和医生为目标，所开设的课程主要以古典人文学科为主，如拉丁语、希腊语、伦理学、修辞学等，并且对学生所修的课程有严格规定，学生没有任何选课的自由。进入 19 世纪后，一些具有进步民主思想的美国政治家、思想家和学者开始对传统的英国式学院教育提出尖锐批评，要求从根本上改革学院教育。美国教育史学家布鲁巴克认为，19 世纪中叶以后美国高等教育的重建，主要表现在两个方面，首先是试图在大学结构上形成垂直的发展，如创办侧重研究生院的约翰·霍普金斯大学；其次主要是有关学院的水平发展，这主要是通过拓宽课程的广度而实现的，具体而言就是引入选修制的改革。① 选修制是大学实施通识教育的制度保

---

① 参见贺国庆《德国和美国大学发达史》，人民教育出版社 1998 年版，第 155 页。

障之一。杰斐逊 1825 年创办的弗吉尼亚大学开设了古代语言、现代语言、数学、自然科学、自然历史、解剖学与医学、道德哲学、法律等 8 个学院（schools，或组）课程，学生可以在这 8 组课程之间任选一组作为自己的专修领域，也就是说，该校允许学生在选课方面有完全的自由。不过一旦选择了某组课程，在该组内就不能再选择。弗吉尼亚大学选修制的尝试打破了传统的课程制度，不同学生所学课程之间出现很大不同，这为其他学校的改革开了先河。针对大学生学习的课程是否需要一些共同的部分，美国博德学院帕卡德教授撰文进行辩护，他在文中指出："我们学院预计给青年一种通识教育（general education），一种尽可能综合的 comprehensive 教育，它是学生进行任何专业学习的准备，为学生提供所有知识分支的教学，这将使学生在致力于学习一种特殊的、专门的知识之前对知识的总体状况有一个综合的、全面的了解。"[1] 但是由于受到传统势力的束缚与阻挠，从 19 世纪初到内战前的半个世纪中，选修制仅仅是在美国少数高校推行，在美全国范围引起的反响不大。在坚持"心智训练"的自由教育哲学的统治下，学院教育仍然专注于专业教育。

转机发生在美国南北战争以后。1869 年，艾略特就任哈佛大学校长。他在就职演说中明确宣布"本校要坚持不懈地努力建立、改善并推广选修制"[2]。艾略特对哈佛大学的课程进行了全面改革，逐步将本科生课程全部改为选修。1872 年大四学生不再有必修科目；1879 年大三废除必修科目；1884 年大二废除必修科目。[3] 在哈佛大学的影响下，大批院校纷纷减少或废除必修课，大大增加选修课。

在 1870 年至 1910 年期间，美国大学盛行自由选修。自由选修制体现了大学的学术自由传统以及对学生的充分尊重，但是也带来了不少问题：

---

① 李曼丽：《通识教育——一种大学教育观》，清华大学出版社 1999 年版，第 8 页。

② 同上书，第 58 页。

③ 参见黄俊杰《美国大学的通识教育——美国心灵的攀登》，北京大学出版社 2006 年版，第 9 页。

其一是高校课程体系的支离破碎，学生本身知识过早专门化并缺乏系统性；其二是没有全体学生的共同必修科目，难以形成共同的文化。为了改变这种局面，一些院校掀起了通识教育发展的又一次高潮。首先开始这次运动的仍然是哈佛大学。1909年，洛厄尔接替艾略特继任校长。早在上任之前，洛厄尔就对哈佛大学的自由选修制不满意。上任后他立刻取消了在哈佛推行了40年之久的自由选修制，实行"主修（Concentration）制度"，要求学生毕业最低限的16门课当中，必须有6门是集中主修某一学门或领域。其他4门则必须在文学、自然科学、历史、数学四个分类当中各选修一科；另外6门才由学生自由选修。① 哈佛大学在选修制方面的改革，既能加深学生在某一领域（即主修领域）知识的深度，又能保证学生的若干学科知识的广度。这一时期，为了增强学生对社会问题、价值观和伦理观等的认识和判断能力，一些院校在通识课程中新设了综览概论性的科目。1914年，阿默霍斯特学院首先采用这种概论性质的科目，其大一的科目，称为"社会与经济制度"，所有文理科的学生均需研读。1919年哥伦比亚大学著名的"当代文明"课程，更成为各校参酌仿行的范本。在1920年至1940年间，至少有30所学校受到了哥伦比亚大学"当代文明"课程的影响。然而，在这期间，通识课程内容的改革一直不间断，最著名的莫过于芝加哥大学校长赫钦斯的"名著课程"计划。他认为，名著具有永恒的价值，适应于任何时代的教育，应该成为全体学生必修的课程。该计划要求全体学生大学四年中按编年史顺序研读西方名著。除了上述几所大学以外，布朗大学、威斯康星大学等也都进行了通识教育课程的改革探索。

　　从1825年到20世纪30年代，美国的通识教育在课程内容和组织形式上经历了选修、自由选修、主修、以哥伦比亚大学"当代文明"为代表的概览性课程和"名著课程"计划几个阶段，通识教育的思想和实践在不断

---

　　① 参见黄俊杰《美国大学的通识教育——美国心灵的攀登》，北京大学出版社2006年版，第11页。

深化。这不仅促进了 20 世纪上半叶美国高等教育的发展，也影响了进入美国大学通识教育重镇（如哈佛大学、哥伦比亚大学和芝加哥大学）留学的中国学生。这些留学生进入美国大学学习深造，不仅学习西方先进的科学知识，而且同时受到美国通识教育思想的浸润和影响。这既增强了中国对美国大学教育的认同感，又为中国大学学习美国高等教育模式提供了更多机会。随着大批留美学生归国，尤其是当他们逐渐掌握了教育行政部门和大学的领导权，或直接从事教学研究工作后，美国高等教育模式的影响与日俱增。其中，美国通识教育中的选修制、学分制和主辅修制等传入中国后，经历了移植、融合、创新，并使之本土化、民族化的过程，对中国近代大学通识教育的发展产生了重要作用。

（二）大学通识教育理念盛行的原因

美国大学通识教育理念能被中国大学所选择和接受，并在政府的教育政策中得到肯定，从而成为当时大学教育的重要指导思想，这充分说明通识教育是符合当时中国的实际需要的。这一方面与当时的国内政治经济环境分不开，另一方面也是因为教育界精英，尤其是教育界留美学生群体的大力倡导。

1. 与国内政治经济环境有关

第一次世界大战爆发后，日本趁其他帝国主义国家参加战争、无暇顾及中国事务之机，加紧了对我国的全面侵略。他们以对德宣战为名，先是占领了我国胶济铁路全线和附近矿山，继而占领了青岛。1915 年，日本又利用袁世凯意欲复辟帝制的野心，提出了旨在灭亡中国、把中国变成它独占的殖民地的"二十一条"。日本帝国主义的行径，极大地伤害了中国人民的感情，激起了中国人民的仇恨和反抗。国内的反日情绪空前高涨。以"抵制日货"为主要形式的反日运动在全国各地如火如荼地开展。而此时美国的在华影响却逐渐扩大。和其他侵华帝国主义国家相比，美国更重视对中国进行文化教育的渗透和侵略。早期来华的传教士中，对中国文化教育影响最大的，如丁韪良、狄考文、林乐知、卜舫济及后来的司徒雷登等都是美国人。近代著名的教会大学绝大多数都是由美国基督教各差会创办或与其他国家基督团体合办的。为了与日本争夺在华的影响，美国更率先提出退还部分庚子赔款，用于帮助中国培养留美学生。此外，美国一向号称是民主国家，一贯标榜应保持中国领土的完整。这一系列行为赢得了中国人不少好感，尤其是在南京国民政府时期，蒋介石统治集团与美国政府之间一直保持着密切往来。因此，从20世纪20年代开始，美国一步步排除了日本在华的影响力，开始对中国的政治、经济、文化教育事业全面施加影响。其中在文化教育方面，美国的通识教育理念开始移植到中国。

此外，通识教育理念的实施适应旧中国的社会经济状况和大学毕业生谋职就业的需要。在经济上，19世纪末起我国传统自给自足的小农经济加速解体。民国时期的政府也曾采取种种政策措施，意图发展资本主义和建立国家垄断资本主义，但未取得预期效果，国内生产力和经济发展缓慢。再加上帝国主义对中国经济侵略加强，民族资本主义的力量异常脆弱，民营工商业处于困境。此外，由于旧中国未能构建自己的工业体系，特别是基础工业和制造业非常落后，专业技术人才少有用武之地。正如梅贻琦所说："今日社会上所需要之工程人才，不贵乎有专技之长，而以普通工程训练最为有用。……在中国工商界中，能邀至专家以经营一业者甚少，大多数则只能聘一工程师而望其无所不能。斯故本校之工程学课中，以普通之训练较若干繁细之专门研究为重要也。"[1] 而在通识教育理念指导下培养的"通才"，由于具备自然、社会和人文科学广博知识，职业适应性较强，大学生毕业后既可以从事理论研究工作，又可以担任中学教师、行政人员，还可以到工商等实业部门工作。因此，面对旧中国落后的经济状况和

---

① 梅贻琦：《清华学校的教育方针》，清华大学校史研究室编《清华大学史料选编（第一卷1911—1928）》，清华大学出版社1991年版，第274页。

大学毕业生谋职就业需要的现实，许多大学校长都主张大学应该通识教育与专业教育并重，但更侧重于通识教育。

2. 与教育界的留美学生群体大力倡导分不开

1919 年五四运动以后，中国教育开始发生重大的转变，即从模仿日本转向模仿美国。这种转变的发生除了因为一战后日本在华影响力减弱而美国在华影响力不断增强之外，教育界的留美学生群体在其中起了非常重要的、积极的推动作用。

1908 年 10 月 28 日，清政府草拟派遣游美学生规程，确定：自退款的第一年（1909 年）起，清政府在最初四年内，每年至少应派留美学生 100 人，如果到第四年派足了 400 人，则自第五年起，每年至少要派 50 人赴美留学，直到"退款"用完为止。在这批学生中，规定 80% 学农业、机械工程、矿业、物理、化学、铁路工程、银行等，其余 20% 学法律、政治、财经、师范等。① 在派遣学生的同时，还决定由清政府外务部负责设立一所留美训练学校（即后来的清华学堂）。自此，中国赴美留学人数逐年上升。其中仅清华学堂一校，从 1911 年到 1929 年共派送留美学生 1279 人。此外，还有以庚款津贴的留美自费生 476 人，及其他官费生 70 余人。② 这些数据还不包括以其他形式赴美留学者。大多数留美学生在五四运动前后回国，其中 1/3 以上投身于教育事业，且大多数集中于高等教育。根据田正平教授的统计结果，至 1925 年，在归国庚款留美学生中，在高等学校工作或被称为"教育家"的占 34.4%；而在中等以下学校任教者仅占归国总人数的 3.4%。③ 以第一批庚款留美学生返国后的职业为例，47 人中有 18 人进入高校从事教学和科研活动，占归国总人数的 38.3%。④ 留美归国学生

---

① 参见清华大学校史编写组编著《清华大学校史稿》，中华书局 1981 年版，第 6 页。
② 同上书，第 68—69 页。
③ 参见田正平《留学生派遣与中国近代教育》，《教育研究》1988 年第 5 期。
④ 根据陈学恂、田正平主编《中国近代教育史资料汇编·留学教育》（上海教育出版社 2007 年版，第 199—203 页）统计得出。

成为我国高校行政管理和教学科研方面的中坚力量。从行政管理来看，不少留美学生先后担任过中国近代一些著名高校的校长（院长）、副校长（副院长），如蒋梦麟在北京大学，郭秉文在东南大学，竺可桢在浙江大学，李登辉在复旦大学，梅贻琦在清华大学，张彭春在南开大学，欧元怀在大夏大学，胡适在中国公学，廖世承在蓝田国立师范学院，胡敦复在大同大学，陆志韦在燕京大学，等等。至于出任高校院系一级领导、当教务长的更是不计其数。进入教育行政部门的有：获美国芝加哥大学研究院哲学博士学位的韦悫，曾担任过广州国民政府教育行政委员会委员；获美国哥伦比亚大学哲学博士学位的蒋梦麟曾担任过中华民国大学院院长；朱经农、顾毓琇等先后担任过教育部次长；任鸿隽曾担任北洋政府教育部专门司司长；邓萃英担任过教育部次长和河南省教育厅厅长；雷沛鸿和欧元怀分别担任过广西壮族自治区和贵州省教育厅厅长。[①] 留学生直接进入中央和地方的教育行政部门，使他们有条件直接参与和影响当时教育大政方针的制定。"民国九年以后，特别是十六年以后，教育部长、教育总长和大学校长，几乎皆由西洋留学生出任，大学教授也是他们，留学生在教育界的影响，至为深远。"[②] 这批留学生在美国曾就读于芝加哥大学、耶鲁大学、哥伦比亚大学、哈佛大学等世界名校，这些大学虽然在办学理念上可能隶属不同的流派，通识教育实践具有不同的风格，但是它们都是通识教育理念的倡导者，都曾在通识教育理念指导下进行了人才培养模式改革。梅贻琦等人留学于此，必定深受通识教育的熏陶，从而成为通识教育理念的追随者和实践者。因此，当他们归国后，不仅把美国的先进科学文化知识引入高校的教学科研，也将美国大学的通识教育理念移植、运用于国内所任教的大学，并且最终通过"壬戌学制"将该理念转化为制度，从而促进了大学办学模式由早期的模仿日本到模仿美国的转变。因此，有学者认

---

① 参见霍益萍《近代中国的高等教育》，华东师范大学出版社 1999 年版，第 137 页。
② 刘少雪：《中国大学教育史》，山西教育出版社 2007 年版，第 67 页。

为，他们"是一个人数甚少但颇有能量的群体"，这个群体没有把自己仅仅看作学科领域的专家，而"必须像政治家那样代表整个社会——亦官亦民——去思考。这种社会责任感有助于从欧美回来的新的领导者建立起来早期共和国的学术机构——一个 20 世纪的国家所需的学院、大学、图书馆、实验室和研究所"①。

（三）通识教育理念在高等教育政策法规中的体现

1922 年 11 月 1 日，以北洋政府的名义公布了《学校系统改革令》，这就是所谓的"新学制"，又称"壬戌学制"或"六三三四"学制。其中对高等教育的主要规定如下："大学校设数科或一科，均可。其单设一科者称其某科大学校，如医科大学校，法科大学校之类。""大学校用选科制。"② 选科制是美国大学通识教育理念的具体表现形式之一，它强调学生的个性和兴趣，在人才培养过程中赋予学生一定的选择权，即给予学生若干可以选择的课程组作为主修科，其他课程组则作为选修的内容，共同组成学生的知识结构。因此，从这个角度说，"壬戌学制"的颁布标志着中国高等教育已经走出模仿日本大学模式，进入学习美国大学模式的阶段，这也说明了美国大学通识教育理念开始对中国大学人才培养模式产生影响。

1929 年 8 月 14 日，教育部公布《大学规程》，其中与通识教育有关的条款如下：第七条规定，大学各学院或独立学院各科学生（医学院除外），从第二年起，应认定某学系为主系，并选定他学系为辅系。第八条规定，大学各学院或独立学院各科，除党义、国文、军事训练及第一第二外国文为共同必修课目外，须为未分系之一年级设基本课目。第九条规定，大学

---

① ［美］费正清编：《剑桥中华民国史》（第二部），上海人民出版社 1992 年版，第 413 页。
② 璩鑫圭、唐良炎主编：《中国近代教育史资料汇编·学制演变》，上海教育出版社 2007 年版，第 1011 页。

各学院或独立学院各科课程，得采学分制。但学生每年所修学分须有限制，不得提早毕业。[①] 1931 年 1 月，教育部颁布《学分制划一办法》，规定高等院校一律实行学年兼学分制。[②] 选科制、学分制和主辅修制是美国大学通识教育理念下采用的教学管理制度，它们在中国大学的推行有利于学生扩大知识面，奠定坚实的学术基础，使得他们不论是将来的专业深造，还是在学术领域适当转移，都能够应付自如。

1929 年 4 月国民党第三次全国代表大会通过的《中华民国教育宗旨及其实施方针》中，其实施方针的第四点明确规定："大学及专门教育，必须注重实用科学，充实内容，养成专门知识技能，并切实陶融为国家社会服务之健全品格。"[③] 1929 年 7 月南京国民政府公布《大学组织法》，规定教育宗旨："大学应遵照中华民国教育宗旨及其实施方针，以教授高深学术，养成专门人才为目标。"[④] 这说明虽然通识教育是当时大学人才培养的主导理念，但大学也必须为国家建设服务，培养国家和社会所需要的专门人才。

这一时期，美国大学通识教育理念通过留美学生群体引进中国，在与我国传统教育中的积极因素进行结合和创新后，发展成为当时一些著名大学校长的教育理念，其中梅贻琦和竺可桢就是典型例子。自 1931 年始，之后担任清华大学校长长达 17 年之久的梅贻琦是通识教育的积极倡导者。他在《大学一解》中是这样说的："窃以为大学期内，通专虽应兼顾，而重心所寄，应在通而不在专，换言之，即须一反目前重视专科之倾向，方足

[①] 参见宋恩荣、章咸主编《中华民国教育法规选编（1912—1949）》，江苏教育出版社 1990 年版，第 406—407 页。

[②] 参见中国第二历史档案馆编《中国民国史档案资料汇编》（第五辑第一编），凤凰出版社 1994 年版，第 186 页。

[③] 宋恩荣、章咸主编：《中华民国教育法规选编（1912—1949）》，江苏教育出版社 1990 年版，第 46 页。

[④] 辛树织主编：《第一次中国教育年鉴（第一册）（甲编：教育综述）》，台北传记文学出版社 1971 年版，第 60 页。

以语于新民之效。……通识，一般生活之准备也，专识，特种事业之准备也，通识之用，不止润身而已，亦所以自通于人也，信如此论，则通识为本，而专识为末，社会所需要者，通才为大，而专家次之，以无通才为基础之专家临民，其结果不为新民，而为扰民。……大学虽重要，究不为教育之全部，造就通才虽为大学应有之任务，而造就专才则固别有机构在。"① 因此，受梅贻琦的教育思想影响，无论是清华大学，还是后来的西南联合大学，都很注重通识课程的学习。从 1933 年起，清华大学规定一年级不分系，文、理、法、工学院学生在一年级都修习包括自然科学、社会科学与人文学科三方面的共同必修课，为学生打下广博的知识基础。西南联大也规定，一年级新生除必修课外，无论什么学院，都共同必修国文、英文和中国通史；理工科学生必须选修一门社会科学概论；文法科学生必须选修一门自然科学概论。针对当时一些教授对实施通识教育持反对声音，梅贻琦在一次全校集会上讲话时说道："大家要注意在本系主要课程之外，并于其他学科要有相当认识，有人认为学文学者，就不必注意理科，习工科者就不必注意文科，所见似乎窄小一点。学问范围务广，不宜过狭，这样才可以使吾们对于所谓人生观，得到一种平衡不偏的观念。对于世界大势文化变迁，亦有一种相当了解。"②

浙江大学校长竺可桢 1936 年上任不久即提出："大学教育的目标，绝不仅是造就多少专家如工程师、医生之类，而尤在于能使每个毕业生孕育着一种潜力，可令其于离开校门以后，在他的学问、技术、品行、事业各方面发扬光大，即日新、日日新、又日日新。"③ 他认为这种人必须是全面发展的通才。抗战期间，在教育部的一次会议上，他曾提出要把通才教育写入大学组织法第一条。"若侧重应用的办法，而置纯粹科学、人文科学

① 黄延复、马相武主编：《梅贻琦与清华大学》，山西教育出版社 1995 年版，第 325 页。
② 黄延复：《梅贻琦教育思想研究》，辽宁教育出版社 1994 年版，第 161 页。
③ 竺可桢：《大学生与抗战建国》，《浙大校刊》1941 年 10 月 10 日。

于不顾，这是谋食，而不是谋道的办法。"① 竺可桢重视课程设置的融会贯通，他认为，"大学一二年级中，工学院自宜打定数理良好基础，文法等院自宜重视文学、经济以及中外历史，以备专精。虽然彼此不可偏废，仍宜互相切磋，不限系院，庶几智识广博，而兴趣亦可盎然"②。受母校哈佛大学选修制改革的影响与启发，竺可桢在浙江大学提出了分类选修制度，将课程分为必修和选修两类，采用学分制，规定学生在学好必修课的同时，以人文科学及自然科学中至少选若干学分为原则自由选择课程。③

三　民国后期大学通识教育理念的演变

由于"壬戌"学制颁布以来，我国大学普遍采用美国大学的选科制，于是大学课程中统一规定的部分受到冲击。如 1924 年教育部颁布的《国立大学条例》（简称《条例》）规定，"国立大学校各科各学系及大学院，各设教授会，规划课程及其进行事宜"。《条例》的附则又指令"私立大学应参照本条例办理"④。这实际上是正式授权各校、各系可自行安排课程，导致各校在课程设置中往往忽略了基本课程，课程结构日益凌杂。因此不少专家学者提出大学各系应该确定一些共同必修科目，以确保学生在课程学习中具有共同部分，这不仅为学生的专业学习作准备，也将成为大学共同的文化。正是在这样的背景下，教育部颁布文、理、法、农、工、商学院共同必修科目表，这标志着我国近代大学通识教育理念进入新的发展阶段。

1937 年抗日战争爆发后，国民党政府确立抗战与建国双管齐下的国

---

① 竺可桢：《新生谈话会训辞》，《浙大日刊》1936 年 9 月 23 日。

② 竺可桢：《对 1948 年应届新生的训话》，《竺可桢全集》（第 2 卷），上海科技教育出版社 2004 年版，第 689 页。

③ 参见郑丽《山中走出的"东方剑桥"——竺可桢与抗战时期浙江大学的发展》，硕士学位论文，厦门大学，2012 年，第 42 页。

④ 《中国大学课程编订之沿革与意见》，《申报》1939 年 7 月 21 日。

策，"战时要当平时看"，认为建国需要更多专门技术人才。教育部还明令提倡理、工、农、医诸实科教学，对于文法等科则控制发展，分别进行归并或停止招生。尽管如此，在抗战期间，即便是教育部高层官员，也不乏支持通识教育理念的人士。例如，曾两次出任教育部长的朱家骅在执掌教育部时坚持称："大学为研究学术之所，其所研究之学科，必须由基础而专门，作有系统之研究，倘轻重倒置，先后失序，轻于基础而重于专门，先于基础而后于专门，则学生先已毛其门径，研究学术，安得有济。专门学术之研究，就体系而言，绝非大学四年之教育所能为功，必待学生于毕业后继续不断作专门之研究，方得有济。"①

1938 年教育部出台的《各级教育实施方案》中规定："大学教育，应为研究高深学术培养能治学治事治人创业之通才与专才之教育，其农工商医等专门学院，应施行高深专门技术教育，养成高级技术人才。以国家物质建设之需要，为施教之对象。其文理法教育学院，应注重各项基本学问之广博研究，再由博返约，养成治学治事治人之技能。应以国家文化建设、经济建设、社会建设之需要，为施教之对象。"② 这充分说明了在政策文本中，通识教育的内涵更为丰富，外延更为广阔。"通才"应既具有"通识"，又有"专识"；大学应兼具通才与专才的培养。

为了实现通识教育目的，大学加强了课程管理。1938 年 9 月 9 日，教育部召开第一次大学课程会议，会议通过了《文理法三学院各学系课程整理办法草案》，提出以"规定统一标准，注重基本训练，注重精要科目"三个整理原则和九点要项对大学课程进行整理。在这些"原则"和"要项"中通识教育理念尽显无遗。整理课程之原则为③：（1）规定统一标准。

① 辛树织主编：《第一次中国教育年鉴（丙编）》，台北传记文学出版社 1977 年版，第 7—8 页。
② 宋恩荣、章咸主编：《中华民国教育法规选编（1912—1949）》，江苏教育出版社 1990 年版，第 68 页。
③ 《教部整理大学课程之步骤与办法》，《申报》1940 年 7 月 25 日。

"先从规定必修科目入手，选修科目暂不完全确定，仍留各校斟酌变通之余地，此种规定不仅在于提高一般大学课程之水准，且期与国家文化及建设之政策相吻合。"（2）注重基本训练。"各大学现有课程，分系过早，对于一般学术之基本训练，未能有深厚之基础……故大学课程应先注意于学术广博基础之培养，文理法各科之最基本学科，定为共同必修然后专精一科，以求合于由博及约之道，使学生不因专门之研究，而有偏固之流弊。"（3）注重精要科目。"整理"要项有九条，其中主要的有：第一，全国大学各院系必修及选修课程，一律由本部规定，必修科目须全国一致，选修科目各校得在本部规定范围内参照实际需要，酌量损益；第二，大学各学院第一学年注重基本科目，不分学系，第二学年起分系，三四学年，视各院系性质，酌设实用科目，以为出校后就业之准备；第三，国文及外国文为基本工具科目，在第一学年终了时，应举行严格考试。①

会后公布《文理法三学院共同科目表》和《农工商学院共同必修科目表》。其中，《文学院共同必修科目表》（见表2－2）中的总学分数为52—56，占四年学分总数132的40%强，可参见当时教育部对通识教育的重视程度。国文和外国文作为基本工具科目非常受重视，要求每两周须作文一次，并规定"在第一学年终了时，应举行严格考试，国文须能阅读古今书籍，及作文通顺文字，外国文须能阅读各学院所习学科外国文参考书，方得及格，否则仍须继续修习，至达上述标准，方得毕业"②；强调"文理兼习"，文学院学生必修一门自然科学（数、理、化、生物、生理、地质中任选一种）。注重对学生进行思想道德教育和体育教育。"共同必修科目表"不仅延续了在人文学科、社会科学和自然科学三方面兼顾的传统，而且课程的设置更为合理，既注重工具科目（国文和外国文）的学习，又重视德（三民主义、伦理学）、智（社会科学和自然科学等学科知识）和体

---

① 《教部整理大学课程之步骤与办法》，《申报》1940年7月25日。
② 同上。

育的全面发展，有助于学生打下宽厚扎实的知识基础，构建合理的知识结构和能力结构。教育部颁布的共同必修科目表为各校外文系在共同必修课的设置提供了依据和参照，标志着中国近代大学通识教育课程发展进入成熟阶段。

如果说，此前通识教育理念在大学教育中还处于隐约状态的话，1938年以后，通识教育理念已经开始占据了主导地位。1944 年 8 月，教育部召开第二次大学课程会议，提出课程整理的五项原则：（1）注重主要科目；（2）科目集中；（3）学分数酌减；（4）凡属不十分必需的科目均列为选修；（5）选修科目也不必太多。1948 年 12 月教育部修订并公布了《大学文、理、法、师范四学院共同必修科目表》。其中各学院共同必修课程已经减少，各学系必修学分数又恢复到初订时期的 100 至 110 学分，其总修学分数除医学院外，最少需修满 132 学分方得毕业。不过，由于解放战争，这个共同必修科目表一直没来得及实施。

表 2 − 2　　　　　文学院共同必修科目（1938 年 9 月 20 日颁行）①

科　　　目	规定学分	第一学年		第二学年		备　　注
		上	下	上	下	
国文	6	3	3			每两周须作文一次
外国文	6—8	3—4	3—4			每两周须作文一次
中国通史(注重文化之发展)	6	3	3			
西洋通史(注重文化之发展)	6			3	3	

① 《教育部颁发大学各学院分院共同必修科目表》，1938 年，东南大学档案馆藏，案卷号：072。

科　　目	规定学分	第一学年		第二学年		备　注
		上	下	上	下	
伦理学	4	2	2			
哲学概论、科学概论	6			3	3	任选一种
数学及自然科学:数学、物理、化学、生物学、生理学、地质学	6—8	3—4	3—4			任选一种
社会科学:社会学、政治学、经济学	12	3	3	3	3	任选二种（每种六学分）
合　计	52—56	17—19	17—19	9	9	

注:1. 除表中所列必修科目外,党义、体育及军训均为当然必修科目,不计学分。

2. 表中所列六至八学分之科目,各校得在此规定内斟酌情形决定学分数。

　　从晚清洋务外语学堂"中体西用"人才观的确立,到清末大学通才教育思想的提出,再到民国时期大学通识教育理念的发展,中国近代大学的外语人才培养经历了从专才向通才的转变,而理念嬗变的背后则体现了一定社会政治、经济、文化等因素的深刻影响。

第三章　中国近代大学外语专业
人才培养模式分析

　　人才培养模式是教育理念的制度化体现，通识教育理念须通过人才培养模式这个环节才能真正发挥作用。人才培养模式构成要素通常涉及四个方面的问题：一是培养什么人；二是用什么培养人；三是怎样培养人；四是培养人怎样。第一个问题是目的要素，是指培养目标和培养规格，它对人才培养进行质的规定，是一切教育活动出发点和归宿。第二个问题是内容要素，包括培养制度和培养内容，前者是人才培养工作的重要保障和基本前提，后者是人才培养模式实施的过程，是人才培养模式的核心，包括专业设置、课程体系、培养方案、教学组织形式等。第三个问题是方法要素，主要是教学方法和手段。第四个问题是评价要素，包括人才培养评价内容、评价标准和评价方法等。① 作为知识分类概念的学科是大学的核心组成部分，伴随着对构成大学的学科要素的规定不断演变，中国近代大学的组织模式也发生变化，从清末的分科大学模式深化为民初的文理综合型大学模式，再到20世纪20年代末开始建立大学学院制模式。本章着重分析上述三类大学组织模式的外语专业人才培养目标和课程设置。

---

　　① 参见陈洪玲、于丽芬《高校扩招后人才培养模式的理论与实践》，北京师范大学出版社2011年版，第7—8页。

第一节　清末分科大学的外语专业人才培养模式

清末颁布的"壬寅·癸卯"学制中虽然提到大学分科（即本科）教育，但是直到 1910 年京师大学堂的分科大学才正式开学。一年后辛亥革命爆发，因此严格地说，京师大学堂在清末没有培养出一名正规的大学本科毕业生。尽管如此，中国近代大学外语人才培养的实践并未停止。1902 年京师同文馆并入京师大学堂，其教学理念、教学模式通过译学馆延续下来。1910 年京师大学堂文科大学成立后，译学馆中的英文科等资源全部并入，奠定了英文门的发展基础，对于民国时期北大文科英文系的学科建设与发展起到了奠基的作用。①

一　中国近代大学外语学科的形成

从现代学术的角度看，中国传统学术基本上是文、史、哲不分的。晚清洋务学堂以培养"匠人"作为办学宗旨，意味着专业教育在中国高等教育领域崭露头角，这也促使中国传统的学术体系发生巨变。刘梦溪在其主编的《中国现代学术经典》一书的序言中认为，中国现代学术发端于晚清，确立于五四时期。② 其标志是在西方近代学术分科观念和体系的冲击下，中国传统学术门类开始分化，由传统的培养"通才"的"通人之学"（即"四部之学"）最终实现了向现代的造就"专才"的"专门之学"（即"七科之学"或"八科之学"）的转变，文、史、哲不分的传统学术，转换成为近代意义上的人文社会科学。而外语学科的产生和发展正是中国近

---

① 参见邱志红《京师译学馆英语教育初探》，《北京社会科学》2011 年第 6 期。
② 参见刘梦溪主编《中国现代学术经典》，河北教育出版社 1997 年版，第 49—50 页。

代大学学科体系演变的一个缩影。

（一）中国近代大学学术分科思想的萌芽

中国传统学术体系是一个以"六艺"（诗、书、礼、乐、易、春秋）为核心、"四部"（经、史、子、集）为基本框架的知识系统。它注重的是以人统学，文史哲不分，其结果就是形成了研究对象相同，而研究主体不同的分门别派的学问。而西方的学科分类则是以自然和社会为主要研究对象，以"学科"为分科标准，其结果是形成了以研究对象区分的不同学科的知识。① 中国传统的"四部之学"偏重人文社会科学，忽视自然科学，这是与中国传统教育重在培养"修身、齐家、治国、平天下"的"治国之才"的目标相一致的。然而，晚清严重的政治和社会危机促使人们意识到，中国传统的"四部之学"已经不能适应社会需要，必须学习西方高等教育模式，引入西方的学术分科体系。

首先，通过派往西方各国的中国人的所见所闻，向国人介绍西方高等教育的点滴情况。如近代中国第一位驻外公使郭嵩焘，1877 年到英国后即参观了各类学校。在牛津大学，他见到"仕进者各就其才质所长，入国家所立学馆，如兵法、律法之属，积资任能，终其身以所学自效"②。在苏格兰一女子学校，他见到学校课堂内悬满挂图，皆地理、植物、动物、机器、工艺、数学、簿记等内容。1879 年，首任驻日公使参赞黄遵宪在《日本杂事诗广注》中记述他看到的东京大学情况："生徒凡百人，分法、理、文三部。法学则英吉利法律、法兰西法律、日本今古法律；理学有化学、气学、重学、数学、矿学、画学、天文地理学、动物学、植物学、机器

---

① 参见袁曦临《人文社会科学学科分类体系研究》，博士学位论文，南京大学，2011 年，第46—47 页。

② 王兴国：《郭嵩焘评传》，南京大学出版社2011 年版，第550 页。

学；文学有日本史学、汉文学、英文学。……"① 通过这些所见所闻，至少向国内传递了两个有关西方高等教育的信息：第一，西方高等学校所授内容注重实用，涉及面广；第二，西方高等学校规模宏大，学科门类齐全。

其次，鸦片战争后，伴随着西方列强军事侵略而来的还有"西学"的大规模输入，传教士和教会学校则充当了传播西学的主要角色。传教士通过翻译或编撰有关西方高等教育的书籍，以及在教会学校开设一系列西学课程，使得中国学界对诸如天学、算学、重学、热学、光学、电学、化学、地学、医学、植物学、动物学等西方主要学术科目有了一定程度的了解。于是，一些开明知识分子结合中国的实际情况，初步提出了吸纳西方学术科目、改造传统学科体系的近代学术分科的思想。例如，冯桂芬在1861年所撰的《采西学议》中指出，西学中"如算学、重学、视学、光学、化学等，皆得格物至理。舆地书备列百国山川、阨塞、风土、物产，多中人所不及"②。冯桂芬所要"采"的西学，主要指西方近代的所谓"舆算之学"及其中所包含的"格致之理"。③ 其中，"舆算之学"包括算学、重学、视学、光学、化学、舆地学等。他还提出，"今欲采西学，宜于广东、上海设一翻译公所，选近郡十五岁以下颖悟文童，倍其廪饩，住院肄业，聘西人课以诸国语言文字，又聘内地名师课以经史等学，兼习算学。……"④ 这说明冯桂芬在提倡引入西学科目的同时也重视"中学"科目，这也是洋务运动时期的"中体西用"思想的具体表现。继冯桂芬之

①　朱有瓛主编：《中国近代学制史料》（第一辑下册），华东师范大学出版社1987年版，第519—521，515页。

②　璩鑫圭、童富勇主编：《中国近代教育史资料汇编·教育思想》，上海教育出版社1997年版，第25—26页。

③　肖朗：《中国近代大学学科体系的形成——从"四部之学"到"七科之学"的转型》，《高等教育研究》2001年第6期。

④　璩鑫圭、童富勇主编：《中国近代教育史资料汇编·教育思想》，上海教育出版社1997年版，第26页。

后，王韬于 1883 年自编《弢园文录外编》的《变法自强》一文中，提出了"文学"和"艺学"的八科分类方案。所谓"文学"，即"经史掌故词章之学也"，主要指经学、史学、掌故之学和词章之学等"中学"四科；所谓"艺学"，即"舆图格致天算律例也"，主要指舆图之学、格致之学、天算之学和律例之学等当时传入中国的"西学"四科。"文艺两端，皆选专门名家者以为之导师，务归实用，不尚虚文。"① 较之冯桂芬，王韬提出的学科分类方案虽仍以文、艺二学的形式将"中学"和"西学"截为两节，但"西学"科目在整个方案中所占的比例有了明显的提高，开始与"中学"呈并驾齐驱的态势。② 梁启超提出将中国的传统文化分为义理、考据、经世、文字四"学科"。其中义理之学包括"孔学、佛学、周秦诸子学、宋明学、泰西哲学"；考据之学包括"中国经学史学、万国史学、地理学、数学、格致学"；经世之学包括"政治原理学、中国政治沿革得失、万国政治得失、政治应用学、群学"；而文字之学则有"中国辞章学、外国语言文字学等"。③ 在这个学术分科设想中，"外国语言文字学"首次被提出，反映出维新党人既不想放弃传统，又希望师夷之长的愿望。此外，郑观应在《盛世危言》中按照西方"分科立学"原则，将中西学术分为六科：文学科、政事科、言语科、格致科、艺学科、杂学科。其中的"言语科"，主要学习西方的语言文字，相当于后来的外国语言文学科。总之，在晚清时期西学的"导入"和"传播"背景下，西方学术的分科观念和方法也开始引入中国，促使了中国近代大学学术分科设想的提出，外语学科也包含其中。不过，我国的学科分类体系真正由"四部之学"向"七科之学"的转变，则是通过近代学制的变革完成的。

---

① 璩鑫圭、童富勇主编：《中国近代教育史资料汇编·教育思想》，上海教育出版社 1997 年版，第 58 页。

② 参见肖朗《中国近代大学学科体系的形成——从"四部之学"到"七科之学"的转型》，《高等教育研究》2001 年第 6 期。

③ 梁启超：《南海康先生传·饮冰室合集·文集之六》，中华书局 1989 年版，第 65 页。

（二）"壬寅·癸卯学制"中的外语学科

甲午战争中，中国惨败于向来被认为是"蕞尔小国"的日本，这成了当时国人的奇耻大辱，同时也激起了有识之士的深思。他们一致认为，日本是采用西学西政而强盛，于是在国内掀起了一股学习日本的热潮。虽然关于如何把西方的学术分科制度融入中国本土，在清末一直未达成统一意见，但是向日本学习，却是当时学人的共识。

1902 年 8 月 15 日，管学大臣张百熙根据清政府的命令，"上溯古制，参考列邦"，拟成《钦定学堂章程》，即"壬寅学制"，这是中国近代第一部学制。在《钦定京师大学堂章程》中提出了大学堂学科体系的七科设想："大学分科，俟预备科学生卒业之后再议课程，今略仿日本例，定为大纲，分列如下：政治科第一，文学科第二，格致科第三，农业科第四，工艺科第五，商务科第六，医术科第七。"① 这里的"科"，相当于高等学校的学院，科下面又分"目"或"门"，即相当于后来高等学校的系。其中"文学科"下设经学、史学、理学、诸子学、掌故学、词章学、外国语言文字学等七门。"外国语言文字学门（或目）"即早期的外语学科。"壬寅学制"颁布后，被清政府以"不够充备"为由禁止施行，随即被废止。

1903 年，光绪帝又命张之洞、张百熙、荣庆重新厘定学堂章程，即《奏定学堂章程》，因是年旧历年称癸卯年，故又称"癸卯学制"。这是中国近代第一个在全国范围内付诸实施的学制，是 1904—1911 年整个清末教育的法律规范。高等教育段分三级：高等学堂、大学堂和通儒院。大学堂内设经学、政法、文学、格致、医、农、工、商八科（系），故又称分科大学堂。与"壬寅学制"相比，最大的区别是增加"经学"一科，把原来七科中"文学科"下设的"经学""理学"两门同归"经学科"，并独

---

① 璩鑫圭、唐良炎主编：《中国近代教育史资料汇编·学制演变》，上海教育出版社 2007 年版，第 245 页。

立出来置于八科之首。中国传统学术的"四部之学",经历了"壬寅学制"的"七科之学",最终确立为"癸卯学制"中的"八科之学"。由此可见,虽然制定者引进了西方的学科分类方法和学科门类,但其指导思想仍是"中学为体,西学为用"。按照清政府要求,"无论何等学堂,均以忠孝为本,以中国经史之学基,俾学生心术壹归于纯正,而后以西学沦其智识,练其艺能,务期他日成才,各适实用"①。

　　根据"癸卯学制",文学科大学分九门:中国史学门、万国史学门、中外地理学门、中国文学门、英国文学门、法国文学门、俄国文学门、德国文学门、日本文学门,并规定各个学门所修科目及周课时数。② 以英国文学门为例(见表3-1)。

表3-1　　　　　　　　　　英国文学门每周课时数

		第一年每周课时数	第二年每周课时数	第三年每周课时数
主课	英语英文	9	9	9
补助课	英国近世文学史	3	2	2
	英国史	2	2	1
	拉丁语	3	3	2
	声音学	2	3	2
	教育学	2	2	3
	中国文学	3	3	5
	合　计	24	24	24

　　资料来源:璩鑫圭、唐良炎主编:《中国近代教育史资料汇编·学制演变》,上海教育出版社2007年版,第366—367页。备注:第三年末毕业时,呈出毕业课艺及自著论说。

---

① 朱有瓛主编:《中国近代学制史料》(第二辑上册),华东师范大学出版社1987年版,第78页。

② 参见舒新城主编《中国近代教育史资料》,人民教育出版社1981年版,第588页。

英国文学门所开设的课程由三部分组成。第一部分是主课"英语语文"，类似于今天大学外语专业开设的"综合英语"，每周9课时。第二部分是补助课，有历史、文学、教育学、声音学等。这说明分科大学的外语人才培养已经从洋务外语学堂以语言技能训练为主的教学模式逐渐强调外国的历史和文学等方面内容；并且为了实现中西兼通，还开设"中国文学"。而"教育学"和"声音学"科目的开设应该是出于癸卯学制下外国语文被列为大、中学教育课程后急需培养外语教员的考虑。第三部分是随意科目。为了完善学生的知识结构，除了每周9节主课和24节补助课外，开设了中国史、外国古代文学史、辨学、心理学、公益学、人种及人类学、希腊语、意大利语、荷兰语、法语、德语、俄语、日本语等一系列随意科目。随意科目的设置体现了对学生学习自由的一种设想与考虑，是民国初选科制的滥觞。这样的做法具有一定前瞻性，既避免英语的专业性和工具性过强而造成知识结构狭窄，又有助于学生今后有更广阔的职业选择。不过，随意科目主要还是集中在语言、文学、历史、心理学和人类学等人文社科领域，对自然科学领域知识不重视。法国文学门、俄国文学门、德国文学门和日本国文学门的主课分别为法语法文、俄语俄文、德语德文和日语日文，补助课与英国文学门相同，随意科目除所习语文外，也与英国文学门相同。

二　京师大学堂译学馆的人才培养

1902年，清政府正式下令恢复京师大学堂，任命吏部尚书张百熙为管学大臣，负责筹办一切事宜。由于受生源、师资和经费等办学条件的限制，京师大学堂暂不设大学本科，而先办预备科和速成科，为开办本科做准备。预备科分为两科："一曰政科，二曰艺科。以经、史、政治、法律、通商、理财等事属政科；以声、光、电、化、农、工、医、算等事属艺科。"预备科学生三年毕业，考试及格者升入大学本科。速成科分为二馆：

"一曰仕学馆，二曰师范馆。凡京官五品以下，八品以上，以及外官候选，暨因事留京者，道员以下，教职以上，皆准应考，入仕学馆。举贡生监等皆准应考，入师范馆。"[1] 加上 1902 年京师同文馆并入后改名的译学馆，这时的京师大学堂实行的是两科三馆制，直到 1910 年 3 月 31 日京师大学堂分科大学才正式开学，除医科暂缺，共设 7 科 13 学门。这一期分科大学学生入学后仅一年多，辛亥革命就爆发了，他们是在民国初年京师大学堂改为北京大学后才毕业的。因此严格地说，京师大学堂"在辛亥革命以前只有预备科毕业生一百二十人，尚无本科毕业生"[2]。

1902 年京师同文馆归并于京师大学堂，改为翻译科。1903 年 3 月，清廷设立译学馆，将翻译科与之合并，仍由京师大学堂管理，类似于当今大学的外文系或翻译系，这也成了北京大学西语系的前身。1903 年 9 月译学馆正式开学，首批招收 70 余名学生。曾国藩之子曾广铨担任译学馆的首任监督。译学馆从 1903 年开馆到 1911 年 10 月归并北京大学，办学 9 年，培养了五级（甲、乙、丙、丁、戊）学生共 443 人，其中英语专业学生 166 人；[3] 历年共聘教职员 122 名，其中中国教员 103 名。[4] 蔡元培、许寿裳等都曾应聘任教。

（一）培养目标

早在 1901 年（光绪二十七年）上谕："着派张百熙为管学大臣，将学堂一切事宜，责成经理，务期端正趋向，造就通才，明体达用，庶收得人之效。"[5] 后来在张百熙主持起草的《钦定京师大学堂章程》中将这句话正

① 《张百熙奏筹办京师大学堂情形疏》，北京大学校史研究室编《北京大学史料》（第一卷 1898—1911），北京大学出版社 1993 年版，第 52 页。

② 陈翊林：《最近三十年中国教育史》，上海太平洋书店 1930 年版，第 66 页。

③ 参见张美平《晚清外语教学研究》，中国社会科学出版社 2011 年版，第 234 页。

④ 参见黎难秋《清末译学馆与翻译人才》，《中国翻译》1996 年第 3 期。

⑤ 北京大学校史研究室编：《北京大学史料》（第一卷 1898—1911），北京大学出版社 1993 年版，第 51 页。

式写入，"京师大学堂之设，所以激发忠爱，开通智慧，振兴实业，以谨遵谕旨，端正趋向，造就通才，为全学制纲领"①，因此"造就通才"乃京师大学堂的办学宗旨。作为其附属机构之一，译学馆在遵循大学堂办学宗旨的基础上，结合学科专业特点制定人才培养目标。1904 年的《奏定学务纲要》明确了译学馆的办学目标，即"意在通晓各国语文，俾能自读外国之书，一以储交涉之才；一以备各学校教习各国语文之选，免致永远仰给外国教师"②。由此可见，译学馆培养的人才主要分为两类：一类是外交所需要的翻译人才，这也是对京师同文馆培养目标的继承与延续；另一类是外语教员。由于壬寅癸卯学制中都规定"外国语"为"中学堂必需而最重之功课"，且"必用外国教习，或以中教习之通外国文者副之。将来各学堂通外国文者渐多，中学堂教习即可辍聘西人，以省经费"。③因此，为新式学堂培养外语教师也是译学馆的重要任务之一。《奏定译学馆章程》对此有进一步阐释，"设译学馆，令学外国语文者入焉，以译外国之语文，并通中国之文义为宗旨。以办交涉教译学之员均足供用，并能编纂文典，自读西书为成效"④。这也说明译学馆以中西贯通为宗旨，培养的外交翻译人才与外语教育人才不仅能自读西书，还要能编撰文典。

在译才的培养规格上，译学馆比洋务外语学堂的要求更高、更明确。例如，译学馆甲级生毕业训词中提到："译学馆为养成外交人才而设。于语言文字之外，辅之以普通学、进之以专门学，非徒以备舌人也。将使诸生宏其所学，察政教之繁变，求学问之贯通，裕为全才，以备国家之用。"⑤也就是说，译学馆不仅仅是培养精通外语的专门人才，更要培养知

---

① 璩鑫圭、唐良炎主编：《中国近代教育史资料汇编·学制演变》，上海教育出版社 2007 年版，第 243 页。

② 同上书，第 495 页。

③ 同上书，第 273 页。

④ 北京大学校史研究室编：《北京大学史料》（第一卷 1898—1911），北京大学出版社 1993 年版，第 169 页。

⑤ 同上书，第 180 页。

识全面、学问贯通的全才。"学务大臣所期望所责成，则不惟育译才而在育学问完备之译才，不惟习外国语言文字，而在习外国语言文字以求外国之学术。"①学习外语的终极目的不仅仅是语言文字的应用，而且要通过外语来研究外国学术，会通中学与西学。在人才培养规格的"德"方面，仍然要求把伦理道德教育作为人才培养的根基，《钦定京师大学堂章程》规定，"中国圣经垂训，以伦常道德为先；外国学堂于知育体育之外，尤重德育，中外立教本有相同之理。无论京外大小学堂，于伦理修身一门，视他学科更宜注意，为培植人材之始基"②。在这一点上与洋务外语学堂强调"中体西用"具有一定相似性。

（二）课程设置

根据《奏定译学馆章程》规定，译学馆的学制为五年，课程分为外语、普通学课程和专门学课程三大类。学生"无论所习何国文，皆须习普通学及交涉、理财、教育各专门学"③。（见表3-2）

表3-2　　　　　　　　　译学馆五学年课程④

学　科	第一学年	第二学年	第三学年	第四学年	第五学年
人伦道德	1	1	1	1	1
中国文学	3	3	2	2	2
历　史	2	2	2	2	2
地　理	2	2	2	2	2
外国文	16	16	18	18	18

① 璩鑫圭、唐良炎主编：《中国近代教育史资料汇编·学制演变》，上海教育出版社2007年版，第175页。
② 同上书，第87页。
③ 同上书，第435页。
④ 北京大学校史研究室编：《北京大学史料》（第一卷1898—1911），北京大学出版社1993年版，第170—171页。

续　表

学　科	第一学年	第二学年	第三学年	第四学年	第五学年
算　学	4	4	3	3	——
博　物	2	2	——	——	——
物理及化学	2	2	——	——	——
图　画	2	2	——	——	——
体　操	2	2	2	2	2
交涉学	——	——	3	3	3
理财学	——	——	3	3	3
教育学	——	——	——	——	3
合　计	36	36	36	36	36

注：表中数字表示每周学时数。

关于教材方面，"普通学用大学堂简易科现用课本，其有未备，由本馆教员编定。法律、交涉学用外国学校课本"①。通过分析上述译学馆的课程表，可以看出其课程设置呈现出以下四个方面的特点：

第一，普通教育课程文理并重，外国文与专门学课程相结合。

译学馆设置的普通教育课程包括：人伦道德、中国文学、历史、地理、算学、博物、物理及化学、图画、体操等。既有德育、历史、文学、图画等人文社科课程，也有地理、算学、博物、物理及化学等自然科学课程。此外，为了扭转因"科举兴而体育废"导致传统读书人"四体不勤"、文弱书生般的形象，"体操"课程贯穿于五年，以使学生成为德、智、体全面发展的人才。除每年学习外国文之外，第三年开始兼习交涉学、理财学、教育学三门专门学课程。专门学课程几乎都由外籍教员用英语讲授。

---

① 北京大学校史研究室编：《北京大学史料》（第一卷 1898—1911），北京大学出版社 1993 年版，第 169—170 页。

如英国法学博士哈尔用英语讲授甲级英文科三年级以上的法律。[①] 因此，外语与专门学课程的学习得以相互结合、相互促进。由于清末大学教育是以日本教育为模式进行改革，因此三门专门学课程分别采用日本国际公法、日本国际法私、日本财政学和日本教育诸书讲授。

第二，外语课程占全部课程的比重较大，并且外国文学教育已经开始进入课堂。

《奏定译学馆章程》规定："外国文分设英文一科、法文一科、俄文一科、德文一科、日本文一科。每人认习一科，务期专精，无庸兼习。"[②] 外国文的教学内容及每周学习钟点见表 3 – 3。

表 3 – 3　　　　　　译学馆的外国文教学内容及每周学习钟点

学　　年	每星期钟点	教　学　内　容	每学年总学科钟点
第一学年	16	缀字、读法、译解	36
第二学年	16	译解、会话、文法、作文	36
第三学年	18	译解、会话、文法、作文	36
第四学年	18	译解、会话、文法、作文兼文学大要	36
第五学年	18	译解、会话、文法、作文兼文学大要	36

资料来源：《奏定译学馆章程》，参见璩鑫圭、唐良炎主编《中国近代教育史资料汇编·学制演变》，上海教育出版社 2007 年版，第 436—437 页。

在每学年的每周 36 个总学时中，前两年外语课时就占了 16 节，后三年还呈现上升趋势，增至 18 节。在教学内容上前三年为缀字、读法、译解、会话、文法、作文等语言基础训练课程，后两年则在此基础上"兼授

---

① 参见张心澂《译学馆回忆录》，中国人民政治协商会议全国委员会文史资料委员会编《文史资料选辑》（第四十辑），中国文史出版社 2000 年版，第 177—178 页。

② 璩鑫圭、唐良炎主编：《中国近代教育史资料汇编·学制演变》，上海教育出版社 2007 年版，第 435 页。

各国历史及文学大要"①。从基本的读写训练开始，基础牢固后再进入文学作品的研读，以提升学生的文学修养和人文素质。根据毕业生张心澂等人的回忆资料显示，一二年级的英文课程由本国籍教员教授，三年级以上则由外籍教员教授。如美籍教员安德逊对三年级以上学生开设的具体课程有"英文的论文、莎士比的戏剧、英文各国宪法条文、海关总税务司和江海关道的往来文书中英文合璧本，并练习作英文论文"②。毕业生陈诒先回忆当年的读书情形时指出，英文科使用的英文教材包括 Oliver Goldsith (1730—1774) 的 *The Vicar of Wakefield*（《威克菲尔德牧师传》，1762），Joseph Addison (1672—1719) 的 *Spectator*（《旁观者》，1711），Walter Scott (1771—1832) 的 *Ivanhoe*（《艾凡赫》，1814），以及 John Richard Green (1837—1883) 的 *A Short History of the English People*（《英国人的短暂历史》，1874）等,③ 都是英国文学史上的经典作品。这也说明了京师译学馆在外语教学内容和教材选编上开始从注重语言文字训练模式向外国文学模式转变。

第三，体现"中西并重"。译学馆在"习外国语言文字以求外国之学术"基础上，"保存灵粹，归墟于国文，扶植品范，趋重于伦理"④，也就是说，在学习西学的同时亦重视中国文学、中国历史等传统文化的学习。关于人伦道德一科，外国高等学堂名为伦理学。教育内容是有关道德实践的篇目，宗旨是勉人为善。译学馆的"人伦道德"则讲授"宋元明国朝诸儒学案"，内容为"理学诸儒之言论行实，皆是宗法孔孟"⑤。此外，译学馆吸取以往学习外语者忽视本国文学和文化而导致外语学习不精，且事业

---

① 北京大学校史研究室编：《北京大学史料》（第一卷 1898—1911），北京大学出版社 1993 年版，第 169 页。

② 张心澂：《译学馆回忆录》，中国人民政治协商会议全国委员会文史资料委员会编《文史资料选辑》（第四十辑），中国文史出版社 2000 年版，第 178 页。

③ 参见邱志红《京师译学馆英语教育初探》，《北京社会科学》2011 年第 6 期。

④ 张心澂：《译学馆回忆录》，中国人民政治协商会议全国委员会文史资料委员会编《文史资料选辑》（第四十辑），中国文史出版社 2000 年版，第 175 页。

⑤ 北京大学校史研究室编：《北京大学史料》（第一卷 1898—1911），北京大学出版社 1993 年版，第 171 页。

发展受限制的教训，认为"向来学方言者，于中国文词多不措意，不知中国文理不深，则于外国书精深之理不能确解悉达；且中文太浅，则入仕以后，成就必不能远大"①。因此，在译学馆的课程体系中，虽然中国文学史的课时不多，仅每周 2—3 节，远不及外国文课时多，但要求较高，须"选读《古文渊鉴》及历代名臣奏议，兼作文"，以提高古文修养和写作能力。这一做法在今天看来仍然具有很高的参考价值与积极的现实意义，因为从语言与文化的角度来看，外语学习与汉语学习是可以相互促进、相得益彰，没有扎实的汉语功底是学不好外语的。而历史课除讲"日本历史"和"西洋史"外，前两年主要以"二十四史"为讲义讲解中国历史。②

　　第四，重视体育类课程。1905 年 4 月 24 日，京师大学堂举行了第一届学生运动会。大学堂总监督为此特发布告称："盖学堂教育之宗旨，必以造就人才为指归，而造就人才之方，必兼德育、体育而后为完备。……东西各国知其然也，故无不以体育一事为造就人才至基。……今日特开运动大会，亦不外公表此宗旨以树中国学界风声而先。"③ 此次运动会设有各种竞走、跳远、跳高、掷槌、掷球、越栏竞走、拉绳等比赛项目。1906 年 4 月 2 日，大学堂举行第二次运动会，宣示掷球、角力、运动、竞走为尚武的标志，并认为"人人有振武之精神而自强可恃"。1907 年 2 月 27 日大学堂举行第三次运动会。

　　为了在大学堂运动会上取得更优异的成绩，译学馆除了在"体操"课上练习各种体育项目，还曾举行春季练习运动。光绪三十三年（1907），译学馆一连三天举行练习运动，项目有竞走、掷竿跳高、掷竿跳远、掷球、掷锤、拉绳（即拔河）等。练习运动中所有学生分为三班，按各学生

　　① 璩鑫圭、唐良炎主编：《中国近代教育史资料汇编·学制演变》，上海教育出版社 2007 年版，第 435 页。
　　② 参见邱志红《京师译学馆英语教育初探》，《北京社会科学》2011 年第 6 期。
　　③ 北京大学校史研究室编：《北京大学史料》（第一卷 1898—1911），北京大学出版社 1993 年版，第 291 页。

运动的等次给予分数。计一等得三分，二等得二分，三等得一分。学生所得分数作为其所属班的分数，总计各班分数，得数最多者为优胜，并由会长给予优胜旗。由此可见，通过开设体育课程和体育运动会，译学馆的学生已不再是传统教育下每日只会读圣贤书的文弱书生。

（三）培养成效

译学馆的办学历史虽然只有短短九年，但是其办学成效非常显著。学生学满五年后，综合毕业考试成绩和平时成绩分为五等：最优等、优等、中等、下等、最下等。如甲级学生参加毕业考试有四十一人，列最优等者一名、优等者九名、中等者二十九名，列下等者二名，并根据成绩等级进行分派。"考列最优等者，作为举人出身，内以主事分部尽先补用；外以直隶州分省尽先补用。考列优等者，作为举人出身，内以内阁中书尽先补用；外以知县分省尽先补用。考列中等者，作为举人出身，内以七品小京官分部；外以通判分省补用。"① "嗣后出使各国大臣，各省督抚，咨取译员并各处学堂延聘外国文教员，均以此项毕业学生为上选。"② 因此，译学馆毕业生中有的担任驻外使节或各省督抚的译员，有的分至各地学堂任外国语文教员，也有的升入大学堂分科大学（政法学科、文学科、商学科三科自择）肄业。而不及格者则须补习一年，仍然不及格者即行退学。

从译学馆的人才培养规格、教学要求和课程设置等几方面来看，译学馆的办学比当年京师同文馆显然略高一筹，应当说是一个进步。尤其是其语言训练与文学教育相结合、中西学并重、普通教育课程与专门学课程相辅相成的课程设置模式，对学生毕业后的职业走向与事业成就产生了重要影响。译学馆所培养的人才，大多活跃于清末、民国时期的教育、外交、

---

① 北京大学校史研究室编：《北京大学史料》（第一卷 1898—1911），北京大学出版社 1993 年版，第 418 页。

② 同上书，第 172 页。

司法等领域。如英文科甲级钱文选曾任过驻旧金山领事，林行规在民国时期是京城著名律师；丙级田树藩毕业后供职于外交部；丁级王琎后来成为著名的化学史家和分析化学家，陶履谦历任民国政府外交部和内政部官员。[①] 1931 年，译学馆部分学生在上海聚会，纪念译学馆停办二十周年，并编一本《京师译学馆校友录》。由于蔡元培 1906 年曾在译学馆讲授乙班、丙班的国文及西洋史，因而被邀请为校友录题词。他的题词是："译学馆为偏重外国语之学校，其所以与同文馆、广方言馆等不同者，有两点：一兼习国文；一兼授其他学科；是也。有此二者，是以译学馆虽办理不久，同学亦为数不多，然而其中之高材生，或服务社会，卓著成绩；或更求深造，成为专门学者；或从事译著，有信达雅三长；使此短期之学校，在历史上可以不朽。"[②] 从以上这段文字中我们可以看到，蔡元培对译学馆的办学成就给予了真诚的肯定和认同。

第二节　　民初文理综合性大学的外语专业人才培养模式

1912 年《大学令》的颁布标志着中国近代大学模式由清末分科大学向民初文理综合性大学转变。文理综合性大学以文理科为主，专注基础理论与学术研究，以培养"硕学闳才"为办学宗旨。在民初大学学科建制改革推动下，文科下设的外国文学门发展为独立设置的外文系，打破了文理科之间的隔阂，为文理"兼习"提供了条件。在外语人才培养规格上，既注重高深学术，又强调广博学识。为此，大学预科和本科外文系一年级侧重通识教育，强调文理兼通，为学生今后的专业学习奠定厚实的知识基础；

①　参见邱志红《京师译学馆英语教育初探》，《北京社会科学》2011 年第 6 期。

②　李良佑、张日昇、刘犁编著：《中国英语教学史》，上海外语教育出版社 1988 年版，第 120 页。

本科二三年级开设专深的语言和文学类课程。1917 年国立北京大学在蔡元培的筹划下调整为一所以文理为主的综合性大学，其英文系的办学历史较长，可追溯至清末京师大学堂译学馆，且在人才培养上具有典型意义。因此，为了深入考察文理综合性大学外语人才培养模式，本节以设置外语学科较早的国立北京大学英文系为例。

一　文理综合性大学的形成

文理综合性大学是指文理科并设，或者以文科或理科为主，并兼设其他学科的综合性大学。这类大学是蔡元培"学"与"术"分开的教育思想的具体表现。1912 年《大学令》的出台为文理综合性大学的形成提供了法律依据。1917 年，蔡元培对北京大学进行学科整顿，把北京大学由之前的文、理、法、商、工五科并立调整为以文、理科为主的综合性大学，成为全国学理研究的中心。

蔡元培是"真正将西方近代大学理念引入中国，并仿照德国模式创建中国现代大学制度"的第一人，他的教育理念和办学实践受德国影响颇深。1907 年至 1911 年间，蔡元培身处德国柏林大学和莱比锡大学学习语言、心理学、哲学和美学等。受四年留德经历和两校办学模式的影响，蔡元培产生了办综合性、学术型大学的设想。1912 年蔡元培即任临时政府教育总长，通过《大学令》开始将其教育设想转化为现实。1912 年，教育部颁布《大学令》，规定："大学以教授高深学术，养成硕学闳才、应国家需要为宗旨"；"大学分为文科、理科、法科、商科、医科、农科、工科"；"大学以文、理二科为主；须合于下列各款之一，方得名为大学：一、文理二科并设者；二、文科兼法、商二科者；三、理科兼医、农、工三科或二科或一科者"。[①]

---

① 璩鑫圭、唐良炎主编：《中国近代教育史资料汇编·学制演变》，上海教育出版社 2007 年版，第 673 页。

对比《奏定大学堂章程》（又称"癸卯学制"）中对学科体系的规定，民初大学学科体系最大的改变是学科门类中的"经学科"被取缔。经学不再是一种学科门类，失去其独立学科地位，附属于文科，其内容被分解在哲学、文学和历史学下设的二级学科中，或者成为二级学科下设科目之一，或者变成科目中的具体内容，成为普通历史文献资料。癸卯学制以来，大学学科体系设科、门。各学门所设之科目，基本不涉及其他学科，学科之间的界限比较明显。这种"科—门"制的学科体系即使到了民初也未改变。1913 年，民国政府教育部出台《大学规程》，对大学所设置的学科、门类做了明确规定。大学取消"经学科"，分设文科、理科、法科、商科、医科、农科、工科等 7 科 39 学门（见表 3 - 4）。

表 3 - 4　　　　　　　　　民初大学设置学科门类情况

	哲学门	中国哲学类(16)、西洋哲学类(16)
文科	文学门	国文学类(13)、梵文学类(11)、英文学类(11)、法文学类(11)、德文学类(11)、俄文学类(11)、意大利文学类(11)、言语学类(12)
	历史学门	中国史及东洋史学类(15)、西洋史学类(12)
	地理学门	地理学门(13)
理科		数学门(16)、星学门(20)、理论物理学门(14)、实验物理学门(14)、化学门(13)、动物学门(21)、植物学门(21)、地质学门(21)、矿物学门(22)
法科		法律学门(19)、政治学门(27)、经济学门(26)
商科		银行学门(32)、保险学门(26)、外国贸易学门(32)、领事学门(27)、税关仓库学门(28)、交通学门(31)
医科		医学门(51)、药学门(52)
农科		农学门(36)、农艺化学门(30)、林学门(41)、兽医学门(40)
工科		土木工程学门(28)、机械工学门(22)、船用机关学门(21)、造船学门(20)、造兵器学门(27)、电气工学门(32)、建筑学门(17)、应用化学门(23)、火药学门(21)、采矿学门(32)、冶金学门(32)

注：括号中的数字表示每一学科门类下开设的科目的或课程门数，如中国哲学类开设了 16 门课程。

资料来源：璩鑫圭、唐良炎主编：《中国近代教育史资料汇编·学制演变》，上海教育出版社 2007 年版，第 710 页。

关于大学的性质，蔡元培认为，"所谓大学者，非仅为多数学生按时授课，造成一毕业生之资格而已也，实以是为共同研究学术之机关"①。因此在学与术的关系问题上，提出"学与术可分为二个名词，学为学理，术为应用。各国大学中所有科目：如工商，如法律，如医学，非但研究学理，并且讲求适用，都是术。纯粹的科学与哲学，就是学。学必借术以应用，术必以学为基本，两者并进始可"②。也就是说，学与术二者关系紧密，但又主张"以学为基本，术为支干"，并强调"学"重于"术"。这些主张对于扭转当时社会上普遍存在的重术轻学偏向，加强大学基础知识和基础理论的教育，具有积极的意义。而通过在北京大学的改革，蔡元培的上述主张得以实现。蔡元培上任之前，北京大学是文、理、法、商、工五科并立，没有重点，"而每科所设，少者或止一门，多者亦不过三门。欲以有限制经费，博多科之体面，其流弊必至如此"③。经过蔡元培的筹划，北京大学的科系进行了以下几方面的改革：

（1）扩充文、理两科。这是北大学科改革的重点。在此之前，北大的文本科仅设有中国哲学门、中国文学门和英国文学门，实力相当薄弱。1917 年 7 月增设中国史学门。外国文学除原有的英文学门外，1918 年增设法国文学门和德国文学门。1920 年又增设俄国文学系。而理科除原有的数学、物理、化学三门外，1917 年增设地质学门。经过扩充后的北大文、理两科实力大大增强。

（2）法科的调整。北大原有的法科较为完备，设有法律、经济、政治三门，学生人数也是全校最多的。据统计，1917 年年底，北大法科本科和预科在校生为 841 人，文科为 418 人，理科为 422 人，工科仅 80 人，法科

---

①　蔡元培：《北京大学月刊》发刊词，璩鑫圭、童富勇主编《中国近代教育史资料汇编·教育思想》，上海教育出版社 2007 年版，第 703 页。

②　《在爱丁堡中国学生会及学术研究会欢迎会演说词》，《北京大学日刊》1921 年 8 月 30 日。

③　蔡元培：《大学改制之事实及理由》，璩鑫圭、童富勇主编《中国近代教育史资料汇编·教育思想》，上海教育出版社 2007 年版，第 698 页。

的学生数仅等于文、理、工三科的总和。① 蔡元培认为，以北大的经费和校舍，没有兼办应用科学的可能，而北大法科又具有独立的条件。因而计划将法科分出去，与法专合并，组成专授法律的法科大学。但是由于法科方面的反对，这个计划并未实现。

（3）商科和工科的归并。北大商科 1917 年才设立，按教育部规定，原拟分设银行学、保险学等门，但因经费不足而无法设置，因此仅开设普通商业学一门，与商科名不副实，因此，将商科改为商业学而隶属于法科。北大工科仅有土木工程及采矿冶金两门，门类不全，设备简陋，且与北洋大学的工科设置重复，因此工科并入北洋大学。

经过上述的调整、改革，虽因法科独立的计划受阻，使原来要把北大办成文理两科大学的设想未能实现，但也使北大由一所文、理、法、工、商多科并立的大学调整为文、理、法三科兼具的大学，且文理科的规模得到扩大，提高了质量。因此，改革后的北京大学实际上成为一所以文、理科为主的综合性大学。

在把北大整顿为以文、理科为主的综合性大学的同时，蔡元培还提出要融通文、理两科的界限。他反对"专己守残之陋见"，即"治文学者，恒蔑视科学，而不知近世文学，全以科学为基础；治一国文学者，恒不肯兼涉他国，不知文学之进步，亦有资于比较。治自然科学者，局守一门，而不肯稍涉哲学，而不知哲学即科学之归宿，其中如自然哲学一部，尤为科学家所需要；治哲学者，不知以能读古书为足用，不耐烦于科学之实验，而不知哲学之基础不外科学，即最超然之玄学，亦不能与科学全无关系"②。他认为，正因为存在这种陋见，才导致与理科隔绝的文科"遂不免流于空疏"，而与文科隔绝的理科也"陷于机械的世界观"。因此，蔡元培

---

① 吴相湘、刘绍唐主编：《国立北京大学纪念刊（第一册）·民国六年廿周年纪念册》，台北传记文学出版社 1971 年版，第 16 页。
② 蔡元培：《北京大学月刊发刊词》，璩鑫圭、童富勇主编《中国近代教育史资料汇编·教育思想》，上海教育出版社 2007 年版，第 704 页。

强调文理"兼习"，即"学文科者不可不兼习理科，习理科者不可不兼习文科"。为了实现文理"兼习"的主张，使学生具备宽厚的基础知识面，促进学生个性自由发展，蔡元培在北京大学推行选科制度。选科制改革之前，北大各系的课程均为必修。选科制规定，本科生学满80个单位（每周一学时，学完一年为一个单位）即可毕业，在这80个单位中规定一半为必修课，另外一半为选修课。在选修课中不仅可以选修本系的课程，也可以选修外系课程。蔡元培之所以提倡选科制，也和他主张建立发展个性的新教育相一致。他在1918年发表讲演中提到："教育者，与其守成法，毋宁尚自然；与其求划一，毋宁展个性。"[①] 因此，蔡元培主张因材施教，发展个性。而之前划一的年级制弊端在于它忽视人的个性，在课程开设上，各系所开设的课程，对本系学生均为必修科，且各系学生不能兼习他系课程。

二　民初大学外语学科体系的发展

随着《大学令》和《大学规程》等一系列教育法规的出台，在形式上最后完成了从注重博、通的中国传统"四部之学"向近代分科性质的"七科之学"的转型，中国近代大学学科体系亦随之形成。外语学科归属于文科下设的文学门，分别有梵文学类、英文学类、法文学类、德文学类、俄文学类和意大利文学类。相比于清末大学外语学科体系，减少了日本文学门，而增加了梵文学类和意大利文学类。因此，民初的外语学科体系发展更为完善（见表3－5）。

---

① 蔡元培：《新教育与旧教育之歧点》，璩鑫圭、童富勇主编《中国近代教育史资料汇编·教育思想》，上海教育出版社2007年版，第702页。

表 3 – 5   民初外国语文学类及其科目

学类	梵文学类	英文学类	法文学类	德文学类	俄文学类	意大利文学类
科 目	梵语及梵文学	英国文学	法国文学	德国文学	俄国文学	意大利文学
	印度哲学	英国文学史	法国文学史	德国文学史	俄国文学史	意大利文学史
	宗教学	英国史	法国史	德国史	俄国史	意大利史
	因明学	文学概论	文学概论	文学概论	文学概论	文学概论
	中国哲学概论	中国文学史	中国文学史	中国文学史	中国文学史	中国文学史
	西洋哲学概论	希腊文学史	希腊文学史	希腊文学史	希腊文学史	希腊文学史
	文学概论	罗马文学史	罗马文学史	罗马文学史	罗马文学史	罗马文学史
	言语学概论	近世欧洲 文学史	近世欧洲 文学史	近世欧洲 文学史	近世欧洲 文学史	近世欧洲 文学史
	论理学概论	言语学概论	言语学概论	言语学概论	言语学概论	言语学概论
	伦理学概论	哲学概论	哲学概论	哲学概论	哲学概论	哲学概论
	中国文学史	美学概论	美学概论	美学概论	美学概论	美学概论

资料来源：璩鑫圭、唐良炎主编：《中国近代教育史资料汇编·学制演变》，上海教育出版社 2007 年版，第 710 页。

从各外国语文学类所设置的科目来看，具有显著特点，主要表现在：第一，偏重于文学。清末"癸卯"学制规定，英国文学门的主课为"英语语文"，趋向于语言能力的训练。而"壬子癸丑"学制中外国文学类并未开设类似"英语语文"课程，主要课程集中在外国文学和中外文学史方面，如"英国文学""英国文学史""中国文学史""希腊文学史"等。第二，为了加强学生的人文素养，开设了外国历史、哲学概论和美学概论等课程。与清末分科大学外语专业的课程设置一样，此时自然科学领域知识仍未受到重视。

这个学科体系一直延续到 1919 年蔡元培先生在北京大学进行的"废门改系"改革。设立学系的思想动因，基于蔡元培对近代科学发展的理解和认识。他从科学演变的历史及其发展趋势中，看到了学科之间相互渗透和相互影响的特点，认为"文理是不能分科的"。"文科的哲学，必植基于自然科学；而理科学者最后的假定，亦往往牵涉哲学。从前心理学附入哲学，而现在用实验法，应列入理科；教育学与美学，也渐用实验法，有同一趋势。地理学的人文方面，应属文科，而地质地文等方面属理科。历史学自史以来属文科，而推原于地质学的冰期与宇宙生成论，则属于理科。"[①]"废门改系"就是为了促使学生选修本专业以外的课程，使学生构筑比较全面、宽厚的基础知识结构。从沟通各科的目的出发，1919 年，北大正式废除文、理两科，改门为系，全校当时共设数学、物理、化学、地质学、哲学、中国文学、法国文学、德国文学、俄国文学、史学、经济、法律等 14 个系。学长制同时废除，改设系主任。北京大学在学科体系上的"废门改系"改革成为 20 世纪 20 年代中国大学学科体系变化的基本趋势，并影响了当时国内其他大学的学科调整。例如，1920 年南京高等师范学校文理科下设 8 个系，即国文系、英文系、哲学系、历史系、数学系、物理系、化学系和地学系；1921 年东南大学成立后，设文理科、教育科、工科、农科和商科五科 29 个系，最多时曾达 31 个系，其中文理科有 11 个系；[②]于 1921 年创办的厦门大学设文、理、教育、商、工、法六科 16 个系；南开大学则设文、理、商、矿四科 17 个系（其在矿科不分系）。应该说，这一时期各大学中"门"的概念已基本消失，代之以西方各国大学所通用的"系"。[③]

　　1919 年蔡元培"废门改系"的改革后，外语学科发展迅速。从建制上，有独立建系的，也有隶属于文科或大学部的。在名称上，有"英（法、德、俄）国文学系""英文学部""英文专修科"等。从当时各院校

　　① 蔡元培：《我在北京大学的经历》，杨东平主编《大学精神》，文汇出版社 2003 年版，第 223 页。

　　② 参见冒荣《至平至善　鸿声东南——东南大学校长郭秉文》，山东教育出版社 2004 年版，第 43、88 页。

　　③ 参见刘少雪《中国大学教育发展史》，山西教育出版社 2007 年版，第 72 页。

文科及师范大学均有设置外语学科来看，外语（主要是英语）学科无疑是一门重点学科，这与新中国成立前中国社会的政治、经济背景是分不开的。半封建半殖民地的社会性质，决定了英语教学得到畸形的发展。随着中国近代社会各项新兴事业的开展，懂英语成为谋求一门好职业的资本。同时，良好的英语成绩在考取奖学金、赴美庚款留学方面占有明显的优势。因此，当英语取得金钱和实用价值后，各院校、外语学科的学生对英语专业学习就更为重视。由此说明，在旧中国，英语可谓是一门得天独厚的学科。根据商务印书馆 1923 年出版的《全国专门以上学校指南》一书的介绍，该年共 36 所不同类型高等学校招生，其中设有英文系科的有北京、燕京、南开、齐鲁、东南、复旦、大同、圣约翰、中华等 16 所大学，学制二至五年不等，招生要求也由各校自定。①

三　北京大学英文系的人才培养

1910 年 3 月，京师大学堂分科大学开办，文科大学下设英国文学门、法国文学门、俄国文学门、德国文学门和日本文学门。辛亥革命后，京师大学堂改成国立北京大学，仍沿袭清末大学的"科—门"建制。1919 年蔡元培在北京大学实行"废门改系"的改革，废除文、理两科，在全校设 14 个系，分别为：数学、物理、化学、地质学、哲学、中文、英文、法文、德文、俄文、史学、经济、政治、法律。其中有关外国文学的系有 4 个之多，可见蔡元培对外国文学的重视。而事实证明，自 1917 年蔡元培执掌北大开始，北大的外语学科有了新的局面，并在人才培养方面取得突出成就。

蔡元培认为，要了解任何他国文明，最好能直接用该国语言进行交流。因此，他从 1898 年，也就是 32 岁起，开始学习日文。他之所以学习日语，是"因为日本翻译的西书很多，而且书价贱，能读日文书，则无异

---

① 参见李良佑、张日昇、刘犁编著《中国英语教学史》，上海外语教育出版社 1988 年版，第 247 页。

于能遍读世界新书"①。接着，1899 年他学习英语，1902 年学习拉丁文，1903 年学习德语，1923 年学习意大利语，时年 57 岁。正因为蔡元培自身对外语学习具有深刻认识，他任北大校长后，对外语学科的建设极为重视。通过文科学长陈独秀的引荐，蔡元培聘请刚回国的胡适担任文科的教授，并主持北京大学英文系。在制定人才培养目标时，北京大学英文系根据蔡元培所提出的培养"硕学闳才"的办学宗旨，既注重高级专门学术人才的培育，又强调学识广博人才的养成。这一点对其学生日后的教育思想形成产生了一定影响。例如，北大的俄语系旁听生，后来的作家、翻译家曹靖华认为，外语系在制定教学计划过程中，培养目标不宜定得过偏过窄，不应搞专门化设置，这样做既不能满足国家对人才的需要，又往往束缚学生的创造精神。② 曹靖华的人才培养观在很大程度上正是受到新中国成立前北大英文系的影响。

（一）课程设置

1929 年之前的北京大学外文系（含英、法、德、俄、日文学系等）的课程设置经历了"废门改系"和"新学制"出台后有了明显变化。1922 年新学制出台之前，大学分为预科和本科两个阶段，因此在课程设置上包括了预科（三年或两年）阶段的普通（即通识）教育课程和本科阶段（主要是三年）的专业教育课程。新学制出台后，预科被取消，其普通教育课程上移至四年本科阶段。

1. "新学制"出台前：预科课程与本科阶段的通科和专业课程相结合

清末大学教育经过十余年的发展，虽然在学科建设和人才培养上取得一定成就，但并不能掩盖整个高等教育基础的脆弱。由于大学教育缺乏合格的生源，1912 年《大学令》规定，清末高等学堂改设大学预科，学制三

---

① 李传松、许宝发：《中国近现代外语教育史》，上海外语教育出版社 2006 年版，第 128 页。
② 同上书，第 133 页。

年，附设于大学本科。因此，民初大学外文系的生源主要来自大学的文预科。"大学入学之资格，必须在预科毕业或经试验由同等学力者。"当时大学为保证学生在一定的、基本的文理知识水平上学习专门的高深学术，文理"兼习"的指导思想比较明确，主要体现在大学预科层次和本科低年级教育中，以北京大学文预科课程开设为例（见表3-6）。

表3-6　　　　　　　　　　　民初北京大学文预科课程①

第一年级		第二年级		第三年级	
科　目	每周课时	科　目	每周课时	科　目	每周课时
英文或德文	一十	英　文	一十	英　文	七
国　文	七	国　文	七	法　文	四
本国史	四	法　文	四	国　文	七
本国地理	三	本国史	二	本国史	二
西洋文明史	三	本国地理	二	西洋文明史	三
数　学	三	西洋文明史	三	数　学	三
体　操	二	数　学	三	论理学	二
		体　操	二		
共计：三二		共计：三三		共计：二八	

从上述课程表可以看出，北大文预科重视外国语和国文的学习。无论学生将来志愿升入哲学、文学或史学中任何一个本科学门，都必须学习外国语和国文，且两类课程的开设时间占三年中的每周课时总数一半以上。而开设诸如数学、中外历史、地理、论理学（即逻辑学）、体操等课程也初步体现了通识教育中"文理兼习"和全面发展的思想。此外，北京大学对进入本科的学生还详细规定了本门的"通科"课程，即共同课程，要求

---

① 《文预科课程表》，《北京大学日刊》1917年11月25日。

学生在预科学习的基础上进一步提高基础知识水平。如北京大学 1917 年文本科文学门的通科课程设置如下：文学概论（略如《文心雕龙》《文史通义》之类）、中国文学史、西洋文学史、言语学、心理学概论、美学、教育学、外国语（欧洲古代语及近代语）。①

民初大学本科的修业年限除法科及医科之医学门为四年外，其他各科学制均为三年。在经历了三年预科的普通教育课程和文学门的"通科"课程学习后，外语学科的学生已经具备较宽厚的知识基础，因此本科阶段三年的课程以专业学习为主，以 1917 年文科本科英国文学门课程为例（见表 3 –7）。

表 3 –7 　　　　　　　　　　文科本科英国文学门课程②

年级	科目	每周课时	教员	担任课时
第一年级	英国文学	六	杨子余	三
			胡适之	一
			陶孟和	二
	英国史	三	倭纳（文讷）	三
	中国文学史要略	三	朱遏先	三
	英文修辞学及作文	三	杨子余	三
	外国语	八		
	共计	二三		
第二年级	英国文学	九	辜汤生	三
			威尔逊	六
	英国史	三	王启常	三
	英文修辞学及作文	三	杨子余	三
	中国文学史要略	三	朱遏先	三
	外国语	八		
	共计	二六		

① 参见潘懋元、刘海峰主编《中国近代教育史资料汇编·高等教育》，上海教育出版社 2007 年版，第 392 页。

② 《文科本科现行课程》，《北京大学日刊》（第 12 号）1917 年 11 月 29 日。

年级	科　目	每周课时	教　员	担任课时
第三年级	英国文学	九	威尔逊	六
			辜汤生	三
	亚洲文学名著（英译本）	三	胡适之	三
	英国史	三	王启常	三
	外国语	八		
	共　计	二三		

　　由此可见，文本科英国文学门以语言和文学两类专业课程学习为主。在培养学生阅读、作文、会话等语言运用能力方面的课程有"外国语"和"英文修词学及作文"，占每周总课时数40%左右。文学类课程有"中国文学史要略""英国文学史"和"亚洲文学名著"三门，占每周总课时数的将近50%。尤其是"英国文学"的课程安排上充分发挥教师的教学研究特长，由数位老师分别讲授其擅长的内容，如一年级的英国文学由杨子余、胡适之、陶孟和三位教授承担，这有利于提高该课程教学质量。

　　1919年，北京大学根据《修正大学令》（1917）的规定，将预科由三年改成两年，本科由三年延长为四年，并实行选科制。因此，在1922年"壬戌"学制颁布之前，北京大学的通识教育仍然主要通过预科（两年）的共同必修科和分部必修科（见表3-8）以及本科第一年的共同必修科和分组选修科来实施（见表3-9）。

表 3 - 8　　　　　　**国立北京大学预科课程（1919—1920）**①

预科（两年制）	
共同必修科	分部必修科
1. 语言文字 2. 论理学大意 3. 哲学概论	甲部偏重数学、物理 乙部偏重历史、地理等科 （学生任择一部习之）

表 3 - 9　　**1919—1920 年国立北京大学外文系本科一年级课程开设情况**②

课程性质	课程		任课教师	学习单位	
共同必修科 （共计 9 个单位）	哲学史大纲		胡　适	2	
	科学概论		王星拱	2	
	社会学大意		陶履恭	2	
	第一外国语（习英、法、德文学者免习）			3	
	第二外国语			3	
分组选修科 （选习 8 或 11 个 单位以上，为 一年后专习 一系之预备）	中国文学史要略		朱希祖	2	
	中国诗文名著选		朱希祖	4	
	欧洲文学史大纲		周作人	3	
	英文学梗概	1. 文	杨荫庆	3	6
		2. 诗	卜　思	1	
		3. 戏剧	辜汤生	2	
	英文作文		杨荫庆	1	
	法文学梗概	1. 诗	宋春舫	1	6
		2. 文	宋春舫	2	
		3. 戏剧	宋春舫	3	

---

①　王学珍、郭建荣主编：《北京大学史料》（第二卷 1912—1937），北京大学出版社 2000 年版，第 1079 页。

②　同上书，第 1080—1082 页。

续　表

课程性质	课程		任课教师	学习单位
分组选修科（选习 8 或 11 个单位以上，为一年后专习一系之预备）	法文修词学及作文		李景忠	3
	法文演说		基雅慕	2
	法国文学史		白来士	3
	法国近世史		德尼格	2
	德文学梗概	1. 戏剧	顾兆熊	3
		2. 论文	顾兆熊	2　　6
		3. 小说	顾兆熊	1
	德文修词与文体学		杨震文	2
	德文作文		杨震文	1

　　如表 3 – 8 所示，预科阶段所有学生除了修习语言文字（外文、国文）、论理学（即逻辑学）和哲学概论等共同必修科之外，还要修习偏重数学、物理的甲部必修科或偏重历史、和地理等科的乙部必修科。选习甲部学生作为升入物理、化学、地质学等系的准备，同时也可选习哲学概论、科学概论等；乙部学生拟入法律、经济、国文、外文等系，也可选习数学、物理等科，以达到文理"兼习"。

　　进入本科外文系后，一年级阶段既要修习涵盖哲学、科学、社会学和第二外语等 9 个单位的共同必修科，还有选修科，主要是为一年后（即二年级起）专习一系之预备。选修科分为五组，分别为：组一：数学、物理、天文等；组二：生物、地质、化学等；组三：哲学、心理学、教育学等；组四：中国文学、英文学、法文学、德文学等；组五：史学、政治、经济、法律等。外文系属于第四组，学生须在组内选习 8 或 11 个单位以上。从表 3 – 9 中可以看出，第四组的选修科主要包括三大块，中国文学史、英（法、德）文学和英（法、德）作文。学生可以根据专业选择

（英文学、德文学或法文学）来选修课程。分组选修科为学生接下来的三年专业课程学习打下了良好的基础。

这一阶段课程设置的特点有：（1）预科阶段的普通教育课程与本科阶段低年级的共同必修科相结合来实施通识教育，文理相通，课程涉及国文、历史、地理、哲学、社会、数学、物理以及外语，体现了对人文、自然、社会三大科学的重视，是通识学习的核心，扩大了学生的知识面，为学生提供了一个共同的学识背景。（2）本科低年级的"通科"或分组选修科为学生以后的专业学习奠定良好的学习基础，本科二三年级以语言和文学类课程学习为主。（3）选科制规定本科期间要选修学习单位总数一半的选修课，这不仅使学生视野开阔，并且激发了学生对其他学科的兴趣，为他们日后留学或职业选择确定了更宽的方向。以罗家伦为例，他在北大主修英国文学，但从他在北大选修的课程来看，除了英国文学、英国史、英国诗、英美近代诗选、英文作文、英文演说等专业课程外，他还选修了中国文学史、修辞学、语言学、戏曲、科学概论、德文、哲学概论、西洋哲学史大纲等课程，且成绩优良，每学年各科平均分都在 80 分以上。① 罗家伦就读北大英文系的学习经历对于他 1920 年秋赴美留学，选择史学和哲学专业具有重要的影响。

2."新学制"出台后：本系与他系课程相结合

1922 年壬戌学制规定，大学预科取消。原本由预科阶段实施的普通教育课程上移至本科四年阶段实施。因此，本科阶段的课程由普通（即通识）教育课程和专业教育课程组成。而前者主要由其他系开设。根据 1925—1926 年度国立北京大学英文学系课程指导书规定，"本系学生每年选习功课以二十一单位为度，不得过多。选习功课分下列数种：a. 本系必修科目；b. 本系选修科目；c. 本国文；d. 第二外国语；e. 他系（哲学、

---

① 参见冯夏根《文化关怀与民族复兴——罗家伦的思想人生》，人民出版社 2009 年版，第 38 页。

政治学等）学科，亦可选习，但不得过多"①。除了本国文、第二外国语以及他系（哲学、政治学等）学科外，外文系还必须在生物学、心理学、科学概论、美学概论等科目中选修一定单位。北大对第二外国语尤为重视，规定"各外国文学系学生，对于第二外国语，必须修满十六单位，经过正式考试，及格后方准毕业"②。

在专业课程方面，"北大以造成学术专家为目的。故设课注重高深研究分系，惟求其范围狭窄"③。专业课程的学习主要包括必修课和选修课两大类，以 1925 至 1926 年英文系课程设置为例（见表 3 - 10）。

表 3 - 10　　　　　　　1925—1926 年国立北京大学英文学系课程④

必　修　课		
	课　　程	任课教师	学习单位
一年级	基本英文（一）	林玉堂	3
	作文（一）	林玉堂	2
	小说（一）	陈　源	2
二年级	基本英文（二）	温源宁	3
	作文（二）	温源宁	2
	英国文学史略		
	戏剧（二）	赵　畸	3

----

① 参见王学珍、郭建荣主编《北京大学史料》（第二卷 1912—1937），北京大学出版社 2000 年版，第 1132 页。

② 《北大注重外国文》，《申报》1926 年 12 月 23 日。

③ 吴相湘、刘绍唐主编：《国立北京大学纪念刊（第三册）·民国十八年卅一周年纪念刊》，台北传记文学出版社 1971 年，第 39 页。

④ 王学珍、郭建荣主编：《北京大学史料》（第二卷 1912—1937），北京大学出版社 2000 年版，第 1133—1136 页。

必　修　课

	课　程	任课教师	学习单位
三年级	作文（三）	温源宁	1
	英汉对译（一）	陈　源	2
	语言学大纲	林玉堂	2
四年级	作文（四）	张歆海	1
	英汉对译（二）	胡　适	2
	英文教授法	林玉堂	1
	语言学大纲	林玉堂	2

选　修　课

课　程	任课教师	学习单位	适用年级
戏剧（一）	毕善功	2	一
演　说	杨荫庆	1 或 2	一二三四
散文（二）	毕善功	3	二
小说（二）	陈　源	3	二
演　剧	赵　畸	3	二三四
辩　论	杨荫庆	1 或 2	二三四
十七世纪英国文学	温源宁	2	三四
十八世纪英国文学	张歆海	2	三四
浪漫派文学	张歆海	2	三四
英国现代文学　1. 哈第	张歆海	2	三四
2. 萧伯纳	陈　源		
3. 辛恩	温源宁		

续　表

选　　修　　课			
课　　程	任课教师	学习单位	适用年级
莎士比亚之研究（一）	柯夫人	3	三四
莎士比亚之研究（二）	柯夫人	3	三四
文评商榷	林玉堂	2	三四
诗（一）	徐志摩	2	一二三四
诗（二）	徐志摩	2	三四
小说（三）	胡　适	2	三四
欧洲古代文学	毕善功	3	三四
西方文化史料选读	柯乐文	3	三四
英国史	文　纳	3	一二三四

大学四年的必修课既有"基本英文（一）（二）、作文（一）（二）（三）（四）、英汉对译（一）（二）"等培养学生阅读、写作、翻译、会话等语言技能课程，也有为学生将来从事英语教学做准备的"英文教授法"课程，因此这个时期的英文系必修课侧重于语言训练，注重实用性和技能性。而选修课则偏重于外国文学，包括文学体（诗、散文、戏曲、文评）、文学史（十七世纪英国文学、十八世纪英国文学、浪漫派文学、欧洲古代文学等）以及文学名家（萧伯纳、莎士比亚等）研究，此外，为了提升学生的语言表达能力，还开设英文"演说"和英文"辩论"以供学生选择。

这一时期北京大学英文系加强了对学生选课的指导和管理，不仅对每年学习单位总数有规定，而且对于必修和选修课程的单位数也有具体规定，在一定程度上克服了选科制的盲目性和过度自由性。在个性自由发展和专业严格训练之间，学生既接受宽厚的通识教育，又通过专业必修课和选修课在语言训练和文学素养上得到发展。

（二）课外活动

为了巩固专业知识、丰富课外生活，北京大学成立了各类与外语有关的社团，开展形式多样的社团活动。蔡元培对于组织各种学术社团非常重视。顾颉刚在《悼蔡元培先生》一文中曾回忆道："北大学生本来毫无组织，蔡先生来后，就把每班的班长召来，劝他们每一系成立一个学会。……靠了蔡先生的敦促和领导，以及学校在经费上的帮助，许多会居然组织起来了。不但每系有会而且书法研究会、画法研究会、音乐会、辩论会、武术会……一个个成立起来，谁高兴组织什么会就组织什么会，谁有什么技艺就会被拉进什么技艺的会。……校中尽有消遣的地方，打牌听戏的兴致也就减少了许多。一校之内，无论教职员、学生、仆役，都觉得很亲密的，很平等的。"① 这一时期各系都组织了学会，这种学会是以本系学生为当然会员，外系有兴趣的同学也可以参加，经费由学校提供。学会活动为分组研究，邀请学者讲演，或主办刊物等。

1. 学术研究活动

外语专业通过成立学术研究会来研究西洋文学、交流学术心得。北京大学学术研究会成立了英文文学研究组和德文研究组，定期开展讲演会。除了请海内外学者讲演各种学术问题外，尤注重于会员之分组研究：（1）英文文学研究组。成立以来，一共开了六次常会，组员十一人。现在的研究多注重语音和修辞两方面。每次开会最先由导师讲演演说和修辞的方法十分钟，然后请组员两人讲演前一次所商定了的题目，讲演后即请大家共同讨论，讨论时每个组员都要发言，但是不得发太多的言论。（2）德文研究组。成立以来一共开了五次常会，组员八人，由鲁雅文、洪涛生、杨震文和朱家骅四位先生担任指导。研究方法和英文文学研究

---

① 梁柱：《蔡元培与北京大学》，北京大学出版社 1996 年版，第 170 页。

组差不多，不过还增加专门研究一项，由组员认定一种专门的题目，请
导师供给研究的材料，并指示研究的方法，研究完毕，即将结果向导师
和其他组员报告出来。① 学生们在学术研究会的熏陶下，增强了研究的兴
趣，提高了学术水平。此外，外文系的学术社团经常邀请名家进行学术讲
演，在激发学生专业兴趣的同时，也使他们拓宽了学术视野，增长了
见识。

2. 演说辩论活动

为了提高学生的外语表达能力，北京大学成立了英语演说会和辩论
会，经常定期举行各种演说、辩论活动。外语专业各系师生通常是演说辩
论活动的积极主办者和参与者。北京大学的英文演说会"由英文系学生为
主体组织之，他系学生亦得加入。每年开演说比赛会一次，为15分钟之演
说"②。北京大学雄辩会设外国语部，以修缮辞令、发展思想为宗旨。每月
开演说会一次，每学期开雄辩比赛大会一次。③ 为了鼓励学生积极参加这
类活动，北大还设立英语演说奖金和辩论奖金以奖励优秀者，如1919年制
订了英文演说奖金条例："本校为奖励英文演说，增进辩才起见，刻正拟
定二种奖金，第一等五十元，第二等二十五元。每学年五月间开演说赛
会，请各界与本校同人惠临参观，凡本校学生均得与赛。"④ 1920年对于
参加英语演说竞赛优胜者予以奖励，"预备奖金一百元，第一名奖金五十
元，第二名奖三十元，第三名奖二十元"⑤。鉴于学校办学经费比较紧张，
1925年英文系呼吁全校捐资设立演说辩论奖金，"本系同人为提倡英文辩
论及演说学术起见，已由本校同人合捐一百二十元，一半为辩论奖金一半

---

① 《北大学术研究会过去的工作与今后的计划》，1926年，北京大学档案馆藏，资料号：
BD1926006。
② 《国立北京大学二十三周年纪念日特刊》，《北京大学日刊》（第771号）1920年12月17日。
③ 同上。
④ 《英文演说奖金条例》，《北京大学日刊》1919年3月22日。
⑤ 《国立北京大学二十三周年纪念日特刊》，《北京大学日刊》1920年12月17日。

为演说奖金"①。通过参加演说、辩论型社团活动，学生们在校内和校际竞赛活动中取得不俗成绩的同时也锻炼了语言表达能力和组织管理能力。

3. 戏剧文体活动

北京大学英文系学生对戏剧研究和演出活动非常积极，并创办了戏剧研究会。1920 年"英文系一年级学生胡哲谋、陈良猷等，所发起之戏剧研究会，宗旨为谋中国戏剧之改良及发达。现已有会员十五人：杨亦曾、陈兆畴（英文系三年级）、赵祖欣、陈绵、詹熙瑞（法文系二年级）、唐性天、许震寰（德文系一年级）、蒋希曾、成詠、陈良猷、胡哲谋（英文系二年级）、黄坚（英文系一年级）等。该会并与蔡校长及蒋梦麟、宋春舫、顾梦渔、吴瞿安、胡适诸教授相接洽，均经其允许，并愿为指导协助"②。戏剧研究会以研究中西戏剧所得，拟刊行戏剧杂志，并且为给学生提供演剧的机会，还成立新剧团，每于年中开游艺大会之时演剧助兴，或参加社会上的慈善事业，英文系教师对于戏剧的研究和改进还给予指导和建议。例如，担任英文系"戏剧"课程的留美归国教授陈蘅哲就建议英文系借鉴美国大学在戏剧教学方面的先进做法，她在发表讲演时讲道："我对英文系的希望，是愿他们把文学和社会联合起来。我现在担任的是戏剧，所以且从戏剧方面来说明我的意见。我在美国潘萨大学时，看见一种教员学生合组的［工场］（workshop）。他的宗旨是要把演剧、读剧、著剧三件事联合汇通。他的方法是：每年把戏剧班的学生写的剧文，选三个最好的，由学生们自己来扮演布景，和其他一切的事。演剧时，请全校师生来看，看过之后请他们各人写个评语，交给戏剧班，他们便用了这评语再去讨论改良。我觉得这个法子很好，成绩很大，简直可以做改良戏剧的先驱。我很希望，我们北大的文学系，不久也有这样的一个工场发现。"③

---

① 《英文学系教授会启事》，《北京大学日刊》1925 年 1 月 9 日。
② 《戏剧研究会开会纪略》，1920 年，北京大学档案馆藏，资料号：BD1920016。
③ 《陈蘅哲先生演说词》，《北京大学日刊》（第 696 号）1920 年 9 月 18 日。

为发展美育、陶冶性情，北京大学还成立音乐、美术、书法等社团，举办各种活动，并发行刊物。例如音乐研究会，以研究音乐、陶养性情为宗旨。该社团分中乐、西乐两部：中乐部有古琴、琵琶、昆曲、丝竹四组，西乐部有提琴、钢琴等组，由学校聘请专门导师，按时教授（见表3-11）。

表3-11   1920 年北京大学音乐研究会导师情况一览①

姓　名	别号	籍　贯	所授科目	备　考
萧友梅		广　东	普通乐理和声学、西洋音乐史	北京大学乐学讲师
王　露	心葵	山东诸城	古琴、琵琶	
赵申燦	子敬	江苏武进	昆曲	
陈　蒙	仲予	江西赣县	乐曲和声箫	
纽　伦		英　国	提琴、唱歌	
哈门司女士		荷　兰	钢琴	
查士鉴	冰如	浙江海宁	笙笛、胡琴	
杨昭恕	心如	浙　江	三弦洋琴	
刘吴卓生女士		江　苏	钢琴	义务导师

音乐研究会每年春天举行音乐演奏大会一次，并由研究所得发行月刊，曰音乐杂志。画法研究会分本国画、外国画两门：前者分山水、花卉、人物、翎毛等；后者分铅笔画、钢笔画、水墨画、炭画、水彩画、油画、漆画、图案画等类，皆聘请专门导师按时教授。每年开成绩展览会一次，并发刊绘学杂志。书法研究社以昌明书法、陶冶性情为宗旨，且聘有

---

① 王学珍、郭建荣主编：《北京大学史料》（第二卷 1912—1937），北京大学出版社 2000 年版，第447 页。

专门导师指导一切。①

　　北大学生原本对体育不是很重视。1917 年以前，学生缺乏体育锻炼，只有预科每周两小时的体操，学生自由上课。蔡元培主校后，1917 年成立体育会。不仅规定开设体育课程，1919 年还成立健身会，由学校聘请专门导师，教授健身之术，每日教授一二小时，而且 1922 年后每年都举行全校运动会。

　　除了上述三类学生社团活动之外，英文系学生还成立了一些自治型社团，譬如各级级会、同班会（同学会）之类。如 1924 年北京大学英文系二年级一部分同学发起组织同班会，"本校自行选科制以来，吾等同学数年，彼此见面时多而晤谈时少，精神不甚团聚，且光阴荏苒，转瞬即届毕业，本系课程，应当改良建设之处急待向当局陈述，有以上原因，爰发起同学会"②。这类自治型社团不仅加强了班级凝聚力、联络了同学感情，而且也成为学校与学生之间的桥梁，把学校的意图与同学的要求沟通起来，并且，它还为学生提供了很多锻炼机会，有助于提高学生的组织办事能力。

（三）师资队伍

　　1917 年，北京大学文科学长陈独秀力邀胡适回国执教北大。胡适进北大第一年，即在英国文学门担任 4 门课：英文课、英文修辞学、英诗、欧洲文学名著。1918 年 3 月胡适任英文教授会主任，同年 9 月被任命为北大教务长兼英文系主任。蔡元培对胡适主持的英文系颇为赞赏，他说："整顿英文系，因得胡君之介绍而请到的好教员颇不少。"③ 在蔡元培和胡适的努力下，英文系建立了一支优秀的师资队伍，这从 1922 年外文系聘请教员情况可反映出（见表 3 - 12）。

---

① 参见《学生生活及活动》，《北京大学日刊》（第 771 号）1920 年 12 月 17 日。
② 《英文系二年级一部分同学发起组织同班会启事》，《北京大学日刊》1924 年 6 月 9 日。
③ 李传松、许宝发：《中国近现代外语教育史》，上海外语教育出版社 2006 年版，第 129 页。

表 3 - 12　　　　　　　　1922 年北京大学外文系教员情况一览①

系别	姓名	籍贯	职称	教育经历	任教课程
英文系	杨荫庆	京兆武清	教授	美国康奈尔大学教育学士	英文教授,法、英文演说,散文选读
	胡适	安徽绩溪	教授	美国康奈尔大学、哥伦比亚大学	英文演说、英文作文
	毕善功	英国	教授	英国甘桥英属澳洲美而逢大学法学士、文学硕士	现代戏剧名家、散文、英文作文
	柯劳文	美国	教授		英美文学史、近代小说、西方文化之观点比较、文学史、英文辩论
	宋春舫	浙江吴兴	教授	法国极乃武大学经济科硕士	戏剧史
	柴思义	美国	讲师		近代欧洲戏剧、英国诗、维多利亚文学史
	文纳	英国	讲师	文官学校毕业,曾任福州领事	英国史
	柯劳文夫人	美国	讲师		莎士比亚、英文作文
法文系	贺之才	湖北蒲圻	教授	比利时京城大学理科及列日大学电科毕业学士	散文
	李景忠	福建闽侯	教授	法国陆军大学毕业	法国文学史、法国近世史、法语史
	宋春舫	浙江吴兴	教授	法国极乃武大学经济科硕士	诗、戏曲史、小说
	徐炳昶	河南济源	教授	巴黎文科大学肄业哲学	法国近代思潮

---

① 王学珍、郭建荣主编:《北京大学史料》(第二卷 1912—1937),北京大学出版社 2000 年版,第 377—401 页。

续 表

系别	姓名	籍 贯	职称	教 育 经 历	任 教 课 程
法文系	陈颇	江苏江浦	讲师	北京大学工商专校毕业工商技师	戏曲
	范静安	江苏江宁	讲师	法国机械及电学大学校工程师	戏曲、散文
	韦誉存	广东	讲师	法国大学法文学士	修词学及作文法、实习概要
	冯漪涤	广东南海	讲师	巴黎威赛音乐大学诗曲毕业得头等奖章	诗
	伊法尔	俄国	讲师	曾任教员及报馆编辑	法国文学史、欧洲文学史
	铎尔孟	法国	讲师	法学博士	法文演说
	基雅慕		讲师		会话
	布硕	法国	讲师	文学士,历充国立图书馆馆员,芬兰大学教员,前陆军工兵科士官	法国近代文学、法文作文
德文系	杨震文	河南南阳	教授	德国留学,历充河南留学欧美预备学校教员	诗、散文、戏曲、德文成语
	李茂祥	广东	教授	德国柏林大学法科毕业 M. Jb	散文
	朱家骅	浙江吴兴	教授	德国柏林工科大学采矿门毕业	出洋
	欧尔克	荷兰	教授		德文学选读、近代德意志文学史、葛胜语和古德语、上古及中古德文史
	海理威	德国	讲师		德文作文、戏曲

系别	姓名	籍　贯	职称	教育经历	任教课程
俄文系	魏立功	江苏海门	讲师	俄国医学博士	修词学及作文
	伊法尔	俄国	讲师	曾任教员及报馆编辑	俄国史、俄国文学史、文法、地理、散文及会话
	柏烈伟	俄国	讲师	海参崴东方学院及圣彼得堡大学	俄文

从表 3-12 中可以看出，外文四个系（包括英文系）的教员中外籍教员占了相当大的比重，像英文系 8 位教师中有 5 位是外国人。可见，民初北大外文系在师资队伍上对外籍教员的依赖性仍然很大。而本土教员基本上都有国外留学经历，如胡适、杨荫庆、宋春舫、杨震文和魏立功等，都曾留学美国、德国或俄国。另外从本土教师的专业来源看，外国文学科班出身的教师极少，大多来自教育学、哲学、经济学、医学、法学、艺术、采矿、机械电学等专业。因此，这在一定程度上说明了民初北大外文系教师队伍的专业水平整体不够高，有的教师仅仅是因为其具有留学海外经历、懂外语即被聘任。但是，从另一个方面来说，这些来自不同专业的教师在课程讲授时往往会受到其原有学科专业背景的影响，使得外文系学生可以接受到来自不同学科的理论知识、思维方法的影响和熏陶，这对于学生扩充知识面、训练思维很有帮助。

在蔡元培的支持和影响下，胡适还为北京大学英文系聘请了林语堂、陈蘅哲、梁实秋、徐志摩、陈源等众多博古通今、学贯中西的博学之士，其他外文系的师资队伍建设也有一定进展。1926 年又增聘了鲁雅文、洪涛生两位德国人分别担任德文系教授和讲师。鲁雅文在德文系担任科目如下：戏剧、历史的德国文法、德国大思想家之人生观及宇宙观，葛胜语及上古高德意志语、中古高德意志语、历史的德语沿革、日耳曼国粹学练习、德意志神秘学、德意志民族学概要，每周钟点为16。洪涛生担任科目有：散文、德国文学概论、德国近代文学史、德国古代文学史、德国中古文学史、德文修辞学及文体学、德文诗学与诗律学、德意志文字学、德国文体及名作之研究，每周钟点为19。为解决法文系和俄文系师资紧缺的问题，北大还聘请一些临时讲师，如谢尔威，在法文系讲授"法文""法国文学史"和"文语宗源"；苏高金在俄文系讲授"俄国文学史""俄文作文"。

为了提高教师专业发展水平，北京大学英文系联合其他大学成立了相关教师组织。如1918年12月，北京大学联合清华学校、北京汇文大学、通州协和大学的英文教员，组织了一个英文教员协会，以改良英文教授方法为宗旨，每星期开会一次。"（1919年）三月一日（星期六）上午九时至下午五时，开第一次大会，讨论英文教授的各种问题。大要分为三部，上午九时十五分讨论发音学，十时四十五分讨论会话利害与方法，下午二时讨论文典（文法）之位置。"①

尽管北京大学外语专业自身在专业教学方面存在很多不足，但是，北京大学开放的风气弥补了这一点。由于校长蔡元培坚持"循思想自由原则，取兼容并包主义"，因此北大校园学术氛围浓厚，新旧中西各种思想交锋辩驳，呈现出百家争鸣的气象。学生们在众多名重一时的大师影响下，不但学业精进，而且受到了这些学术大师思想、人格和精神潜移默化的熏陶。因此，冯至曾说："我所得到的一知半解都是北大开放了的风气给我的。"②

---

① 《胡适教授致本校各科英文教员公函》，《北京大学日刊》（第313号）1919年2月20日。
② 赵建林编著：《解读北大》，广西师范大学出版社2004年版，第148页。

第三节　三十年代大学学院制的外语专业人才培养模式

1929 年，南京国民政府教育部颁布《大学组织法》后，大学组织模式由文理综合性发展为"院—系"制，其时外文系大多隶属于文学院。学院制模式的大学一般都由 3 个以上学院组成，强调通识教育与专业教育相结合，以通才培养为主。在课程设置上，外文系一年级主要学习人文、社会和自然科学方面的共同必修科，二年级开始学习以外国文学为主的专业课程。为了系统深入考察 20 世纪二三十年代大学学院制的外语人才培养模式，本节选取中央大学外文系、厦门大学英文系和辅仁大学西语系作为研究案例。

一　大学"院—系"建制的确立及外语学科的演变

1917 年《修正大学令》放宽大学学科设置标准。1922 年壬戌学制明确规定了大学设数科或一科均可。随着大学学科设置标准的降低，出现了单科性大学自由发展的局面。然而，单科性大学的激增并没有带来高等教育的良性发展，反而造成了教育资源的浪费。为了改变大学教育的无序发展局面，1929 年教育部颁布《大学组织法》，规定凡具备三个以上学院才能称之为大学，自此，大学普遍采用"院—系"建制，直至 1949 年。

1912 年《大学令》规定，大学学科设置或文、理二科并设，或文科兼法、商二科，或理科兼医、农、工三科或二科或一科。1917 年 1 月 27 日召开的国立高等学校校务讨论会上蔡元培提出，现行大学学科规定模仿日本，大学和高等专门学校均设法、医、农、工、商诸科，重复设置导致资源浪费。他主张："大学设文、理二科。其法、医、农、工、商五科，别为独立之大学。其名为法科大学、医科大学等。其理由有二：文、理二科，专属学理；其他各科，偏重致用一也。文、理二科，有研究所、实验室、图书馆、植物园、动物院等种种之设备，各为一区，已非容易。若遍设各科，而又加以医科之病院、工科之工场、农科之试验场等，则范围过大，不能各择适宜之地点：一也。"[1] 1917 年 2 月 23 日，教育部会议讨论并通过上述主张。1917 年 9 月 27 日《修正大学令》出台，规定："大学仍分七科，设二科以上者得称大学，其单设一科成为某科大学。"[2] 从制度层面上把大学学科设置标准降低到数科或一科。1922 年 11 月 1 日，教育部公布《学校系统改革案》，规定："大学校设数科或一科，均可；其单设一科者称为某科大学校，如医科大学校，法科大学校之类。"[3] 随着大学学科设置标准的降低，大学数量激增。从 1921 年至 1926 年，公私立大学由 13 所增至 51 所，5 年间增加了近 3 倍；其中公立大学由 5 所增至 37 所，私立大学由 8 所增至 14 所。[4] 但数量增长与质量下降形成很大反差。国联教育考察团所著的《中国教育之改进》中也指出："大学发达之速度超过其组织。无稳定基础之大学，遂相继以起，因而高等教育所必要之经费及合格教师之供给，均感不足。"[5]

　　为了改变这种局面，1929 年 7 月 26 日，教育部颁布《大学组织法》，明确规定大学"以研究高深学术、养成专门人才"为培养目标，"大学分文、理、法、教育、农、工、商、医各学院，凡具备三学院以上者，始得称为大学，不合此项者为独立学院，得分两科。大学各学院或独立学院各

---

①　蔡元培：《大学改制之事实及理由》，璩鑫圭、唐良炎主编《中国近代教育史资料汇编·学制演变》，上海教育出版社 2007 年版，第 831 页。

②　潘懋元、刘海峰主编：《中国近代教育史资料汇编·高等教育》，上海教育出版社 2007 年版，第 372 页。

③　宋恩荣、章咸主编：《中华民国教育法规选编》，江苏教育出版社 2005 年版，第 34 页。

④　参见李华兴主编《民国教育史》，上海教育出版社 1997 年版，第 601 页。

⑤　国联教育考察团：《中国教育之改进》，国立编译馆 1932 年版，第 159 页。

科，得分若干学系"①。《大学组织法》的颁布标志着"学院"正式成为大学的学科组织机构，学院下设各学系，构成"院—系"建制，简称学院制。根据《大学组织法》规定，大学各学院各设院长一人，综理院务，由校长聘任；各学系各设系主任一人，办理该系教务，由院长陈请校长聘任。各学院由院长、系主任及事务主任组成院务会议，计划本院学术设备事宜；各学系设系教务会议，由系主任及本系教授、副教授、讲师组成，系主任为主席，计划本系学术设备事宜。学院在学校组织中发挥承上启下的作用，院一级组织在当时没有多少实权，它只是介乎校长与系主任之间的一个转承与协商的机构。学系真正意义上成为大学基层学术组织，直接面对教学、科研等学术活动。②

《大学组织法》出台后，大学纷纷进行调整改革，形成"院—系"建制。如北京大学设立了文、理、法三个学院，共设置十四个学系。③ 1929年清华大学颁布《国立清华大学规程》，规定清华大学本科分文、理、法三院共十五系；④ 中央大学设八学院（文、理、法、教育、农、工、商、医），共分十九个系；⑤ 南开大学将文、理、商三科改为文学院、理学院和商学院。1930年3月，厦门大学将学校各"科"改为"学院"，共设文、理、法、教育、商务学院共十七学系，不久增至二十一学系。⑥

实行学院制后，除了少数大学的外文系是独立建系，多数大学的外文系隶属于文学院，外语学科发展较为稳定，这从1932年全国高等学校设置外国文学系（主要是英语）的情况可以看出（见表3-13）。

---

① 宋恩、章咸主编：《中华民国教育法规选编》，江苏教育出版社2005年版，第395页。
② 参见斯日古楞《中国近代国立大学学科建制与发展研究（1895—1937）》，博士学位论文，厦门大学，2012年，第142页。
③ 参见萧超然等主编《北京大学校史（1898—1949）》，北京大学出版社1988年版，第281页。
④ 参见清华大学校史编写组编《清华大学校史稿》，中华书局1981年版，第111页。
⑤ 参见南京大学校史资料编辑组编《南京大学校史资料选辑》，南京大学出版社1982年版，第238页。
⑥ 参见张亚群《自强不息　止于至善——厦门大学校长林文庆》，山东教育出版社2012年版，第319页。

表 3 - 13　　　　　　　**1932 年全国高校设置外国文学系情况一览①**

校　名	系 科 名	系 主 任
北京大学	外国文学系	温源宁
山东大学	外国文学系	梁实秋
中山大学	英吉利语言文学系	刘奇峰
中央大学	外国文学系	楼光来
四川大学	英文学系	刘　奎
四川大学	专门部英文本科	
北平大学	英文系	杨宗翰
北平师范大学	英文学系	罗　昌
武汉大学	外国文学系	陈　源
浙江大学	外国文学系	
清华大学	外国语文系	王文显
暨南大学	外国语文系	洪　深
暨南大学	教育学院英语组	谢循初
山西大学	英文学系	朱启宸
安徽大学	外国文学系	朱　湘
东北大学	外国文学系	凌达扬
东北大学	教育学院英语专修科	
河南大学	英文系	熊正瑾
河北女子师范学校	英文学系	李霁野

上表中"国立大学"为：北京大学、山东大学、中山大学、中央大学、四川大学、北平大学、北平师范大学、武汉大学、浙江大学、清华大学、暨南大学；"省立大学"为：山西大学、安徽大学、东北大学、河南大学、河北女子师范学校。

---

①　李良佑、张日昇、刘犁编著：《中国英语教学史》，上海外语教育出版社 1988 年版，第 248—250 页。

续　表

校　　名	系　科　名	系　主　任
大同大学	外国文学系	胡　卓
大夏大学	英文系	孙夫人
	师范专修科	徐　瑷
光华大学	外国语文系	柏兰篆
武昌华中大学	外国语文系	
	外国文学系	
金陵大学	英文系	章文新
南开大学	英文系	陈　逵
厦门大学	外国文学系	罗文伯
辅仁大学	英文学系	
复旦大学	外国文学系	余楠秋
沪江大学	英国语言文学系	李锦纶
岭南大学	西洋语言文学系	基来度
齐鲁大学	外国语文学系	罗无乐
燕京大学	欧洲语学系	L. F. Wolferz
	英文学系	T. E. Breece
之江文理学院	英文学系	队克勋
中国公学	外国语文系	谢子尧
中国学院	西洋文学系	
民国学院	英国文学系	凌善安
金陵女子文理学院	英文文学系	柯丽海
持志学院	英文系	丁　彪
福建协和学院	外国文学系	沙善德

私立大学（含教会大学）

根据表 3 - 13 统计，截至 1932 年，全国设置外文系的高校共有 36 所，其中国立大学 11 所，省立大学 5 所，私立大学（含教会大学）20 所。而这些学校仅仅包括经当时教育部立案的高校。事实上，这一时期还有少数未立案的教会大学，也开设了英文学系。其中比较著名的大学有：上海圣约翰大学、成都的华西协和大学、福州的华南女子学院等。

1937 年抗战爆发后，大批高校迁往内地。尽管由于内迁期间的办学条件非常艰苦，有些学科不得不停办，但仍有一批综合性大学坚持设立外国语言文学系，如西南联大、中央大学、武汉大学、浙江大学、复旦大学、四川大学、金陵大学、华中大学、华西大学、福建协和大学等。高校内迁不仅使中国大学外语学科的实力得以保存，而且在抗战后发展更为壮大。根据国民党政府教育部统计，1947 年全国高等专科以上的学校共有 207 所，而开设外国语文系、科的有 77 所，占学校总数的三分之一强。其中开设外语系科的国立大学（一般称"外国语文学系"，也有少数学校称西方语文学系或英语系）有 29 所，私立大学 23 所，国立独立学院（英语学系）有 8 所，省立独立学院 6 所，私立独立学院 6 所，省立专科学校（英文科）5 所。①

二　大学外文系的培养目标

相对教育目的而言，培养目标比较具体，主要表现为不同层次、类型的高等学校以及不同系科、专业培养相应规格的人才。不同科类，是为社会不同的行业、领域培养专门人才。因学科性质和适应的行业、领域不同，都应有各自特殊的培养目标。② 因此，民国中后期大学外语人才培养目标是由多种因素决定的，既要考虑到学科的本质属性和学生今后的职业

---

① 参见李良佑、张日昇、刘犁编著《中国英语教学史》，上海外语教育出版社 1988 年版，第 251—253 页。

② 参见潘懋元《新编高等教育学》，北京师范大学出版社 2009 年版，第 59 页。

走向，又受到高等教育政策法规导向和办学者教育理念的影响。这一时期，大学外文系在人才培养目标上的共同点是培养"通才"。不过，由于学校性质的不同，也会对人才培养目标的确定产生一定的影响。国立大学、私立大学和教会大学是中国近代三种主要的大学类型，是按照办学经费的来源性质进行划分的。国立大学的经费主要由国库拨款，私立大学通常都要自筹办学经费，而教会大学的办学经费主要来源于教会拨款或其他慈善捐款。因此，这三类大学的外文系在制定培养目标时也各有特色。

（一）国立大学外文系的培养目标

国立大学创建之初即带有强烈的教育救国思想。中国近代面临的国家和民族危机，使众多中国知识分子把教育作为救国的有效途径，由此国立大学被推上了历史舞台。从清末的京师大学堂，到民国时期的国立北京大学、中央大学，它们无不承载着这样的历史使命。因为"大学的经费来源是国家的税收，是出于人的负担，所以大学对于国家、民族的生存问题不能不负一种责任"①。因此，国立大学外文系在制定培养目标时遵循的是"国家主义"办学原则。在此以国立中央大学为例。

国立中央大学是国民党统治时期受国民党特别重视的一所具有优良办学传统的大学。它的前身是南京高师、东南大学。主持两校校政长达 10 年之久的郭秉文深刻认识到"教育与国民进步"的关系，认为"教育之改良为一轴，牵动各种视野皆随之而变新，教育造成人才为国家之栋梁，措国家于磐石之安，故曰，与国民进步最有关系者乃教育也"②。和蔡元培不同的是，郭秉文认为一所综合大学，既应有偏重学理的学科，又应有偏重应用的学科，两者相互补充、相得益彰。在人才培养目标上他强调通才与专

---

① 罗家伦：《中国大学教育之危机》，《申报》1934 年 1 月 19 日。

② 冒荣：《至平至善　鸿声东南——东南大学校长郭秉文》，山东教育出版社 2004 年版，第 36 页。

才的平衡。1932 年 8 月罗家伦就任中央大学校长，直至 1941 年 7 月卸任。在他的努力下，抗战期间的中央大学成为当时保存最为完整的高等学府，也成为当时青年学子心目中理想的"第一志愿"。这一切与罗家伦的教育理念是分不开的。罗家伦早年在北京大学英文系读书时深受新文化运动文化改造思想的熏染，对蔡元培、胡适等人的教育、文化救国思想持认同态度。他认为，"无论是哪个国家的复兴，教育是最重要的事业"，"一个国家的现状，往往就是过去大学教育的反映，现在中国的情形，正可以说是十年以前中国大学教育的反映"①。因此，他提出中央大学应以复兴民族为己任，并把抗战时期的中国比作拿破仑战争之后的德意志，提出中央大学须担负柏林大学之责任，"当此国难深重的时刻，我们国立中央大学，应当首先负起复兴中华民族的重大使命，这不仅是我们的使命，也就是我们推卸不了的义务！"② 为了实现救亡图存和民族复兴的伟大使命，罗家伦提出大学要培养德、智、体、美全面发展的"完人"，尤其是突出"道德"的重要性。虽然罗家伦的教育救国论不恰当地夸大了教育的作用，但从根本上说，一个国家的强大、民族的兴盛必须依靠教育的发展。在中央大学的教育实践中，罗家伦继承了蔡元培的大学以文理为中心、注重基础学科的教学和研究的观念，主张大学教育应当从人文和社会科学方面为学生打下宽厚的基础，再结合专门学科的学习，培养具有广博学识的专门人才。

在罗家伦的教育思想指导下，20 世纪 30 年代的中央大学外国文学系制定了既注重应用能力，又重视文学涵养以及具有民族领袖意识的外语人才培养目标。这从 1935 年中央大学文学院外国文学系的设置方针可以看出：（1）注重外国文基本及实际之训练以增进阅读写作介绍及翻译之能力；（2）讲授外国文学之标准作品以提高欣赏及批评之程度并吸收其优美之文艺思想以资观摩；（3）研究各国文学及其民族思想之表现以激发独立

---

① 罗家伦：《中国大学教育之危机》，《申报》1934 年 1 月 19 日。
② 冯沪祥：《罗家伦论人生》，北京大学出版社 2010 年版，第 9 页。

进展之精神，并培养为中国民族宣达意志之人材。① 以上设置方针中的第一条是对外文系学生的语言运用能力的专业要求，也是外文系最基本的任务；第二条是对学生文学素养方面的要求；第三条则充分体现了"国家主义"的原则，要求外文系培养以文学创作为武器、以实现民族振兴使命的外语人才。此外，和中央大学类似的，国立武汉大学文学院确立了"要造成专门的学者同时又是受过高等教育的通人"的人才培养目标。因为，"许多大学的目的只是在造成通达的人，它的流弊常常是太空泛；另有许多大学的目的只是在造专家，它的毛病又往往是太闭塞。本院的希望，是要兼採这二种方针的长而避其短，想造成不空泛的通人，不闭塞的专家"②。

（二）私立大学外文系的培养目标

私立大学的办学经费主要来源于创办者投入、学费以及私人捐赠，因此在确定人才培养目标时要考虑到不同的利益相关主体。尤其是对于学生来说，付出高额学费的投入必然要求相应的回报，于是他们对毕业后的就业情况更为关注。由此，相对国立大学来说，私立大学外文系在制定人才培养目标时更"接地气"，除了要培养从事西洋文学翻译和中国新文学创作的人才外，更重视为需要英语的行业（如新闻、银行、海关等领域）培养从业人员。此外，私立大学为了与国立大学或教会大学进行公平竞争时获得更多生存和发展空间，就必须要有自己的办学特色。一般来说，私立大学外文系在人才培养上特别重视学生实践能力，以南开大学英文系为例。

1930 年春，南开大学文、理、商三科分别改为文学院、理学院、商学

---

① 《国立中央大学文学院外国文学系选课指导书》，1935 年，东南大学档案馆藏，资料号：第 155 号。

② 《国立武汉大学一览》，1935 年，国家图书馆藏。

院。文学院开始时并没有专门设立英文系，只设有文学哲学系，文学是指英国文学。这一年，陈逵应聘来校教英文。陈逵在大学期间即开始用英文作诗或译诗。文学院一年级学生曹鸿昭、高殿森、董绍康三人常去他家中聊天。在交谈中师生都感叹南开没有英文系非常可惜。于是在校长秘书长黄钰生的帮助下，张伯苓同意从 1931 年秋起添设英文系，由陈逵任英文系主任。学生最初由文学院其他系转来。1931 年原保定河北大学英文系撤销，学生保送南开大学英文系，学生逐年增多，后来成为文学院人数最多的一个系（平均每年学生二、三十人）。一年后陈逵辞职离校。1932 年 8 月，26 岁的柳无忌来到南开大学继任英文系主任，引领英文系进入一个新的历史发展阶段。

"日新月异，允公允能"，是南开大学的校训，也凝聚了南开大学的人才培养目标，早在 1919 年 2 月南开大学筹建时，张伯苓就提出办学"须造哪类人，当用何种方法"[①] 的思考。他把"造成具有'现代能力'之学生"[②] 作为人才培养目标。而"现代能力"包括"公""能"两方面。"允公，是大公，而不是什么小公，小公只不过是本位主义而已，算不得什么公了。惟其公允，才能高瞻远瞩，正己教人，发扬集体主义的爱国思想，消灭自私的本位主义。"[③]"惟公故能化私、化散，爱好团体，有为公牺牲之精神。""允能者，是要做到最能。要建设现代化国家，要有现代化的科学才能。而南开学校的教育目的，就在于培养具有现代化才能的学生，不仅要求具备现代化的理论才能，并且要具有实际工作的能力。""惟能故能去愚、去弱，团结合作，有为公服务之能力。"[④] "公"强调的是一种牺牲和奉献精神，需要具有高尚的人格。"能"，则是指为公服务的能力，即不

①　王文俊等主编：《张伯苓教育言论选集》，南开大学出版社 1984 年版，第 66 页。

②　《南开学校一览》，1929 年，南开大学档案馆藏。

③　梁吉生：《允公允能　日新月异——南开大学校长张伯苓》，山东教育出版社 2003 年版，第 138 页。

④　张伯苓：《四十年南开学校之回顾》，杨东平主编《大学精神》，文汇出版社 2003 年版，第 248—260 页。

仅应掌握理论知识，还要有实际工作的能力。因此，南开大学的人才培养目标从本质上是培养通才，其重点是除加强爱国爱群公德的训练之外，强调基本理论和技能教育，使学生具有扎实的基础知识和较宽的知识涵盖面，以及较强的实用能力。张伯苓也注重人格教育，他说："南开大学教育目的，简单地说，是在研究学问和练习做事。""研究学问，固然要紧；而熏陶人格，尤其是根本。"①

对南开大学英文系影响较大的是其第二任系主任柳无忌。柳无忌从建系第二年即开始主持系务，引领英文系经历了五年（1932—1937）鼎盛时期，使它从一个力量薄弱的系发展成为南开大学学生规模最大、最活跃的一个系，柳无忌被称为"开系元勋"。柳无忌具有多年欧美留学经历，并获得耶鲁大学博士学位。在教育理念上，他偏重通识教育，这从他的治学经验可以看出。柳无忌曾说过："一个做学问的人，如大学教授，最理想的是广博而精深。问题是，这理想不易达到；求其次，这二者孰为重要？我的答案：人生时间有限，如二者不能兼得，宁博而不精；或者，可以说，应先广而后专。"②

相比国外其他著名高校而言，南开大学英文系起步较晚。但柳无忌对年轻的英文系充满信心，上任伊始即提出英文系应该承担三大任务：（1）为全校各院系的英语教育提供服务，提高学生的英语阅读能力，这就相当于今天大学英语的教学；（2）造就以英语为专业的人才，能读能讲，可以愉快胜任从事需要英语的职业，如新闻界、教育界、出版社、银行界等；（3）培植一些研究与翻译西洋文学的学者，以介绍外国文学为终身事业，或更进一步，经过中、西文学的比较而从事中国新文学的批评与创

---

① 崔国良主编：《张伯苓教育论著选》，人民教育出版社1997年版，第154页。

② 柳光辽等主编：《人生履痕：教授·学者·诗人——柳无忌》，社会科学文献出版社2004年版，第66—67页。

作。① 而柳无忌本人更偏重于第三个任务，因此他在教授英文时，总是鼓励学生多读文学作品。为实现这个目的，在英文系初期五年（1932—1937），他在文字和文学方面双管齐下。对于英文系的发展，张伯苓校长曾提出中肯意见："文学系当然要读文学，但学生毕业到社会上要具备就业能力，不能饿着肚子作诗啊！"② 柳无忌对张校长的意见非常赞同，并根据校长指示，从二年级起增设了实用性较强的课程，如"教育学""社会学""讲演术"和"新闻习作"等，以提高学生的写作、口译和教学等方面的实际工作能力。因此，英文系学生毕业后能很快胜任各行各业的工作，或担任英文教师，或从事编辑、新闻工作。

（三）教会大学外文系的培养目标

教会大学发展初期的办学宗旨是宗教第一，教育第二。如东吴大学校长孙乐文曾明确提出："我们的教育必须是基督教的，同时采取教学和示范两种教育方式，使我们的学生有充分的机会去了解基督教信仰在整个生活：个人、社会、国家、世界关系中的要旨与意义。"③ 即使在教会大学向中国政府立案并逐渐"中国化"和世俗化后，宗教性有所削弱，如不能强迫学生参加礼拜、宗教课程不再是必修课等，但是宗教教义中的某些积极内容却得到强化，如 1933 年华西协和大学立案后的办学宗旨调整为"以博爱牺牲服务之精神，培养高尚品格，教授高深学术，造就专门人才，适用社会需要"④。"博爱""牺牲""服务"等基督教精神体现在教会大学外文系办学过程中，如外籍教师经常在课外或周末邀请学生到家中谈心，这使得学生不仅获得运用外语的机会，进一步学习和了解西方文化，而且拉

---

① 参见柳无忌《困难中成长的南开英文系》，李良佑等编著《外语教育往事谈：教授们的回忆》，上海外语教育出版社 1988 年版，第 81 页。

② 龙飞、孔延庚编著：《南开骄子》，南开大学出版社 2009 年版，第 287 页。

③ ［美］文乃忠：《东吴大学》，王国平、杨木武译，珠海出版社 1999 年版，第 24 页。

④ 吴梓明编著：《基督教大学华人校长研究》，福建教育出版社 2001 年版，第 175 页。

近了师生距离，师生感情更加融洽。此外，由于传教士是以传播基督教和用西方基督教文化改造中国为其使命的，因此教会大学始终面临如何处理中西文化关系的问题。外文系的办学宗旨之一就是传播西方文化。因此，如何会通中西文化、培养中西兼通的外语人才，是教会大学外文系的工作重点。

教会大学一向重视通识教育。如潘慎文（A. P. Parker）明确提出，"教会学校的目的不是去造就专家，而是给与一种广泛的通识教育，以便为学生未来的生活工作做准备，不论他将是什么样的生活和工作"。谢卫楼夫人认为："基督教教育是一种发展知识培养心灵的教育，它按照基督教思想来培养品格"，教会在中国建立学校是为了输入它"所能给与的最广泛的教育"，这种教育致力于"发展整个的人，其目的不仅是唤醒心智，使人感知敏锐和培养理性，它还给与道德品质的适宜发展，它教育良知清楚地分辨正确与错误，它激励意愿去作出正确的选择，它努力建立并加强精神生活"。卜舫济也明确指出，教育"不仅是获取知识"，它还要促进"人的全面发展"。所谓全面发展，就是"培养人们的心、智、体"，使"三者的能力一同发长"。① 从这些观点可以看出，传教士们对于通识教育已经形成了比较成熟的观点，并且把他们的思想付诸实践，使通识教育思想成为教会大学的办学指导思想。

英语水平较高是民国时期教会大学吸引众多生源的法宝之一。早期的教会大学是"公认学英文最好的地方"，校园内的教学语言和日常交际语言主要为英语，通知布告栏也都是用英语，给人感觉俨然到了外国。五四运动以后，随着"中国化"和"本色化"浪潮在教会及各教会学校中相继开展起来，特别是20世纪20年代中期开始的收回教育权运动，对教会大学的办学宗旨和教学内容都产生了很大影响。众多教会大学开始意识到，

---

① 《教会大学中的通识教育》（http: //www. fudan. edu. cn/tsjy/article. php? id = 95）。

它们要真正融入中国就必须本土化。也就是说，教会大学不仅仅是为西方宗教传播而培养人才，更要为中国现实社会培养人才，因而都强调通才教育的培养目标。正如上海圣约翰大学所提出："本校之宗旨，在使学生有广博之自由教育。……而尤要者，则在于养成学生之优良品格。基督教对于此点，贡献最大，将来对于中国教育之发展，贡献亦必甚多。"① 作为通才，首先就必须对中国固有的优秀文化有所了解，在发扬和保存民族优秀文化的基础上，将外来文化化作我用。作为教会大学比较受重视的一个系科，外文系（或曰英文系、西语系等）顺应历史潮流，重视中国传统文化，致力于培养中西通学之士，如燕京大学西语系和辅仁大学西语系都要求学生必修相当学分的中国文学和中国历史。这就使西语系学生在钻研西方文学的同时，奠定了一定的国学基础，促进了西洋文学的学习和研究。在此以辅仁大学西语系为例。

1927 年辅仁大学创办时，英文系为学校建系最早的三个学系之一（其余二系为国文、史学）。1932 年英文系改名为西洋语言文学系。校长陈垣和任期期限（1933—1944、1946）最长的系主任英千里对西语系的发展影响较大。1927 年制订的《私立北京辅仁大学组织大纲》中明确提出："本大学以介绍世界最新科学，发展中国固有文化，养成硕学通才为宗旨。"② 文学院的办学宗旨进一步重申了会通中西文化的办学思想："各系所设科目，除本系指定必修者外，自余均可斟酌选习，触类旁通，以期养成通学之士。"③ 因此，除了指定必修课外，辅仁大学西语系开设了大量选修课，分本系选修课与系外选修课两类，本系选修课多关于西洋文学断代作家与专题之研究，系外选修课又分两种，一为与本系有关者，一为学生就个人兴趣所近选修。

---

① 《圣约翰大学自编校史稿》，《档案与史学》1997 年第 1 期。
② 北京辅仁大学校友会编：《北京辅仁大学校史 1925—1952》，中国社会出版社 2005 年版，第 71 页。
③ 张妍、孙燕京主编：《民国史料丛刊》（第 1070 册），大象出版社 2009 年版，第 6 页。

辅仁大学提倡培养会通中西文化的通才的办学宗旨与任职校长 23 载的陈垣先生的通识教育思想分不开。陈垣具有深厚的传统文化学养，并受过近代医学专业教育，这为其会通中西文化创造了条件。对于"博"和"专"二者关系，他有着独特见解。陈垣认为，"只博不专，难于成功；只约不博，难于贯通。要先博后专，或先博后约，使学识成为金字塔形"①。并对博与专二者的关系进行阐述，"以管窥天，孤陋寡闻，得出的结论也易于片面偏狭；只有知识宽广，才能融会贯通，举一反三，解决问题。但不专则战线太长，也不能得到学问的精华……只有在广博基础上才能求得专业，二者要很好地结合不能偏废"②。

为了实现会通中西文化的人才培养目标，辅仁大学一贯重视国学，这是英敛之先生的创校宗旨，更是长期担任校长的陈垣先生所积极倡导和实践的。关于西语系的办学方向，陈垣校长认为，学习先进的西方文化知识十分必要，但对本国文化的掌握尤为重要。他担心学习西语专业的同学，"四年读下来，勤奋者，略得真谛；怠惰者，则极易变得'横竖不通'（意指横写的外语和竖写的汉语）"③。因此，学校规定，"国文"课为西语系一年级学生的共同必修课，并且，师资的选聘、教材的编写、教学方法的指导、统一考试等整个教学环节，都由校长陈垣亲自负责。陈垣每学年都要亲自担任这门课的教学工作，以引起全校师生对它的重视。课文主要选自古代正史著作和古代文史大家的文章，约计 30 余篇，绝大部分为文言文，陈垣要求学生对课文"熟读如流"④。老校长的真知灼见，使西语系学生受益终生。他提醒传授高等教育的人，绝不能数典忘祖，言必称希腊，

①　李瑚：《援庵先生的治学方法》，辅仁大学校友会编《辅仁往事》（第二辑），辅仁大学校友会 2007 年，第 113 页。

②　张亚群、虞宁宁：《会通中西　教泽群贤——陈垣高等教育思想辨析》，《福建师范大学学报》（哲学社会科学版）2012 年第 1 期。

③　参见北京辅仁大学校友会编《北京辅仁大学校史（1925—1952）》，中国社会出版社 2005 年版，第 131 页。

④　孙邦华：《论陈垣的大学教育思想》，《天津师范大学学报》（社会科学版）2011 年第 5 期。

自己的母语是所有知识的基础。①

英千里受聘为西语系主任后，经过周密考虑、细心规划、集思广益、改革教材、广聘名师，初创了一个使学生开始接触、了解西洋文学理论知识和初步掌握外语语言应用能力的环境，学生经过四年学习，毕业以后，无论在国内从事外语工作，或赴国外进修深造，一般都能完成从适应到逐步胜任的过程。

三　大学外文系的课程设置

在本书中，通识教育作为一种教育理念而存在。为贯彻这一理念，大学需要制定相应的制度、开设相应的课程、采取相应的手段和方法，借以把学生培养成为"和谐发展的人"。其中，课程是充分体现通识教育理念的载体和媒介，是高校实现人才培养目标的有效途径。20世纪二三十年代大学外文系的课程设置显得有些零乱。原因之一在于当时高校类型多，教会大学受教会派遣国大学的影响，在课程设置上自成一派；而私立大学中不少院校并不具备办学条件，课程设置上也不可能系统完整。但是从总体来说，这一时期大学外文系课程设置的共同特点体现了三个结合：通识课程与专业课程相结合；选修课程与必修课程相结合；语言能力训练课程与外国文学课程相结合。

（一）共同必修科目：从各校自订到教育部颁订

共同必修科目属于通识教育课程范畴，为学生日后的专业学习打下坚实广阔的知识基础。1922年新学制确定了教育应当"谋个性之发展"，因此教育部对于共同必修课开设没有统一标准，大学的课程设置自由度比较大，这在一定程度上引起了大学教育质量标准的混乱。"查

---

① 参见北京辅仁大学校友会编《北京辅仁大学校史（1925—1952）》，中国社会出版社2005年版，第131页。

我国自清末创设大学以来，即以法令规定课程。民国十一年学制改革，课程始由各校自订。但行之未久，流弊滋多。各校所定科目既不一致，即同一科目，名称亦复互异，内容分量更不相同；甚或因人设课，巧立名目，以致偏于专门而忽于基本，于学生之转学、毕业及应用上均多窒碍。"① 为了改变课程设置混乱的局面，1929 年教育部公布《大学规程》，其中第八条规定："大学各学院或独立学院各科，除党义、国文、军事训练及第一第二外国文为共同必修课目外，须为未分系之一年级设基本课目。各学院或各科之课目分配及课程标准另定之。"② 1930 年教育部组织大学课程及设备标准起草委员会，开始了大学课程的整理工作。1932 年，朱家骅任教育部长，对大学课程整理提出有见地的观点。他认为，"一个大学的功能齐全，所以要各科系的打通，注重基本的功课，要使大学毕业生具有普通的常识，了解基本的理论"，这里的"普通常识""基本理论"即通识教育内容。因此，"并不希望把很多高深的理论和专门问题都要一一灌输到学生的脑筋里去"③。为此，他以为大学课程之设置，应估计课程本身体系与客观条件，大学所研究之学科，必须由基本而专门，做有系统之研究，谓"近代大学设置课程，其序次先后轻重之际，必须尊重学术体系，使学生习于自力研究。转专深之学，可任由学生毕业后求成，不必虑其专深之不穷，而分设各种专门问题之课程，贪多骛高，反掩基本课程之重"④。不过，从当时的课程整理实践来看，效果似乎并不明显（见表 3 - 14）。

---

① 《教育部训令》，1940 年，清华大学档案馆藏，案卷号：120 - 1。

② 宋恩荣、章咸主编：《中华民国教育法规选编（1912—1949）》，江苏教育出版社 1990 年版，第 407 页。

③ 中国第二历史档案馆编：《中华民国史档案资料汇编·第五辑第一编"教育"（一）》，江苏古籍出版社 1994 年版，第 282 页。

④ 李曼丽：《通识教育——一种大学教育观》，清华大学教育出版社 1999 年版，第 206 页。

表 3 - 14　20 世纪 30 年代六所大学外文系的共同必修课设置情况一览

学　校	共同必修课（学分）	备　注
北京大学①	基本英文（6）、中国通史（8）、西洋通史（8）（主要是英国史）	为文学院一年级共同必修科 上下两个学期开设
中央大学②	党义（2）、国文（6）、英文（6）、普通体育（8）、军事训练（6）	党义、普通体育、军事训练三课目不在 132 学分之内
辅仁大学③	部定学科（党义 2、军事学 2、军事训练 4 和体育 8）和共同学科（中作文 4、逻辑学 4 或哲学概论 6、伦理学 4）、第二外国语 6	体育必修 2 年
燕京大学④	国文 6；英文 8（一、二）；生物或化学任选一种 6；心理学、思想的方法或精神卫生学任选一种 3；社会、经济、政治、教育、历史或世界名人传任选一种 3	女生须于第一年级或第二年级时加选女生卫生学 1 学分
厦门大学⑤	中国文选及作文（一、二）、英文（一、二）、党义、社会科学概论、论理学、军事训练	
南开大学⑥	国文、英文、自然科学（物理、化学、生物任选一门）、中国通史、西洋通史、体育、军事训练	1937 年文学院一年级共同必修课

①　《国立北京大学一览》,1935 年,北京大学图书馆藏。
②　《国立中央大学文学院外国文学系选课指导书》,1935 年,东南大学档案馆藏。
③　《北平辅仁大学文学院西洋语言文学系课程组织及说明》,1935 年,国家图书馆藏。
④　《私立燕京大学文学院课程一览》,1935 年,北京大学图书馆藏。
⑤　《厦门大学一览（1931—1932 年度）》,厦门大学校史编委会编《厦大校史资料》（第一辑1921—1937）,厦门大学出版社 1987 年版,第 104—111 页。
⑥　王文俊、梁吉生主编:《南开大学校史资料选(1919—1949)》,南开大学出版社 1989 年版,第269 页。

从表 3 – 14 中可以看出，各校文学院的共同必修课中，除国文和英文两门基本都开设外，其他课程设置情况具有明显差异：课程数量较少且单一的是国立北京大学和中央大学外文系。课程结构较为完整的是私立燕京大学和南开大学，均涉及自然科学和人文社会科学领域。私立辅仁大学和厦门大学外文系则缺乏自然科学方面的课程。因此，这一时期私立大学外文系的共同必修课程体系相比国立大学来说更为完善和合理。

1938 年春，陈立夫出任国民党政府教育部长后，提出要"再度整理"大学课程。同年 9 月，教育部召开第一次课程会议，研究制订文、理、法学院的共同必修科目表。这次课程会议审议通过的《文、理、法三学院共同必修课目表》由教育部颁发，要求各院校从该年新生入学时执行，外文系遵行的是《文学院共同必修科目表》（由于在第二章已对科目表详细阐述，此处不再重复）。不仅把国文和外国文作为基本工具科目，还强调"文理兼习"，学生除了要修习本国史和西洋史，还要在"社会学""政治学""经济学"三门社会科学中任选二种之外，并必修一门自然科学（数学、物理、化学、生物、生理、地质中任选一种）。同时注重对学生进行思想道德教育。例如，将三民主义、伦理学、军训等列为必修科目（不计学分）。此外，注重体育等。和抗战前高校的共同必修课开设情况相比，这个"共同必修科目表"不仅延续了在人文学科、社会科学和自然科学三方面兼顾的传统，而且课程的设置更为合理。既注重工具科目（国文和外国文）的学习，又重视德（三民主义、伦理学）、智（社会科学和自然科学等学科知识）和体育的全面发展，有助于学生打下宽厚扎实的知识基础，构建合理的知识结构和能力结构。教育部颁布的共同必修科目表为各校外文系在共同必修设置上提供了依据和参照，标志了中国近代大学通识教育课程发展进入成熟阶段。

1938 年《共同必修科目表》公布不久，抗战深入，许多大学纷纷内迁。由于受到外界环境的影响，内迁高校不得不因时、因地制宜，自行制订课程表。但是，在课程设置上仍会尽量遵守一个最低限度的统一标准。这主要是因为"近年颁布之大学科目表，系根据各优良大学教授所发表之意见，及临时全国代表大会暨第三次全国教育会议自决议，以最基本之科目列为必修，正所以使优良之学校循以发展，其余之学校有所企及"，因此"在课程方面，自不能不首谋最低限度之统一标准"①。以中央大学为例，1942年其文学院各系（包括外文系）共同必修课程及学分分配如下：基本国文（6学分）、基本英文（6学分）、基本日文（6学分）、中国通史（4学分）、社会科学或自然科学（6学分）、体育（8学分）、军事训练（8学分）。② 各校根据部颁共同必修科目表灵活制订外文系的共同必修课，一方面，除了因为抗战期间办学环境的不稳定，对课程开设产生一定影响；另一方面也是因为"（旧的共同必修科目表）必修学分过多，基本训练无法达成高深任务，以致教学双方，时受规定限制，不能随其志愿施展所长。……着手修正大学各院系必修科目，并以：注重基本训练；集中科目；减少必修学分之原则，为修正之准则"③。因此，从1938年至1948年，国民政府进行了三次大的课程修订。其中第三次修订是在抗战胜利后的1948年，并出台了《文学院共同必修科目表》（见表3-15），目的是配合推行宪政和战后重建的需要。这次课程修订的要点包括：共同课程应采取各院系学生混合编班讲授，以求全校互相沟通；各校如有必要，可以在部订必修课程范围，申请增设其他必修课程；各校在开学前，必须对一年级新生进行国文、英文测验，其成绩优异超过大一程度者，应予以减修或免修其学分；等等。只是这个科目表还未真正推行就随着蒋介石统治集团的失败而流产了。

---

① 《教育部训令》，1940年，清华大学历史档案馆藏，案卷号：120-1。
② 参见《国立中央大学一览》，1942年，南京大学档案馆藏。
③ 《大学各院系必修科目教育部修正完成》，《申报》1948年12月22日。

表 3 - 15　　　　　　修订文学院共同必修科目一览（1948 年）①

科　　目	规定学分	第一学年		第二学年	
		上	下	上	下
国　文	8	4	4		
外国文	8	4	4		
中国通史	3—6	3	0—3		
西洋通史（任选一种）					
【其他课程略】					
合　　计	38—46	14—15	11—15	8	5—8

　　纵观 20 世纪二三十年代大学外文系的共同必修课设置情况，可以总结出以下特点：

　　第一，共同必修课的设置经历了由民初的统一课程制度到各校自行设计，再到教育部颁布、各校参照设置的演变过程。在这个演变过程的背后体现了通识教育理念在民国时期不断渗透和被接受的程度。虽然由于受时局动荡的影响，即使出台了共同必修科目表，各校外文系的共同必修课设置上存在不完善，但始终保持了一个最低的课程设置标准，保证学生具备最基本的学识背景。

　　第二，国文和英文始终处于各校文学院共同必修课目表的首位。因为二者是基本工具科目，可以为学生今后的学习和研究奠定良好的语言基础。对外文系来说，"英文"则是专业课，一般以"第一、二、三、四年英文"等课程名称出现，在后面专业课程设置中将会具体论述，而"国文"的开设对于外文系来说则意义更为特殊。外文系的学习是以西方文学和文化为主导，"外文系各年级，亦均须必修中文，如此，然后中外学问，

――――――――――

　　①　李良佑、张日昇、刘犁编著：《中国英语教学史》，上海外语教育出版社 1988 年版，第 283 页。

方可沟通，否则所学者总是偏面，不能整理出来"①。为了培养学贯中西的外语通才，不仅国立、私立大学外文系开设国文课，而且教会大学亦是如此。如上海圣约翰大学规定："大学毕业，共需修习学程满一百五十四学分，其中国文必修科占16学分，不及格者不能得学士学位。针对不少学生国文成绩不合格，其中多半是海外华侨子弟的状况，决定从下一学年起，专设国文补习班，实行个别教授。"② 连英文系主任都孟高先生都充分感到"中国文化之灿烂"，应"令学子不致舍己耘人"③。

第三，人文、社会和自然科学三大领域的课程设置逐渐丰富和完善。台湾通识教育研究专家黄坤锦教授认为，通识教育的意义在于统整、融合、通观，其内涵便是人文、社会、自然三大知识范畴的结合。④ 因上文中已经涉及国文和外国文，此处不再赘述。1938年之前，各校文学院的共同必修课不够完整，存在或仅开设人文社科课程，抑或仅开设自然科学方面课程的现象。1938年颁布的共同必修科目则更为合理，既有三民主义和伦理学等思想道德教育课程，又有历史（中国和西洋）、哲学等人文学科课程，而社会科学概论和科学（自然科学）概论中都开设了4至7门课程供学生选习。

第四，对体育非常重视。最早将近代西方体育活动引入校园者当属教会大学。早在19世纪末，上海圣约翰大学就将军操定为必修科目。1917年北京大学文预科一二年级也开设"体操"（2学分）。不过20世纪30年代以后，大多数高校的体育才被列为必修课且不计入学分，并强调高校开设体育课程的真正目的是锻炼而非竞技。"今后的教育应该以训练学生为主。约言之，可以分为身体的训练和脑筋的训练两样。身体的训练当然包括健康、灵敏、技能持久、耐劳等等。应该就人类固有的肢体器官尽量的

---

① 《暨大重订学校课》，《申报》1933年1月10日。

② 《圣约翰大学国文部发展消息》，《申报》1923年6月28日。

③ 何建民：《上海圣约翰大学的中国文化教育》，章开沅主编《社会转型与教会大学》，湖北教育出版社1998年版，第62页。

④ 参见黄坤锦《美国大学的通识教育——美国心灵的攀登》，北京大学出版社2006年版，第181页。

发展，使学生成为一个活而有用的人。近来国内大学将体育一课，大抵视为争荣誉之具，未免太过，且未免走入歧途耳。身体训练的目的，是要教他们做人，不是教他们做玩具。"①

第五，共同必修课通常由学校一批著名教授承担。这体现了学校对于共同必修课教学的重视。例如，清华大学就有一条不成文的规定，就是必修基础课一般都由学术水平高、教学经验丰富的教授担任，希望通过他们高水平的讲授，激发学生对这门课程的浓厚兴趣而自觉去学习，进而打下博学的基础。我们可以从李赋宁就读清华大学外文系时的课程表略见一斑，"当时清华一年级学生所选的课程多半是文科和理科的共同课程，还没有进入专业课程。我被分在大一国文二班，朱自清授教读本，李嘉言先生教作文；大一英文 E 组，陈福田教授教读本，朱穆祥先生教作文。此外，我还选修了西洋通史，由刘崇鋐教授讲授；逻辑学，由张申府教授讲授；普通物理，由吴有训教授讲授，等等"②。在共同必修课的教学上，充分发挥每个教师的特长。杨振宁后来回忆说："联大的大一国文是必修课，当时采用了轮流教学法，每位教授只讲一个到两个礼拜。记得教过我大一国文的老师有朱自清先生、闻一多先生、罗常培先生、王力先生等很多人。中国通史这门公共必修课，分别由三位教授讲授，内容观点差别很大，吴晗用'纵法'讲授，每一个专题皆由古代介绍到近代。雷海宗用'横法'讲授，自古代至近代一个朝代一个朝代的来介绍。钱穆则讲中国史大纲，宣扬复古主义思想。"③ 学生可以自由选听，不受限制，开阔了学术思维。这与我国当前有些高校把通识教育课程看作"放水科目""营养学分"，以至于高水平的名师、大师讲授通选课者很少，多是工作量不满的青年教师把通选课当作"练手"的现

---

① 张周平：《今日中国大学教育方针之我见》，《清华周刊》1927 年 3 月 25 日。
② 李赋宁：《回忆我大学时代的几位老师》，李良佑、刘犁主编《外语教育往事谈——教授们的回忆》，上海外语教育出版社 1988 年版，第 274 页。
③ 宁平治等主编：《杨振宁讲演集》，南开大学出版社 1989 年版，第 116 页。

象形成鲜明的对比。

中国近代大学已不是纯粹的象牙塔，围墙外面世界的变化必然会对大学产生影响。例如，抗战前夕国立北京大学制定了非常时期教育的目的，在于唤醒并加强学生对于当前形势与民族危机的认识和积极养成在民族解放斗争中所必需的智能，以完成中华民族解放的使命。在课程设置上增加共修科目五种，分别是：（1）社会科学方法论（每周两小时必修），（2）国际现势（每周两小时必修），（3）国防概论（每周两小时必修），（4）社会进化史与社会学（每周两小时选修），（5）帝国主义侵略中国史（每周两小时选修）。①

（二）专业课程：语言与文学并重

提倡通识教育理念并非就要排斥专业教育。"通专结合"是通识教育应有之义。将通识教育引入中国高等教育，乃是为了改变贫乏的专业化教育而并非否定专业教育的合理性。因此，通识教育不应只被看作公共选修课及其任课教师的责任，而应该是所有大学教师的责任。② 这其中当然也包括了专业课程及其任课教师。民国时期大学外文系培养出一大批学贯中西、博古通今的外语通才，除了共同必修课为他们今后的学习和研究奠定了宽厚的知识基础外，还有赖于当时外文系开设的一系列专业课程。

20 世纪 30 年代我国设置外文系的高校达到 36 所［其中国立大学 11 所，省立大学 5 所，私立大学（含教会大学）20 所］，它们在专业课程设置上各有特色。本节选取三类大学外文系的专业课程设置作为案例加以分析，以期从比较中总结出一些规律性和独特性。

---

① 参见王学珍、郭建荣主编《北京大学史料》（第二卷 1912—1937），北京大学出版社 2000 年版，第 1177 页。

② 参见李曼丽《中国大学通识教育理念及制度的构建反思：1995—2005》，《北京大学教育评论》2006 年第 7 期。

1. 国立中央大学外文系课程设置

20 世纪 20 年代，中央大学的前身东南大学，凭借东南地区社会精英的支持和校长郭秉文的通识教育办学理念，发展成为与北京大学抗衡的地方强校。随着首都的迁移，20 世纪 30 年代，中央大学取代北京大学成为首都最高学府，在办学资源上获得更优渥待遇，学校各学科取得较大发展。早在东南大学时期文理科下设英文系和西洋文学系，分别由楼光来和梅光迪任系主任。后二系合并为外国语文系，温德任系主任。采取学院制后，外文系归属于文学院，先由楼光来主持，后由原东南大学外文系毕业生、哈佛大学哲学博士范存忠任系主任，直至 1949 年。

在课程设置方面，鉴于民国时期大学课程设置混乱，存在因人设课的现象，罗家伦提出各学科应明确规定其必修课程和选修课程，尤其是每个学科都应有自己的核心课程。[①] 由于具备地域上和政治上的优势，中央大学外文系聘用楼光来、徐志摩、方重、范存忠、柳无忌等著名教授，开设了一系列高水平的专业课程。以 1935 年度文学院外文系课程设置情况为例（见表 3 - 16）。

表 3 - 16　　　　　1935 年度国立中央大学外文系课程设置一览[②]

第一学年（共 32 学分）				
必修课（共 29 学分）	年限（年）	周时数	学分数	备　注
英国文学史	1	3	4	
英文名著选	1	3	6	
英语会话	1	3	4	
英语作文 A	1	3	4	

---

① 参见许小青《诚朴雄伟，泱泱大风：中央大学校长罗家伦》，山东教育出版社 2012 年版，第 190 页。

② 《国立中央大学文学院外国文学系选课指导书》，1935 年，东南大学档案馆藏。

续　表

第一学年（共 32 学分）

必修课（共 29 学分）	年限（年）	周时数	学分数	备　注
法文 A	1	3	6	任选一种，但选定
德文 A	1	3	6	后须连修 3 年 BC
中国文学史纲要	1	3	5	由中国文学系承担
选修课（共 3 学分，任选一门）	年限（年）	周时数	学分数	备　注
日文 A	1	3	3	
西洋哲学史	1	3	3	由哲学系承担
伦理学	0.5	3	3	由哲学系承担
政治学	1	3	3	由政治系承担
经济学	1	3	3	由经济系承担
普通社会学	1	3	3	由社会系承担

第二学年（共 32 学分）

必修课（共 24 学分）	年限（年）	周时数	学分数	备　注
近代英美诗选	1	3	4	
近代英美散文选	1	3	4	
英文作文 B	1	3	4	
法文 B	1	3	6	任选一种
德文 B	1	3	6	
中国文化史	1	3	6	由史学系承担
选修课（共 8 学分）	年限（年）	周时数	学分数	备　注
日文 B	1	3	6	

续　表

第二学年（共 32 学分）

选修课（共 8 学分）	年限（年）	周时数	学分数	备　注
英语演说与辩论	1	3	6	
十九世纪英国文学	1	3	6	
美国文学史	0.5	3	3	
近代欧美小说	1	3	6	
小说纲要	1	3	5	由中文系承担
近代欧美戏剧	1	3	6	
诗学类课目	1	3	4—6	由中文系承担
美学	0.5	2	2	由哲学系承担
人生之形成	0.5	2	2	由哲学系承担
艺术学	0.5	2	2	由哲学系承担

第三学年（共 34 学分）

必修课（共 17 学分）	年限（年）	周时数	学分数	备　注
欧洲文学史（上）	1	3	5	
莎士比亚	1	3	4	
英文作文 C	1	3	4	
法文 C	1	3	4	任选一种
德文 C	1	3	4	
选修课（共 17 学分）	年限	周时数	学分数	备　注
十七世纪英国文学	1	3	6	
十八世纪英国文学	1	3	6	

第三学年（共 34 学分）

选修课（共 17 学分）	年限（年）	周时数	学分数	备　注
欧美文学与民族思想	0.5	3	3	
近代欧美文学与社会思潮	1	3	6	
日文 C	1	3	4	
词类课目	0.5—1	3	2—6	由中文系承担
歌德之人生思想及其浮士德	0.5	3	2	由哲学系承担
西洋文化史	1	3	6	由史学系承担

第四学年（共 34 学分）

必修课（共 16 学分）	年限（年）	周时数	学分数	备　注
欧洲文学史（下）	1	3	5	
英国文学源流	0.5	3	3	
欧美文学批评	1	3	4	
英文作文 D	1	3	4	
选修课（18 学分）	年限（年）	周时数	学分数	备　注
拉丁文 A	1	3	6	
法文名著选	1	3	6	
德文名著选	1	3	6	
欧美文学专家研究	另定	另定	另定	
词典史	1	3	4	由中文系承担

续　表

第四学年（共 34 学分）

选修课（共 18 学分）	年限（年）	周时数	学分数	备　注
英美现代哲学	0.5	3	3	由哲学系承担
法国现代哲学	0.5	3	3	由哲学系承担
德国现代哲学	0.5	3	3	由哲学系承担

　　根据上述课程表，外文系学生在四学年中应至少修毕 132 学分才能毕业。外文系课程分必修和选修两部分，且具体又分为本系必修、他系必修、本系选修和他系选修（见表 3－17）。

表 3－17　　　　　　　　外文系各学年应修学分统计①

	必　　修			选　　修			总　计
	本系必修	他系必修	共　计	本系选修	他系选修	共　计	
第一学年	24	5	29	3	—	3	32
第二学年	18	6	24	4	4	8	32
第三学年	17	—	17	9	8	17	34
第四学年	16	—	16	8	10	18	34
合　计	75	11	86	24	22	46	132

　　本系必修课中，除了英文会话、英文作文、第二外国语这三门语言技能训练课之外，其余都是文学史和文学体（散文、诗、小说、戏剧、文评等）课程；本系选修课开设有"英语演说与辩论"以及其他文学类课程；

---

　　① 《国立中央大学文学院外国文学系选课指导书》，1935 年，东南大学档案馆藏。

因此，外文系开设的专业课程是语言与文学并重，但又以文学为主。为了培养中西兼通的外语人才，分别由中文系和史学系开设的"中国文学史纲要"和"中国文化史"被列为外文系的必修课。此外，学生还要求在中国古典文学、哲学、历史学、经济学、社会学、政治学等领域选修一些课程。

2. 私立厦门大学（1921—1937）外文系的课程设置

1921 年，陈嘉庚先生创办厦门大学，提出"本大学之主要目的，在博集东西各国之学术及其精神，以研究一切现象之底蕴与功用；同时并阐发中国固有学艺之美质，使之融会贯通，成为一种最新最完善之文化"。为此，"国文之外，尤注重英文，使有志深造之士，得研究世界各国学术之途径"①。第二任校长林文庆也极其重视英文教学，"本校首重国文，而英文一科亦极重要"②。在他的关心和努力下，1923 年春，外国文学系成立。第一任系主任周辨明教授毕业于上海圣约翰大学，后留校任教。1914—1917 年在清华大学任英文教师。他是我国最早把国际音标运用到英语教学的一位教师。在外文系任教期间，他亲自担任一年级的英语教学，给学生上英语语音课。1926 年林语堂来厦门大学任文科主任，为外文系讲授英语基础课，担任英文发音学及作文课，为学生打下扎实的外语基础。1930 年，"科"改为"学院"，外文系隶属于文学院。1931 年秋，语言学专业脱离外国语文学系，自成一系，外文系即改名为英文学系。1933 年，周辨明学成回国，任文学院院长，仍兼任系主任。1934 年春，语言学系与英文学系合并，改称为外国语文系，1936 年 1 月，外国语文系"因经济关系"并入中国文学系，成为这个系的外文组。1945 年文学院复办外国语文学系。从 1923 年至 1949 年，厦大外文

---

① 厦门大学校史编委会编：《厦大校史资料》（第一辑 1921—1937），厦门大学出版社 1987年版，第 40 页。
② 同上书，第 226 页。

系经历了 27 个春秋，期间三易其名，八年停办，但仍冲破重重困难，逐渐发展起来。教师人数从初创时期的二三个增加到十个左右。学生数也逐年增加，从 1924 年首次招收一名新生，1930 年在校生数近 20 名，到 1947 年则达 46 人。新中国成立前，在学生辍学、转学或被淘汰甚多的情况下，外文系先后共有九届 30 名毕业生。[①] 其中，在私立期间培养了 21 名毕业生。[②]

　　1926 年 10 月，外文系在《厦大周刊》上公布了《文科外国语文学系学程纲要草案》，对课程设置和学时安排等提出具体要求。《草案》规定，必修课有：英文一、英文学选读、长篇小说、英文论文、英文修辞学、英国文学史纲要、现代文、作文三、莎士比亚、自由演讲、英语教学法、英文学专家或分代研究等 12 门；选修课分为语言和文学二部，分别是：英文戏剧、英文短篇小说、英文科学文、英文发音学、普通发音学、作文甲、欧洲文学常识一、英文诗学研究、英文应用文、英文科学文二、文学概论、西洋上古近世史、英文演讲及辩论、英汉对译、英国语言史、普通语言学、文评商榷、欧洲文学常识二、圣经文学、乔沙、以利沙伯文学、维多利亚文学、十九世纪思想家、欧洲近代文学、欧洲近代诗等。[③] 这是外文系第一个课程大纲，尽管由于师资不足等原因，有些课程无法真正开设，但是对培养外语人才仍具有指导性的意义。经过五年的教学实践，1931 年外文系在《学程纲要》的基础上公布了新的课程表（见表 3 - 18）。

---

　　① 参见厦门大学外文系编《厦门大学外文系系志（1923—1993）》，厦门大学 1993 年印行，第 3 页。

　　② 参见厦门大学校史编委会编《厦大校史资料》（第一辑 1921—1937），厦门大学出版社 1987 年版，第 119 页。

　　③ 参见《文科外国语言文学系学程纲要（草案）》（1926 年秋至 1927 年夏），《厦大周刊》1926 年 10 月 16 日，1926 年 10 月 30 日。

表 3 – 18　　　　　　**1931—1932 年厦门大学外文系课程设置一览①**

学年	必　修　课	选　修　课
第一学年	中国文选及作文一	
	中国文学史	
	英文一	
	英文修辞学及作文	
	党　义	
	社会科学概论	
	论理学	
	军事训练	
第二学年	中国文选及作文二	注:除必修课外,每学年还规定选修学程,包括辅课或本系指定的选修学程。其中外文系开设的选修课程有:英文诗集、英文戏剧、英文文学批评、《圣经》文学、拉丁文、阿尔兰复兴文学、弥尔顿诗集、斯宾塞诗集等
	英文二	
	英国文学史	
	英国史	
	英文文选(或诗选)	
	军事训练	
第三学年	英文三	
	英文专集研究	
	第二外国文一	
第四学年	英文文学批评	
	英国文学(任选一门)	
	英文诗集(任选一门)	
	第二外国文二	
	论　文	

①　厦门大学校史编委会编:《厦大校史资料》(第一辑 1921—1937),厦门大学出版社 1987 年版,第 104—111 页。

从表3-18中可以看出，厦门大学外文系课程包括必修课和选修课两类。必修课除了前文已述的共同必修课（中国文选及作文、英文、党义、社会科学概论、论理学、军事训练）外，主要有"英文修辞及作文"、二外、英国史、英国文学史和文学体课程。除必修课外，每学年都规定选修课程，包括辅课或本系指定的选修课程。辅课是学生所选读的辅科课程。而外文系开设的选修课程也多是像"英文诗集""英文戏剧"之类的文学课程。

3. 辅仁大学西语系的课程设置

自1927年建系至1952年撤并，辅仁大学西方语言文学系共历经五位系主任，其中，英千里担任系主任的抗战前后十年（1933—1944，1946）是西语系发展最好的时期。为了实现学校创办之初就提出的"养成硕学通才"的办学宗旨，英千里在西语系的课程设置上倾注了大量心血。经过他的周密考虑和精心规划，西语系的课程设置在当时高校中算是比较完善的。

西语系把本科生四年所修学科分为四种，即部定学科、共同学科、西洋语言和西洋文学，以民国24年度辅仁大学西洋语言文学系课程设置为例①（见表3-19、3-20和3-21）。部定学科为教育部规定的专门以上学校学生必修之课程，如党义、军事学、军事训练和体育；共同学科为本校文学院规定所属各学系学生共同必修课程，是文学院各学系所授专门学术之基础，如中作文、逻辑学或哲学概论、伦理学。以上两类课程均属于共同必修课范畴。西洋语言和西洋文学则为本系必修科，属于专业课程。关于西洋语言，凡本系学生均须选择现代西洋语言一种，作为四年专门研究之对象，称为"主语言科"，如表3-19中的"英文修辞作文及会话"和"高等英修辞及作文"。此外还须选习第二现代西洋语言一种，修习期限至

———————
① 根据《北平辅仁大学文学院西洋语言文学系课程组织及说明》（1935年）计算得出，国家图书馆藏。

少 6 个学期，称为"副语言科"；西洋文学分为主语言之文学、普通西洋文学和专门西洋文学三种。由于西语系的主语言为英语，因此英国文学（包括中世纪及文艺复兴时代、十七八世纪、浪漫时代、维多利亚时代、现代）课程成为主要必修课之一；普通西洋文学包括希腊罗马文学、中世纪及拉丁民族文学、条顿及斯拉夫民族文学；专门西洋文学则是指莎士比亚戏剧研究、西洋小说、美国文学等。此外，学生还要选修 6 至 9 学分的本系选修科和系外选修科。本系选科多关于西洋语言文学断代作家与专题之研究，系外选科分为与本系课程有关者和学生就个人兴趣所近选习者。

表 3 - 19　　　　　　　1935 年度辅仁大学西洋语言文学系分年课程

一　年　级		
学　　科	每学期学分	每周时数
英文修辞作文及会话	3	5
英国文学:中世纪及文艺复兴时代	3	4
一年现代第二西洋语	3	4
希腊罗马文学	3	4
中作文 *	2	2
逻辑学或哲学概论 *	2 或 3	2 或 3
军　事 *	3	3
党　义 *	1	1
体　育 *	2	2
共　计	22 或 23	27 或 28

续　表

二　年　级

学　科	每学期学分	每周时数
英文修辞作文及会话	3	4
英国文学:十七八世纪	3	4
二年第二现代西洋语	3	4
中世纪拉丁文学	3	4
莎士戏剧	2	2
伦理学*	2	2
体　育*	2	2
选　科	2 或 3	2 或 3
共　计	20 或 21	24 或 25

三　年　级

学　科	每学期学分	每周时数
高等英修辞及作文	3	4
英国文学:浪漫时代	3	4
英国文学:维多利亚时代(选)	2	2
三年第二现代西洋语	3	4
条顿及斯拉夫民族文学	3	4
现代英国文学	2	2
西洋小说	2	2
共　计	18	22

四　年　级

学　科	每学期学分	每周时数
高等英修辞及作文	3	4
英国文学:维多利亚时代	2	2

续　表

<table>
<tr><th colspan="3" align="center">四　年　级</th></tr>
<tr><th>学　科</th><th>每学期学分</th><th>每周时数</th></tr>
<tr><td>现代英国文学</td><td>2</td><td>2</td></tr>
<tr><td>美国文学</td><td>2</td><td>2</td></tr>
<tr><td>西洋小说</td><td>2</td><td>2</td></tr>
<tr><td>选　科</td><td>4 或 6</td><td>4 或 6</td></tr>
<tr><td>共　计</td><td>15 或 17</td><td>16 或 18</td></tr>
</table>

表 3－20　　　　　　　　　　　本系选修科一览

学　科	每周时数	每年学分	选修年级
初等拉丁文	3	4	二三四
初等希腊文	3	4	二三四
语言学	2	4	三四
美　学	2	4	三四
文学批评	2	4	三四
法国文学	3	6	三四
德国文学	3	6	三四
美国文学	2	4	三
现代英国文学	2	4	三

表 3 - 21　　　　　　　　系外选修科（与西语系有关者）一览

学　科	每周时数	每年学分	各年级生选修
中国文学史（国文系）	2	4	二三四
唐宋诗（国文系）	2	4	三四
戏曲史（国文系）	2	4	三四
中国小说史（国文系）	2	4	三四
现代中国文艺（国文系）	2	4	三四
西洋文明史（史学系）	3	6	三四
社会科学大纲（社经系本年停）	3	6	二三四
西洋社会思想史（社经系本年停）	3	6	三四
新闻学（社经系）	2	4	三四
教育概论（教育系）	3	6	二三四
中等教育（教育系）	3	6	二三四

通过对以上三所大学外文系的课程设置情况进行比较分析，可以总结以下几个特点：

（1）先基础后专门。首先表现在三所大学的分年课程表上。一年级主要学习基础科目，即共同必修课，为日后进入专业学习奠定广博的知识基础。其次表现在文学类的专业课程设置上。中央大学在一年级开设"英国文学史"和"英文名著选"，厦门大学二年级开设"英国文学史"以及辅仁大学则在一二三年级分别开设"希腊罗马文学""中世纪拉丁文学"和"条顿及斯拉夫民族文学"等普通西洋文学课程，有助于学生在西洋文学的知识背景下，为高年级的文学专题进行精深学习和研究奠定基础。

（2）语言与文学并重。对外文系来说，语言和文学二者关系密切。学好语言，有助于理解文学作品，提高文学修养；学好文学，有助于强化语言能力，理解语言的内涵。三所大学外文系在专业课程设置遵循语言和文学二者兼顾的原则。中央大学外文系的必修课中既有英文会话、英文作文（ABCD）、第二外国语（ABC）以及英语演说与辩论等训练学生会话、作文、演说辩论等语言技能课程，也有英国文学史、英文名著选、近代欧美文学体（小说、散文、戏剧、诗、文评）等其他文学类课程。在辅仁大学西语系，西洋语言和西洋文学为本系必修科。西语系学生均须选择现代西洋语言一种，为四学年专门研究之对象，称为"主语言科"。西语系开办的主语言科为英文，即一二年英文修辞作文及会话、三四年高级英修辞及作文。并须选习第二现代西洋语言一种，至少修习 6 个学期，称为"副语言科"。主副语言科在四学年中的必修学分为 42。西洋文学则包括主语言之文学（即英国文学）、普通西洋文学和专门西洋文学。英国文学四年分时期（分为中世纪及文艺复兴时代、十七十八世纪、浪漫时代和维多利亚时代）讲授，普通西洋文学包括希腊罗马文学、中世纪及拉丁民族文学和条顿及斯拉夫民族文学，专门西洋文学包括文学体（小说、戏剧）研究、代表作品研究和其他国别文学研究。这样的文学类课程设置，使得学生既对英国文学有深入专门研究，又可以对西洋文学有一个整体的把握，达到"一贯之博通"的效果，以民国 24 年度专业课程为例，文学类的必修学分为 68。此外，还开设了"初等拉丁文""初等希腊文""文学批评""德国文学"和"法国文学"等语言文字和文学类的选修课。相比中央大学和辅仁大学，厦门大学外文系的办学实力略弱，但学校仍尽力开设一系列专业课程，如语言类有"英文修辞学及作文"，文学类课程有英国文学史、英文文选（或诗选）、英文专集研究、英文文学批评等必修课程和数门文学类选修课程。

（3）语言技能训练课程少而精。从三所大学外文系所开设的语言类课程的数量和学分来看，它们都重视语言文字的学习，强调语言基本功的训练，但在课程开设上并没有像当前我国高校外语系所开设的诸如"精读""泛读""听力""口语""写作"之类的专业课程，而是开设一系列综合性较强的语言技能训练课程（见表 3 - 22）。

表 3 - 22　　中央大学、厦门大学和辅仁大学外文系专业课程中的专业技能课

院　校	专　业　技　能　课	备　注
中央大学	基本英文(一年级必修 6 学分) 英语会话(一年级必修 4 学分) 英文作文(四年必修,共 16 学分) 二外(三四年级必修 18 学分) 英语演说与辩论(二年级选修 6 学分)	
厦门大学	英文(一二三) 英文修辞学及作文	
辅仁大学	英文修辞作文及会话(一二年级必修 12 学分) 高等英文修辞及作文(三四年级必修/选修 12 学分)	

　　三校外文系按年级开设基本英文、英文一二三或第一二三四年英文修辞及会话（作文）。这类课程的教学方法，均"注意熟练及勤习，读书、作文、谈话并重，使所学确能实用，足应世需"①。比如，辅仁大学西语系"一年级英修辞作文及会话"的教学要求是"温习英文文法及章句法之基本规律"，"充实学生之单字及增加起阅读能力"和"练习英文会话"；二年级英修辞作文及会话，"惟修辞方面，注重文体，作文方面，注重社交与商业文体之练习"；三年高级英修辞及作文，"修辞注重叙述传记文，作文注重公文及应用文"；四年高级英修辞及作文，"修辞注意释义论文，作文多用繁难高深题目如讨论哲理文学及批评文艺等"②。当时虽然没有"四会"的提法，但通过一系列循序渐进的语言文字类课程学习，学生在听、

---

① 吴宓：《外国语言文学系概况》，《清华周刊·响导专号》1935 年 6 月 24 日。
② 《北平辅仁大学文学院西洋语言文学系课程组织及说明》，1935 年，国家图书馆藏。

说、读、写和译方面的基本功相当扎实。

（4）注重中国文学类课程，与西洋文学相互促进。中央大学外文系不仅把"中国文学史纲要"作为必修课，而且还开设了"小学纲要""诗学类课目"和"词典史"等国学课程。厦门大学外文系开设"中国文学史"和"中国文学及作文"课程。辅仁大学也始终坚持建校以来重视中国文化的办学传统，在系外选修课中，由国文系开设的课程占了一半以上，有"中国文学史""唐宋诗""戏曲史""中国小说史""现代中国文艺"。由于当时大学外文系重视中国传统文化，因此，民国时期大学外文系毕业的我国老一辈外国文学工作者，大都学贯中西，不但有世界文学之背景，而且对某一国文学和语言也有精深之研究，同时对本国文学也有很深的造诣，往往在几方面同时开展研究，珠联璧合、相得益彰。就像冯至晚年时回忆说："我觉得主要中西文学兼着学，确有不少好处，主要是能够开拓眼界，打开思路，不为一隅所囿，可以彼此启发，加深理解。"①

（5）开设相关专业知识课程，提高就业能力。2000年颁布的《高等学校英语专业英语教学大纲》把英语专业课程分为英语专业技能课（基础英语以及训练听、说、读、写、译各种能力的课程）、英语专业知识课（英语语言、文学和文化方面的课程）和相关专业知识课（有关外交、经贸、法律、管理、新闻、科技、教育、文化、军事等方面的专业知识课程）三种类型。民国时期有些大学外文系除了开设共同必修课和专业课程之外，也设置一些系外选修课，即相关专业知识课。这类课程通常具有很强的实用性，有助于提高学生就业能力。例如，南开大学张伯苓校长对英文系的课程设置十分关切，并亲自予以指导，他曾对英文系的师生说："文学系当然要读文学，但学生毕业到社会上去要具备就业能力，不能饿着肚子作诗。"系主任柳无忌赞同校长的见解，因而在二年级以上各年级，

---

① 李传松、许宝发：《中国近现代外语教育史》，上海外语教育出版社 2006 年版，第131 页。

又增设了一些实用性强的课,如"教育原理""社会学""讲演术""新闻写作"等。辅仁大学的社经系和教育系为西语系学生开设"新闻学""教育概论""中等教育"等实用性课程,为毕业生将来从事新闻、教育行业打下基础。

四　多元化的教学方式方法

教学方法是为完成一定的教学任务,师生在教学过程的共同活动中采用的途径和手段。[①] 教学方法是否得当,直接影响教学目标能否实现。外文系的教师根据其所担任课程的特点,采取不同的教学方式方法,提高了课程教学质量和学生学习兴趣。

(一) 教师讲解法

这种教学方式在传统的教学方法系统中居于主导地位,也是外文系教师在教学中最常采用的。例如,被誉为"中国现代戏剧的先驱者"之一的清华大学外文系教授王文显,在"戏剧概要""现代西洋文学"和"莎士比亚"课程教学中就采用这种自己念讲稿、学生记笔记的传统教学方式。早年的洪深,后来的李健吾、曹禺和张骏祥都听过他的课。据张骏祥回忆说:"他讲课的办法很简单,就是照他编的讲义上课堂去读,年年照本宣讲,从不增删。……回想起来,他那份讲稿倒是扎扎实实,对于初接触西方戏剧的人来说,是个入门基础。"[②] 由于讲授要依靠语言为主,因此,讲授的语言艺术就显得特别重要。"他(王文显)的英语讲得太好了,不但纯熟流利,而且出言文雅,音色也好,听他说话乃是一大享受,比起语言

---

① 参见潘懋元《新编高等教育学》,北京师范大学出版社 2009 年版,第 302 页。
② 黄延复:《水木清华:二三十年代清华校园文化》,广西师范大学出版社 2001 年版,第 123 页。

粗鲁的一般美国人士显有上下床之别。"① 由于具备扎实的专业知识和娴熟的讲授艺术，王文显的课程讲授对学生影响至深。"我总相信，曹禺要是没有经过王（文显）老师的严格熏陶，绝对写不出《雷雨》《日出》那样深刻的剧作。"② 在课程讲授中，当时虽然没有像现在这样的现代化教学辅助设备，但是教师们仍然竭尽所能，借助于其他辅助设施，提高课堂教学效果。"语音这门课不易开好。……不过长期担任语音教学的已故（武汉大学外文系）李儒勉教授十分努力。他经常带一架手摇留声机，于上课时开中华书局发行的一套唱片，抗战前用之已久的旧物。在炮火连天，物质条件极度艰难的情况下，李先生总尽他力之所能及了。"③

（二）情感共鸣教学

情感共鸣教学法是指教师在教学过程中创设一种教育情境，使师生之间产生灵魂和精神上的沟通，在润物细无声的课堂教学氛围中获得知识、陶冶心灵。这种教学方法多用于外国文学作品教学中。如《巨流河》作者、台湾著名作家齐邦媛回忆在武汉大学外文系听朱光潜的"英诗"课时说："他个子不高，站在讲台上恰到好处，声音不高，英文发音有些安徽腔调。但是当他开始在每首诗的讲解里注入他的感情和智慧时，那份乡音就不碍事了。当他讲雪莱的《云雀颂》时，眼睛一直是仰望着窗外的天空。……有一堂课，我们读的是华兹华斯的《玛格丽特的忧伤》，朱先生的声音由平稳转入微弱，他取下了眼镜，闭目诵读下去，竟至哽咽。当我们再抬头看他时，他已把书合上，转身疾步出了教堂。当时朱先生大约五十岁左右吧，平日多半是一副不苟言笑的神情，而我们却看到了他感情深

　　① 梁实秋：《忆清华》，钟叔河、朱纯主编《过去的大学》，长江文艺出版社 2005 年版，第 129 页。

　　② 周祖彭：《悼念戏剧大师王文显教授》，李良佑等《中国英语教学史》，上海外语教育出版社 1988 年版，第 303 页。

　　③ 戴镏龄：《英语教学旧人旧事杂记》，李良佑等《中国英语教学史》，上海外语教育出版社 1988 年版，第 302 页。

厚的真性情。今日在大学里教英美诗选已很少用这种以美学的观点和纯感受性的教法了。今天的教法是侧重冷静的分析，努力解释诗中的象征、意象，和可能对社会形态、人性的弱点的抗议。朱先生那种侧重欣赏与共鸣的教法已随时代而逝了。"①

（三）课外大量阅读

这也是在文学类课程教学时常用的教学方式。通常采用阅读加讨论再加报告的模式，阅读是整个教学的基础环节。根据外文系课程设置以文学为主的特点，外文系教师提倡学生课外大量阅读。通常在上某一门课程的第一节课时，教师就会给学生列出与该门课程相关的经典作品阅读书目。

"（著名语言学家、上海圣约翰大学英文系毕业生胡明扬）二年级有一门小说课，要求读《安娜·卡列尼娜》《战争与和平》等三部长篇小说。这几部长篇小说都很长，低年级的学生读得慢，不时还得查词典才能看下去。一年级英文系的新生不少，总有四五十个，图书馆不外借，只能到图书馆去读。每个学生用借书卡排队，排到谁谁可以看一个小时，过了一个小时就必须还书，给后面的同学看。生词多，就得不断查词典，有时候，查了词典还是看不懂，也没处问，还有赶时间，否则看不完，真是够着急的，也够苦的。……高年级必修课指定的课外阅读更多了。'西方戏剧技巧'要读从古希腊悲剧到捷克作家的《机器人》共16部，'文学评论'课23本必读本，从乔叟读到毛姆的作品。指定的必读书不仅要读懂，并且还必须熟读，因为考试的题目非常具体。"② 而钱锺书对中外文学的研究也是直接接触原著，不由师授，所以尽管他上课不听讲，但却学到了比课堂上多得多的知识。广泛的阅读使钱锺书获益匪浅，如在大二时他上的外籍教

---

① 齐邦媛：《乐山·文庙·英诗》，沈刚伯主编《学府纪闻：国立武汉大学》，南京出版有限公司1981年版，第298—302页。

② 胡明扬：《外语学习和教学往事谈》，束定芳主编《外语教育往事谈：外语名家与外语学习》（第二辑），上海外语教育出版社2005年版，第99—100页。

师翟孟生"西洋文学概要"、瑞恰慈的"西洋小说",这些课中所涉及的所有小说他几乎全部读过,无怪乎他的成绩高人一等了。① 除了阅读文学作品之外,有的教师还要求交读书报告。"俞先生(中央大学外文系教授俞大纲)授课作业量特别重,常常要求学生阅读英文原著,每周要给每个学生布置一部英文长篇小说,并规定每次至少阅读五十页左右的内容,然后再写出读书报告。"② 通过大量阅读文学经典作品,"即使难度较高,一时只能知其大概,尚不能彻底了解时,也还是极有益的。我相信多读了自会逐步理解前所未能理解的东西,而且印象深刻,比教师教的体会更深"③。此外,学校还订购了大量外文期刊以供外文系学生阅读,使学生在增长知识的同时不费力地学会了英语,这样的条件在民国时期是难能可贵的。"(武汉大学)学校阅览室里有 *Life*,*Look*,*Newsweek*,*Reader's Digest*,*New York Times* 等英语期刊、画报,我经常去看每一期新到的刊物,从中学到许多新的词语和表达方法。"④

(四)启发式教学

传统的中国教育通常采用"注入式"教学方法。在外语教学中通常采取以教师讲解为主,学生听练为辅的教学方式。教师是课堂的主宰,是施教者;学生是知识传授对象,是受教者。这种教学方式有利于学生在较短的时间里获得大量的知识,但是不利于学生分析问题和思考问题的能力培养。民国时期大学外文系的教师中绝大多数或为欧美人士,或为留学欧美归国人士,他们都受到西方先进的教育教学理论的影响,在教学中注重启发学生的思维,鼓励学生参与课堂教学,调动学生的学习积极性和主动

---

① 参见孔庆茂《钱钟书传》,江苏文艺出版社 1992 年版,第 38 页。

② 中央大学南京校友会、中央大学校友文选编辑委员会编:《南雍骊珠:中央大学名师传略》,南京大学出版社 2004 年版,第 92—94 页。

③ 《陆佩弦》(http://cell.shisu.edu.cn/Default.aspx? tabid = 1493)。

④ 赵世开:《学习外语的漫长道路》,束定芳主编《外语教育往事谈:外语名家与外语学习》(第二辑),上海外语教育出版社 2005 年版,第 41 页。

性。如清华大学外文系的外籍教师燕卜荪在教学中非常善于启发学生思考问题。"例如，他出了一道思考题：'Is Othello easily jealous?'（奥赛罗是否多疑?）让学生笔头作文回答。"①

（五）理论与实践相结合

这种方式常用于语言技能训练课程中。例如，"翻译"是外文系二年级必修课，他（叶公超）讲课时很少说翻译原理等大道理，而是根据自己的实践经验，随兴所至，高谈阔论，似乎不着边际，学生虽然听得津津有味，但有入云里雾里之感。讲到关键的时候，就转入主题，指出该门课程中必须要注意的问题。听者"恍然大悟"，一下子从"山穷水复疑无路"，拨云见日似的见到"柳暗花明又一村"。他还把中外翻译家的作品中欠通或不妥的章句"揪出示众"，使学生以后免重蹈覆辙。② 吴宓也强调练习对于翻译水平提高很重要，他（吴宓）的"翻译术"学程的"精义"是："视翻译为一种文学上的艺术，由练习而得之方法，专取英文之诗文名篇杰作以及报章公文等译为中文，而合于信、达、雅之标准。先讲授翻译之原理，略述前人之学说，继以练习，注重下列三事为翻译所必经之步骤：（一）完全了解原文；（二）以译文表达之，而不失原意；（三）润色译文，使成为精美流畅之文学。"③

（六）教师协同教学

"协同教学"是指数位教师合作教一门课程。这种教学方法的优点是每个教师可以发挥自己的教学研究特长，把自己最擅长的传授给学生，学

---

① 李赋宁：《学习英语与从事英语工作的人生历程》，北京大学出版社 2005 年版，第 13—57 页。

② 参见毛杏云主编《春风桃李：从交通大学走出的文化名人》，上海交通大学出版社 2006 年版，第 141 页。

③ 黄延复：《水木清华：二三十年代清华校园文化》，广西师范大学出版社 2001 年版，第 136 页。

生们可以在同一门课程中吸收到不同教师的学术精华，感受不同老师的教学风格和魅力。清华大学外文系的"现代西洋文学"就是采用这种教学方式：王文显主讲戏剧、温源宁主讲诗、吴可读主讲小说。燕京大学西语系最受学生欢迎的《西洋文化概论》，是一门把文学史、历史和哲学结合起来的课程，由三位教师同时担任，每周前两个学时由历史系的贝卢思讲授某阶段历史中的政治、经济、战争等重大事件，中间两个学时由哲学系的博晨光（Dr. L. Porter）讲授这阶段历史中的哲学思想及代表人物，最后两个学时由西语系的休兹（Dr. Hughs）讲授这阶段历史中的主要文学艺术和代表著作。① 著名翻译家许渊冲回忆其在西南联大外文系读书时说道："大一国文"真是空前绝后的精彩："中国文学系的教授，每人授课两个星期。……清华、北大、南开的名教授，八仙过海，各显神通。如闻一多讲《诗经》，陈梦家讲《论语》，许骏斋讲《左传》，刘文典讲《文选》，唐兰讲《史通》，罗庸讲《唐诗》，浦江清讲《宋词》，魏建功讲《狂人日记》，等等。真是老师各展所长，学生大饱耳福。"②

　　著名翻译家赵瑞蕻对于西南联大外文系开设的"欧洲文学名著选读"也印象深刻，"这门功课上起希腊，下迄近代，选出十一部名著，由九位教授分担讲解，再由学生自己在课外精读这十一部名著，或作读书报告，或写论文。这十一部名著的分担教授和先后排列，我记得是这样的：钱锺书先生的《荷马史诗》和《奥德赛》、吴必先生的《柏拉图》、莫伴芹先生的《圣经》、吴可读先生（Pollard Urquhart）的《但丁》、陈福田先生的薄伽丘《十日谈》、燕卜荪先生的塞万提斯《唐·吉诃德》、陈铨先生的歌德《浮士德》、闻家驷先生的卢梭《忏悔录》以及叶公超先生的托尔斯泰《战争与和平》和陀思妥耶夫斯基《卡拉马佐夫兄弟》"③。

---

①　参见燕京大学北京校友会编《燕京大学办学特色》，北京大学 2008 年印行，第 38 页。

②　许渊冲：《逝水年华》，生活·读书·新知三联书店 2008 年版，第 25 页。

③　赵瑞蕻：《离乱弦歌忆旧游》，湖北人民出版社 2008 年版，第 53 页。

（七）结构语言学教学法

20世纪40年代是美国结构语言学盛行时期，此学派强调语言是一种习惯，学习语言必须以听和说领先，然后才是读和写，尤其重视正确的发音和语调。新中国成立前这种教学法通过一些外籍英语教师引进中国大学课堂。根据结构语言学教学法，大一英语课以训练学生听说能力为主，教师从不叫学生死抠语法、干背单词，而是用大量提问的方式提高听力，以便每个学生都有用英语回答及表达个人意见的机会。教师对学生的口语错误从不或很少严词指责，而是以关怀、平等、相互尊重的态度予以纠正。由于课堂气氛轻松和谐，学生才有勇气及自信逐渐养成用英语与人交谈的习惯。大二英语课以读写为主，学生通过习作大量有针对性的练习题，循序渐进地过渡到独立书写短文或读书笔记，教师在认真批改后往往给予热情的鼓励。为训练读写能力，选用的读物多为不同文体的西方文学原著，学生读后可写一些短文或读书笔记，以培养其写作能力及文学品位。这种把语言学习与文学修养结合起来的教学方式，不仅提高了全校学生实用英语的能力，而且为日后（到三、四年级）在各自专业领域里，打下其自由运用英语的基础。燕京大学西语系教授柯安喜根据"结构语言学派"的理论，还总结归纳了学生经常出现的发音及口语的错误并编写成三册《英语语法和练习》，为燕大的基础英语课提供了高效实用的教材。

第四章　中国近代大学外语专业人才培养的制度保障

学校的人才培养活动不是孤立存在的，它需要相关制度的配套和支持。中国近代大学外语专业人才培养模式之所以能够施行并取得突出成效，是与当时大学制定的一系列相关政策制度分不开的。结合大学自身的实际状况，并借鉴西方高等教育的先进做法，近代大学在教学管理制度与师资管理制度建设上取得了突破进展，为外语专业培养出一大批杰出外语人才提供了重要条件。

第一节　大学教学管理制度的变革与作用

近代大学外语专业在办学过程中出台的一系列教学管理制度对确保外语人才培养质量起到了重要作用。其中，灵活、弹性的选科制与学分制的推行为外语专业实施通识教育提供了有利的制度支持；严格的成绩考核制度在很大程度上既保证了外语专业录取的学生都是一时俊秀，又能够督促他们在学期间认真学习，为今后在各行各业成才奠定基础。而宽松的转学转系制度则为一些非外语专业但是喜欢外语的学生提供了进入外语专业学习的机会，也为学生在毕业后成为通才奠定了宽厚的学科知识基础。

一　选科制与学分制

我国的学分制最早可以追溯到元代国子学实行的与"升斋法"相联系的积分法。国子学共分六斋，分斋进行教学，并按考试成绩升斋。该法规定："辞理俱优者为上等，准一分；理优辞平者为中等，准半分。每岁终通计其年积分，至八分以上者，升充高等生员。"[①] 不过，正如我国近代高等教育制度是从西方移植而来，我国近代大学的学分制也是从西方引进而来，并且是从选科制开始的。《教育大辞典》对学分制（The Credit System）的定义为："美国高等学校教学管理的一种制度，以学分计算学生学习量的单位，每门课都有一定的学习量，每周上课一小时，学满一学期，考试及格即可获得一学分。"[②] 选科制（group system）又称选课制或选修制，是指学生按照知识、能力和素质等要求，根据教学计划，自主选择学科、专业及课程的一种教学管理制度。选科制与学分制的关系紧密。选科制是实施学分制的前提，以开设相当数量的选修课为基础，以给予学生充分的学习自由为目的。学分制和选课制是相辅而行的。有学分制无选课制，采用学分制就毫无意义了；有选课制无学分制，选课制在实行上就没有准绳。[③] 通过实施选科制和学分制，使学生具备必需的核心知识和基本能力，在人文、社会、自然科学之间形成平衡，成为知识面宽广、心智和品格等方面协调发展的通才。民初以蔡元培和郭秉文为代表的教育改革家率先在北京大学和东南大学开始选科制和学分制探索，推动了中国近代大学学分制改革与发展。自此，选科制和学分制成为20世纪上半叶中国大学教学管理制度之一，也是近代大学在外语人才培养过程中贯彻通识教育理念的重要制度保障。

---

① 熊明安编著：《中国高等教育史》，重庆出版社1988年版，第298—299页。
② 顾明远主编：《教育大辞典》，上海教育出版社1992年版，第402页。
③ 参见郑林庄《燕京大学的学分制和选课制》，朱有瓛、高时良主编《中国近代学制史料》（第四辑），华东师范大学出版社1991年版，第505页。

（一）选科制和学分制的引入

我国近代选科制思想萌芽于清末，在《奏定学务纲要》中提到，"至高等学堂以上各科学、门类似乎繁多，然其中有名随意科者，则以余力为之。愿习与否，听学生自审才力，可不相强，亦系外国通例"①。《奏定大学学堂章程》规定，文学科大学下设之英国文学门的科目，除了主课和补助课外，还开设有中国史、外国古代文学史、辨学、心理学、公益学、人种及人类学、希腊语、意大利语、荷兰语、法语、德语、俄语、日本语等为随意科目，也就是后来所说的"选修课"。不过由于清末大学外语学科发展较迟缓，该《章程》中对随意科目的规定也就成了一纸空文，并没有真正实施。清末民初，我国高等教育基本照搬了日本大学的学年制，各系课程均为必修。直到 20 世纪初，一批批留学欧美的知识群体陆续回国，随之把欧美大学先进的教学管理制度——学分制和选科制引入中国。

1. 蔡元培与北京大学的选科制

1917 年，北京大学在校长蔡元培的积极倡导下实行改革。蔡元培认为，大学应当成为研究高深学问的学府，而不是"升官发财之阶梯"；主张学术分校，大学专设文、理二科。鉴于文、理分科所造成的流弊，主张"沟通文理"。为此，他提出大学采用选科制，因为"年级制之流弊，使锐进者无可见长"②，学生必须读满规定年限才能毕业，严重压抑了学生学习的积极性。蔡元培在《新教育与旧教育之分歧点》（1918）的讲演中指出，是否尊重、发展个性，是新旧教育的一大分歧点。"盖世界为有机的组织，有特长者不可强屈之以普通。世界有进化原则，有天才者尤当利用之以为

---

① 舒新城主编：《中国近代教育史资料》（上），人民教育出版社 1981 年版，第 208 页。

② 孙培青、李国钧主编：《中国教育思想史》（第 3 卷），华东师范大学出版社 1995 年版，第 163 页。

先导。此后新教育，必将改年级制而为选科制。"① 1917 年 10 月，在教育部召集的在京各高等学校代表会议上，北京大学文科正式提出废除年级制、采用选科制的议案。1919 年暑假以后北京大学文、理科正式推行选科制。选科制规定，本科学生学满八十个单位（每周一学时，学完全年为一单位）即可毕业。在八十个单位中又规定一半为必修课，一半为选修课。在选修课中不仅可选修本系课程，也可选修外系课程。预科学生应学满四十个单位，其中四分之三为必修课，四分之一为选修课。在学习年限上，原来预科三年本科三年，改为预科二年本科四年。为防止学生纯粹从兴趣出发，忽视对基本理论、基本知识的学习，蔡元培强调"学生所选的学科必须经教员审定"，"学生只有相对的选择，无绝对的选择。除必修以外的学科，才有选择权"。② 北京大学实行选科制，有利于学生个性的自由发展，使学生在专精一门之余，能够旁涉其他学科，扩大了知识面。

2. 郭秉文与东南大学的选科制

1921 年在南京高师基础上成立的东南大学，是继北京大学之后，中国近代第二所国立大学。校长郭秉文曾留学美国哥伦比亚大学。他在办学期间实施"三育并举"（即训育、智育、体育）和"四个平衡"（通才与专才平衡、人文与科学平衡、师资与设备平衡和国内与国外平衡）办学方针。在郭秉文的教育思想影响下，早在 1919 年南京高师遂决定采用"选科制"，并通过了《改良课程案》："（1）各课程皆令学生必修，往往有性之不近者，亦须随班，听讲兴趣既无，成效自难；采用选科制则学生可依兴趣发展其天赋之特长。（2）于规定所限毕业，敏者嫌其太迟，钝者觉其太快；如以学分计算，敏钝各得其平。（3）实行选科制可以打破分科之界限，学生对于功课亦不致限于局部学习。（4）现课目规定不能增减，其弊

---

① 高平叔编著：《蔡元培年谱长编》（中），人民教育出版社 1996 年版，第 60—61 页。
② 孙培青、李国钧主编：《中国教育思想史》（第 3 卷），华东师范大学出版社 1995 年版，第 164 页。

在于或有功课而无相当之教员，或有教员而强迫其担任非所长之功课；实行选科制，则有伸缩之余地。（5）按现行制度，平均分数不及格者应留级，所有功课均须重修，即便是曾得最高分数的科目亦不例外；采用选科制，则只需重修不及格之课目。（6）按照现行制度平均分数及格者即可升级，即便有些科目不及格亦不再重习，采用选科制则此弊可除。"① 但是由于当时实施选科制的条件不成熟，直至东南大学时期才正式采用选科制，同时在国内首创主辅修制，要求学生除学习主修系的全部课程外，还必须选一辅系，修其一半的课程，另外，学生还要选修其他科的若干课程。如果说北京大学的选科制是遵循德国的"洪堡传统"，东南大学采用学分制，则完全是以美国大学为蓝本。

（二）选科制和学分制的发展

在北京大学和东南大学率先实施学分制后，其他高校纷纷效仿，实行各种形式的学分制。同时教育部也颁布了一系列有关大学学分制的法规条例。1922年，北洋政府教育部出台《学校系统改革方案》，即"壬戌学制"，其中规定"大学校用选科制"②；1924年2月教育部公布《国立大学校条例》，正式把学分制确立下来："大学各院采用学分制，但学生每学年选习课程有所限制，不得提前毕业。天资聪慧者可在最后一年选习特种科目。"③ 1929年8月教育部颁布《大学规程》，规定："大学各学院或独立学院各科学生（医学院除外），从第二年起，应认定某学系为主系，并选定他学系为辅系"；"大学各学院得采用学分制，但学生每学年所修学分须有限制，不得提早毕业"。④ 1931年1月，教育部公布《学分制划一方

---

① 王德滋主编：《南京大学百年史》，南京大学出版社2002年版，第84—85页。
② 宋恩荣、章咸主编：《中华民国教育法规选编（1912—1949）》，江苏教育出版社1990年版，第44页。
③ 霍益萍：《近代中国的高等教育》，华东师范大学出版社1999年版，第168—169页。
④ 中国第二历史档案馆编：《中华民国史档案资料汇编（第五辑·第一编·教育一）》，江苏古籍出版社1994年版，第175页。

法》，通令各校一律采用学年学分制，并规定大学学生应修学分最低标准，除医学院外，四年须修满 132 学分，始准毕业。其学分计算标准，亦有规定："凡需课外自修之科目，以每周上课 1 小时满一学期者为 1 学分，实习及无须课外自修之科目，以 2 小时为 1 学分。"① 以上法令对于规范和推广学分制起到了引领和规范作用。

选科制和学分制引入中国后，以其有利于扩大学生知识面、培养通才的优势，在民国时期的高校中得到大力推广和实施。如清华大学 1927 年起规定各系毕业生（工程系除外）至少得修满 136 学分（体育除外），并通过毕业考试才准毕业。② 1932 年起，根据《学分制划一方法》将 4 年总学分由 136 学分降为 132 学分（工学院各系一般还为 155 学分左右）。此外，尚必修体育 8 学分、军事训练 6 学分和党义 2 学分。③ 这一时期，北京大学取消了 1919 年以后实行的计算课程的单位制，实行学分制。该校规定："凡需课外自习之课目，以每周上课一小时满一学期者为一学分，实习及无需课外自习之课目以二小时为一学分。每个学生至少修满 132 学分。各系还规定了必修和选修课的一定比例，所有一年级学生入学后得先修共同科目，同时选修将要转入系科的有关课程，经过一年学习，然后才正式成为有关学系的学生。凡入外国文学系者，必须国文有根底。"④ 1935 年中央大学外国文学系四年开设的课程总共为 55 门，其中必修课 21 门，占 86 学分；选修课 34 门，占 46 学分，且规定，四年内"至少修毕 132 学分方能毕业"⑤。

20 世纪 30 年代以后，根据学校具体情况，各高校的学分制采取不同

---

① 中国第二历史档案馆编：《中华民国史档案资料汇编（第五辑·第一编·教育一）》，江苏古籍出版社 1994 年版，第 186 页。
② 参见《国立清华大学一览》，1927 年，国家图书馆藏。
③ 参见《国立清华大学一览》，1932 年，国家图书馆藏。
④ 萧超然等主编：《北京大学校史（1898—1949）》（增订本），北京大学出版社 1988 年版，第 284 页。
⑤ 《中央大学一览》，1935 年，国家图书馆藏。

形式，归纳起来主要有两种：

第一，必修和选修结合型，即学生选择入读某一系，各系的课程除大一共同必修课外，还规定必修的本系课程、必修的他系课程、选修的本系课程和选修的他系课程等四种；像清华大学、北京大学和南开大学都是采取这种形式。而选科制度也并不是一成不变。如南开大学 20 世纪 20 年代采取自由选课制，凡属文科课程均可任意挑选，这导致学生选课时避难就易，而教授亦多发生越级选课、程度不够的问题。1930 年后遂规定凡一二年级学生之功课，均属基本课程，由学校代定。三四年级学生有自由选课之权，然仍须受所选主系制相当限制。①

第二，主辅型，即以某一系为主，另选一系为辅。学生在以某一系科为主要学习领域的同时，要选修其他系科的相关专业课程。譬如辅仁大学实行主副科制，"选该生本系内之学科一门为高深之研究，谓之主科，选同院而不同系之学科一门，谓之第一副科，选他院之学科一门，谓之第二副科"②。复旦大学实行必修副系制，"议决各生于上列各系中任选一系为必修，并同时并须认定一系为副系，除在必修系内应读学分外，于副系内亦须选读若干规定之学分，否则，不能毕业"③。此外中央大学和上海圣约翰大学也是实行主系辅修制。

其中上海圣约翰大学的主系辅修制经历了多次调整变化。1909 学年，圣约翰大学的医科允许学生在自愿的前提下与普通科（文、理科）实行兼习（时称兼科），即第一、第二学年在普通科学习，第三至第五学年的三个学年兼习医学，这使得圣约翰大学的一部分医科学生除专门的医科知识外，还具有比较宽广的一般文理科知识基础；1911 学年，在文理科贯通的基础上，实行文医兼修制和理医兼修制；1919 年起圣约翰大学开始实行分

---

① 参见王文俊、梁吉生主编《南开大学校史资料选》，南开大学出版社 1989 年版，第 207 页。

② 北京辅仁大学校史编辑指导委员会编：《北京辅仁大学校史（1925—1952）》，中国社会出版社 2005 年版，第 99 页。

③ 《复旦大学改组讯》，《申报》1929 年 8 月 8 日。

科制（即选科制）。在 1920 至 1921 学年，学生须修满 150 个学分（后减至 136、132 学分）方能获学士学位。其中必修科目为 108 个学分，包括现代语言（一种）12 学分和数学、自然科学 18 学分；社会科学 24 学分、英语 24 学分（其中写作课 6 学分）、哲学与教育学 6 学分、宗教学 8 学分、国文 16 学分（其中翻译课 12 学分）；选修科目为 42 学分，其中学生主修科目至少要有 8 学分。① 分科制允许学生有一定的选课、选专业和选院系的自由，以培养学生学习兴趣和奠定综合知识基础。分科制后来进一步放宽和完善，规定本科学生头两年文理科兼修，不分专业，到三、四年级方可根据个人兴趣选择具体专业，并获得该专业的学位，学生如修满一定学分（通常通过参加暑期班多修学分）还可提前毕业。20 世纪 30 年代分科制进一步发展为主系辅修制。以英文系学生为例。学生除以英文学为主系外，还需在其他七个学科（包括国文、德文、法文、教育、史学、哲学、新闻学）中任选一门作为辅系。② 譬如，上海圣约翰大学毕业生、山东大学外文系教授黄嘉德读书期间主修英文学，辅修教育学；著名新闻界人士邹韬奋主修英文学，辅修新闻学；等等。

主系辅修制度是圣约翰大学一贯以来的兼科制度在新形势下发展起来的新形态，其间一以贯之的是圣约翰大学专才教育与通识教育相结合的弥足珍贵的辩证教育理念。③ 主系辅修制为学生打下了良好、宽广的学术基础，不仅直接有利于其后在专业上继续深造，就是在需要学术领域适当转移之时，也能够应付自如甚至游刃有余。黄嘉德回忆起在圣约翰大学英文系的读书经历时颇有感慨，"当时大学实行学分制，学生除了学习英语和外国文学等方面的必修课之外，可以任意选修其他社会科学方面的课程。我在两年半的时间内（其为转学转系插班生），曾经广泛地选修该校文学

---

① 参见徐以骅主编《上海圣约翰大学（1879—1952）》，上海人民出版社 2009 年版，第 85 页。
② 参见熊月之、周武主编《圣约翰大学史》，上海人民出版社 2007 年版，第 164 页。
③ 同上书，第 174 页。

院开设的西方哲学、外国历史、新闻学、心理学、政治学、经济学和社会学等课程。……我在大学时期学习的科目看来的确很'杂'，但现在回顾起来，我倒觉得自己在这一阶段由于比较广泛地掌握社会科学各方面的知识，因此奠定了比较坚实的学术基础，为后来从事英国语文和外国文学的教学、科学研究和翻译工作创造了良好的条件。广博有利于提高，为'专'提供了必不可少的基础"①。

主系辅修制要求学生在主系和辅系修读一定学分的专业课程外，还有共同必修课和系外必修课等。例如中央大学规定，外文系学生应于四学年中至少修毕132学分方能毕业，其修习课目分配见表4-1。

表4-1　　1933年度中央大学外文系四学年修习科目分配情况一览②

课程类别	课　程　及　学　分
共同必修	党义2学分、国文6学分、英文6学分、普通体育8学分、军事训练6学分；其中党义、体育、军事训练不包括在132学分内
本系必修	共67学分(参阅本系各学年应修课目表)
本系选修	至少修满12学分
辅系必修	至少修满15学分
系外必修	中国文学史纲要5学分、西洋哲学史6学分、中国文化史6学分

（三）选科制的伴生物——宽松自由的旁听现象

学分制和选科制允许学生根据自己的兴趣、爱好以及其他需要，自己选择学习的学科、专业和课程，自己安排学习计划和学习进度。这种制度赋予学生充分的学习自由权，为学生提供了个性化培养的空间。在灵活而

① 黄嘉德：《英语教育五十年》，李良佑、刘犁等主编《外语教育往事谈——教授们的回忆》，上海教育出版社1988年版，第86—87页。
② 《国立中央大学学则暨选课指导书》，1933年，国家图书馆藏。

富有弹性的选科制下，民国时期大学的听课制度相当宽松自由。如钱穆在
《师友杂忆》中提到，"因北大校规松，选定之课可任意缺席，未选之课可
随时旁听。故学校自开学后，讲堂必随时改换。旁听多，换大课堂；缺席
多，换小课堂。某教师或自小课堂屡换大课堂，某教师或自大课堂屡换小
课堂，学生以此为教师作评价，教师亦无如之何"①。叶公超担任北京大学
英文系主任期间，常常鼓励学生旁听其他系的课程。他教育学生："学术
乃人生的写照，大学所以要分系是一项权宜之计，学生在校学习应该从多
方面吸取知识。"② 冯至也说他在北京大学德文系学习期间，并未减弱对中
国文学的兴趣。只要有时间他就去听中文系的课，尤其爱听鲁迅先生的
"中国小说史"。而季羡林则认为，四年大学的必修课收效甚微，反而是旁
听和选修的两门课让他终生难忘，终身受益。他旁听的是陈寅恪先生的
"佛经翻译文学"，选修的是朱光潜先生的"文艺心理学"，就是美学。
"朱先生不是那种口若悬河的人，他的口才并不好，讲一口带安徽味的蓝
青官话，听起来并不'美'。……然后却没有废话，每一句都清清楚楚。
他介绍西方各国流行的文艺理论，有时候举一些中国旧诗词作例子，并不
牵强附会，我们一听就懂。对于那些古里古怪的理论，他确实能讲出一个
道理来，我听起来津津有味，我觉得，他是一个有学问的人，一个在学术
上诚实的人。他不哗众取宠，他不用连自己都不懂的'洋玩意儿'去欺
骗、吓唬年轻的中国学生。因此，在开课以后不久，我就爱上了这门课，
每周盼望上课，成为我的乐趣了。陈（寅恪）先生讲课与写文章一样，特
别重视资料，有一些文章，他往往先罗列资料，然后再对资料进行分析与
评断，如剥春笋，愈剥愈细，最后画龙点睛，点出要害。到了此时，读者
往往会豁然开朗，或者小吃一惊，如拨云雾而见青天。人们会想：'原来

---

① 钱穆：《师友杂忆》，生活·读书·新知三联书店 2005 年版，第 55 页。
② 参见毛杏云主编《春风桃李：从交通大学走出的文化名人》，上海交通大学出版社 2006
年版，第 142 页。

是这样子呀！'顿时得到一种解悟甚至顿悟的快感。陈先生在讲课时，往往也重用这种办法：先在黑板上，密密麻麻，写满了资料，然后再开讲，根据就是黑板上的资料。学生们得到的感受，同读他的文章完全相同。"①此外，吴宓先生开设的两门课"中西诗之比较""英国浪漫诗人"，也给季羡林留下深刻的印象。这三位老师，都是对季羡林影响较大的，他搞比较文学和文艺理论的研究，显然是受朱光潜先生和吴宓的熏陶，而搞佛教史、佛教梵语和中亚古代语言，则同陈寅恪先生的影响是分不开的。此外，季羡林还旁听了或偷听了很多外系的课，比如朱自清、俞平伯、谢婉莹（冰心）、郑振铎等先生的课。

宽松自由的听课现象是民国时期大学实施学分制和选科制的伴生物。它有助于扩大学生的知识面和学术视野，体现了当时大学"以生为本"、以造就通才为目的的办学理念。有些外文系的学生正是在这种宽松自由的学习氛围中找到了自己今后的研究兴趣点和人生坐标。如西南联大外文系研究生毕业的何兆武回忆道："我们那时候的学生可真是自由，喜欢的课可以随便去听，不喜欢的话也可以不去。比如政治系主任张奚若先生，他的西洋政治思想史、西洋近代政治思想史两门课我没有选，不参加考试，也不算学分，可我都从头到尾听下来，非常受启发，乃至于现在我的专业也变成了思想史了。"②

二　成绩考核制度

中国近代高等教育属于精英教育，总体上大学实行的是"严进严出"。因此，不管是大学入学考试，还是大学学业水平考试，要求都很严格，淘汰率比较高。这在很大程度上保证了大学录取的学生都是一时俊秀。而学生经过数年大学学习，最后能够顺利毕业的也大都素质较好，为他们日后

---

① 蔡德贵：《季羡林传》，陕西师范大学出版社 2009 年版，第 99—100 页。
② 何兆武：《联大七年》，《书屋》2005 年第 10 期。

在各行各业成才奠定了良好基础。

（一）入学考试

大学入学考试旨在为高等学校选拔合格的生源，是高校人才培养过程的第一个环节。由于民国时期的中等教育水平不高，高等教育资源又比较匮乏，因此，这决定了大学入学考试竞争非常激烈，尤其是像清华、北大这样的国内著名大学。归纳起来，在大学入学考试上具有以下特点。

1. 考试科目齐全

民国时期的大学招生总体上可以分为三个阶段：高校自主招生阶段（1911—1937 年）、统一招生阶段（1938—1940 年）和招生形式多元化阶段（1941—1949 年）。由于命题主体的不同，入学考试科目也在不断进行调整变化，并且科目逐渐齐全。

在自主招生阶段，大学自主命题、自主招生，因此各校对于考试范围、题目类型等方面都有着不同规定。以北京大学和清华大学为例。

国立北京大学 1918 年招考简章中规定，报考文本科的入学考试科目及程度如下[①]：

一、国文

各门应试程度须略通中国学术及文章之流变，可参考《文史通义》《国故论衡》等书，国文学门加试文字学一项，略通形体声韵之大意，可参考王筠《文字蒙求》江谦《说音》（见中华书局之国文自修书辑要）

二、外国语

（一）曾读过数种文学书能列举其内容评其得失

（二）曾读过一种修词学

---

① 《国立北京大学 1918 年招考简章》，《北京大学日刊》1918 年 5 月 22 日。

（三）能作文无文法上之谬误

三、数学（代数、平面几何、平面三角）

四、论理学（须习过一种论理学如陈文各学教科书或张子和新论理学之类）

五、历史（须习过中国通史及西洋通史其西洋史亦可用西文本）

六、地理（本国人文地理）

清华大学在《清华大学招生规程》① 中规定 1925 年度新生入学考试科目及范围：

（甲）必须科：一、国文（论文及文学常识）；二、英文；三、本国历史地理。

（乙）选科（考生须就下列三类选考五科，惟每类内至少须各选一科）

第一类：一、初级代数；二、平面立体几何；三、平面三角；四、解析几何。（以上任选一科或二科）第二类：五、物理；六、化学；七、生物。（以上任选一科或二科或三科）第三类：八、世界历史；九、世界地理；十、经济学；十一、心理学；十二、政治学。（以上任选一科或二科或三科）

从上述两校的大学入学考试科目来看，要求考生必须具备扎实的文化基础和宽广的知识面。相比较而言，北京大学文本科入学考试科目与我国20 世纪 90 年代中期前后的考试科目相似，即语、数、外加政治（论理学）、历史，另外还要考地理一科。而清华大学则允许学生在必考科目（国文、英文和本国历史地理）外，根据意愿专业来选择其他五科，这五科所涵盖的知识面非常广，考生选科的自由度也较大。

---

① 杨学为主编：《中国考试史文献集成》（第 7 卷民国），高等教育出版社 2003 年版，第41—42 页。

　　1938 年国民政府教育部制定并公布《国立各院校统一招生办法大纲》，对大学招生作了一些规定，实行统一招生。1941 年以后，又停止全国统一招生，由各大学或地区采取单独招生、联合招生、委托招生、会考和升学联合考试等办法。但是，就考试科目而言，不论是统一招生还是多元招生阶段，都有几门共同考试科目，如公民、国文、英文，有些年份增加了共同科目史地（或生物）。选择进入外文系的考试，还有分组考试科目，如数学、史地（或生物）、物理化学等（见表 4 - 2）。

表 4 - 2　　　　　　　　1938—1949 年大学入学考试科目演变情况一览①

学　　年	共同考科	分　组　考　科
1938—1939	公民 国文 英文 本国史地	文法商组：数学丙(代数、平面几何、三角)、外国史地和物理、化学、生物三科中任选一科 理工组：数学甲(高等代数、平面几何、解析几何、三角)、物理、化学 医农组：数学乙(高等代数、平面几何、三角)、生物(投考地理系者，以外国史地代替生物)和物理、化学两科中任选一门
1940	公民 国文 英文(或德文) 生物	文法商组：数学(高等代数、平面几何、三角)、中外历史、中外地理及理化 理工组：数学(高等代数、平面几何、三角)、物理、化学、中外史地 医农组：数学(高等代数、平面几何、三角)、物理、化学、中外史地
1941—1942	公民 国文 英文	文法商组：中外历史地理、理化、生物、数学(高等代数、平面几何、三角) 理工组：史地、数学(高等代数、解析几何、三角)、物理、化学、生物 医农组：史地、数学(高等代数、平面几何、三角)、物理、化学、生物、体育

---

　　①　杨李娜：《民国时期的大学招考制度及其影响》，《漳州师范学院学报》（哲学社会科学版）2005 年第 4 期。

续　表

学　年	共同考科	分　组　考　科
1943	公民 国文 英文（法或德） 生物	甲组（文理两院之各学系）：数学（高等代数、解析几何、三角）、物理、化学 乙组（法、商、师范、工、农各院之各学系）：数学（高等代数、平面几何、三角）、中外史地、物理、化学
1944	国文 英文（法或德） 公民史地 理化生物	甲组：数学（高等代数、解析几何、三角） 乙组：数学（高等代数、平面几何、三角）
1945—1949	国文 英文 公民	甲组（理工师范学院、理组及统计系）：物理、化学、史地、数学（高等代数、解析几何、三角） 乙组（文法商师范学院、文组及地理学系）：数学（高等代数、平面几何、三角）、中外历史、中外地理、理化 丙组（医、农学院及博物生物等系）：数学（高等代数、平面几何、三角）、史地、理化、生物

总的来说，从 1911 至 1949 年，大学入学考试科目的涵盖面越来越广，现代高考科目中的语数外、政史地、生物化学等几乎都包含在内，既有中学又有西学。因此，这对于广大考生，尤其那些基础教育水平相对落后地区的考生来说，大学入学考试的竞争程度远远大于今天的高考。

2. 考试形式多样

在考试形式上，除了笔试（即初试）之外，大多数大学还有面试（复试）环节。而有些办学水平较高的私立大学和教会大学为招收到素质更好的生源，还会增加一些试验项目。如燕京大学在入学试验时有智力测验一项，其内容十分广泛，考前无须准备，也无法准备。其目的在于测验报考人的智商和知识面。新生入学考试合格被录取后，各门课程的考试成绩是此后一系列分班、免修课程的重要参考。辅仁大学的入学考试同样分笔试和面试两种。笔试科目有国文、国学通论、英文或法文、中国史及世界史、数学、伦理学等。由于校长陈垣对中国传统学术极为重视，因此国文试题尤其严格。初试录取后，还要经过逐一口试，口试不通过的，同样不能取得入学资格。①

3. 录取率低

民国时期大学的招生录取率很低，尤其是像清华、北大、燕京等办学实力雄厚的著名大学更是如此。以清华大学为例，虽然招生名额逐年增加，但应考人数也相对剧增，因此录取率反而越来越低。以 1928 至 1937 年清华大学历年应考人数、录取人数及录取率情况为例（见表 4 - 3）。

表 4 - 3　　　　1928—1937 年清华大学历年应考及录取人数比较

年　度	应考人数	录取人数	录取率(%)
1928	515	119	23. 1
1929	829	129	15. 6
1930	1381	192	14
1931	1699	184	10. 8
1932	2641	342	13
1933	2551	285	11. 2
1934	3537	317	9
1935	3607	318	8. 8
1936	3575	294	8. 2
1937	与北大联招	300	—
平　均	2259	302	13. 4

资料来源：苏云峰：《从清华学堂到清华大学》，生活·读书·新知三联书店 2001 年版，第 135—136 页。

根据上列统计表，录取率从 1928 年度的 23.1%，下降至 1936 年度的 8.2%，这十年中的平均录取率为 13.4%。② 可见清华新生录取考试竞争非

---

① 参见孙邦华编著《会友贝勒府：辅仁大学》，河北教育出版社 2004 年版，第 146 页。

② 同上书，第 135 页。

常激烈，能够考取的都是相当出色的。像当时考上清华大学德文系的季羡林，就是山东省的前几名。但是对于真正优秀的特殊人才，学校则予以破格录取，不以一偏之差而埋没人才。如钱锺书入学考试时尽管数学考了 15 分，但国文和英文成绩突出，特别是英文获得满分，最后也被罗家伦破格录取进入清华大学外文系。有制度而能够变通，变通而非出于徇私舞弊，而出以公心，这也正体现了办学者爱才惜才的精神。

（二）入系考试

由于专业的特殊性，不同专业会对学生设置一些特定的条件和要求。有些学生的入学考试总分虽然上线，不过进入不同院系时需要参考其各门科目考试成绩。如清华大学外文系要求考生的英文（或德法文）成绩必须达到七十分以上才可。而燕京大学则要求学生一年级的英语成绩必须达到 7 分（按照 10 分制算）或以上才能进入西语系学习。还有些大学会安排一个入系考试，在笔试合格的考生中选拔学生进入外语专业就读。如 1933 年 9 月 26 日《北京大学日刊》上曾登载了一则消息："英文系主任陈源先生定本月二十六日（星期三）举行英文系入系试验，凡入英文系一年级生务于是日上午九时齐集第一院第一教室听候试验。"[①] 金陵大学外文系毕业生马仁新也曾说道："外文系学生进入二年级前，还要经过一次入系考试。这次考试加了作文、口试，还有一种叫 language aptitude 的考试。这种考试给两到三页用世界语写的文章，告诉你一点规律，给一部分用英语解释的世界语单词，然后做阅读理解，书面回答用英语提出的问题。口试问一些互不相干的问题，可以问你的身高，突然问你早饭吃了些什么。入系考试及格后，才可以选外语系的专业课。不及格的学生，必须转系。"[②] 入系考试确保进入外文系的学生英语水平和能力比较高，有利于保证教学质量。

_____

① 《英文系入系试验》，《北京大学日刊》1933 年 9 月 26 日。

② 李良佑、张日昇、刘犁编著：《中国英语教学史》，上海教育出版社 1988 年版，第 306 页。

（三）学业成绩考核

考取了并不意味着就能顺利毕业，拿到大学文凭。因为当时大学总体上来说功课繁重，教学要求相当严格，大学阶段的淘汰率通常都比较高。为了"提高专科以上学校学生程度，谋高等教育质量之改进起见"，各大学都制定了一系列学业成绩考核办法，综合来看，主要有以下几个特点。

1. 考试次数较多

一是平时试验，也叫随时试验。北京大学规定："本科各学科，其在两单位以上者，每学期至少必须有平时试验一次，其不及两单位者，倘教员认定有平时试验之必要时，得随时举行之。"① 1940 年教育部出台的专科以上学生学业成绩考核办法中也提到"随时试验每学期内至少须举行一次"②。燕京大学甚至还有日常测验：在讲课前后随堂用几分钟举行小测（quiz）以便检查学生预习、听课和复习的情况，及时得到反馈信息，然后由教师讲问题答案要领。此项小测成绩最后也要计入期末考试总成绩内。而学生平时听讲笔录、读书札记、练习以及实验报告等，也都与平时试验合并合计，作为平时成绩。南开大学对学生的学习情况，坚持经常性的考察制度。1930 年 4 月戴观应、冯友兰等代表教育部来校视察，对此称羡不已。教育部视察员回南京后发表谈话：南开大学"其学生程度亦甚整齐。……又文理科各班有在考试验者，据云该校临时考试极多，学生皆习惯自然，从未知有考试不合教育原理之新说"③。重视平时试验有助于督促学生日常学习，使得他们在学习过程中始终不敢有丝毫懈怠，这样可以打下扎实的学习基础。二是期中试验，也称半学期试验。这是每学期中期举行的考试。三是学期试验，即期末试验。"学期试验成绩并须与平时成绩合并核计，作为学期成绩。"四是毕业

---

① 《平时试验办法》，《北京大学日刊》1919 年 3 月 4 日。

② 《专科以上学生学业成绩考核法》，《申报》1940 年 6 月 5 日。

③ 南开大学校史编写组编：《南开大学校史（1919—1949）》，南开大学出版社 1989 年版，第 172 页。

考试。从 1940 年起，教育部还要求专科以上学校举行毕业总考，"教育部为执行全国教育会议决议，因于本年明令实施总考制方法，除最后一学期学生所习之科目外，须通考二三年级之专门主要科目三种以上。……该项科目既为已习科目，且为学生毕业后从事职业最需要之学科，自应常加温习与研讨，不应遗忘，否则，毕业后何从应用，总考用意，即在使学生对于所习之专门主要科目，有综合系统的了解，于学生研究及就业上关系甚大"①。毕业总考不及格者，不得毕业。此外，某些大学甚至还设有月考。

2. 成绩考核要求严格

为了实现优胜劣汰，培养出更优秀的学生，各校对成绩考核要求非常严格。早在 20 世纪 30 年代，上海圣约翰大学就规定，"凡全学期所修学分，有半数或半数以上不及格者，教务主任得酌量情形，而定其应否予以停学处分；凡全学年所修学分，有半数或半数以上不及格者，即予停学处分"②。1940 年教育部出台的学业成绩考核办法指出，"学期试验不及格科目在四十分以上未满六十分者，得以补考。其不满四十分者，不得补考，应令重读。如不及格之学分数，逾该学期修习学分总数三分之一以上者，应令留级，逾二分之一以上者，应令退学"③。清华大学也规定，"学生全年成绩，于所修学分有二分之一不及格者，即令退学。学生全年成绩，于所修学分有三分之一不及格者，作为留校察看。如次年成绩，仍有三分之一不及格者，即令退学"④。南开大学将每学期各门课程的成绩分为五等：甲等 90 分以上；乙等 80 至 89 分；丙等 60 分至 79 分；丁等 50 分至 59 分；戊等 50 分以下。成绩在丙等以上者为及格，丁等者为不及格，不及格的课程没有学分。凡全学年的课程，如果第一学期得戊等，第二学期即不

---

① 《专科以上学校毕业总考制之意义》，《申报》1940 年 6 月 15 日。
② 《圣约翰大学一览》，1934 年，国家图书馆藏。
③ 《专科以上学生学业成绩考核法》，《申报》1940 年 6 月 5 日。
④ 《清华大学本科教务通则》，1934 年，国家图书馆藏。

能继续学习。学习成绩为丁等的课程允许补考一次。全年课程第一学期列丁等，第二学期列丙等或丙等以上时，第一学期的丁等即作为补考，毋庸补考。全年课程列丙等或丙等以上，而第二学期列丁等或戊等者，该全课程须全部补考或重习。① 而在燕京大学西语系，一年级学生期末参加英语鉴别考试后，成绩达标者方可升入西语系二年级。②

3. 考试纪律严厉

为了确保学业考试成绩的可信度，各校的考试纪律极为严厉，严防作弊。在武汉大学，无论是临时考、月考、期考、毕业考，都是有名的严格。就是平时的考试，座位也是间隔，并隔得远远的，大家也都自爱，从未见有走私、派司等情事。补考、留级、休业、退学仍是常有，不过经得起四年考验的，带上了学士方帽，离开学校后，到社会上服务的同学，无论在哪一方面工作，都是够水准的。这是同学们在优美的环境下，大家努力攻读，通过了严格的考试，而获得的成果。③ 复旦大学的考试则都是采集中制，全校两千余同学都集中在大礼堂参加考试，不准夹带、不准偷看，违者记大过一次，扣三学分。所以在复旦，莫说是研究、商量，就是头稍微一转动，当时就记你一大过，扣三学分，所以复旦同学进了考场，绝大多数能遵守考试纪律。④ 南开大学的期末考试则像入学考试一样。各年级学生分别集中于一个大教室里，按号入座，由注册课职员监考，如有作弊，当场抓卷。正是因为有非常严厉的考试纪律，所以学生们对考试不敢怀着侥幸心理，平时学习也非常认真刻苦。

---

① 参见南开大学校史编写组编《南开大学校史（1919—1949）》，南开大学出版社 1989 年版，第 172—173 页。

② 参见燕京大学校友校史编写委员会编《燕京大学史稿》，人民中国出版社 1999 年版，第 92 页。

③ 参见刘定志《珞珈忆旧》，沈刚伯主编《学府纪闻：国立武汉大学》，南京出版社有限公司 1981 年版，第 256—257 页。

④ 参见复旦大学校史编写组编《复旦大学志》（第一卷 1905—1949），复旦大学出版社 1985 年版，第 395 页。

由于功课繁重，学业成绩考核要求严格，因此当时大学的淘汰率较高。如北京大学 1918 年文本科英文门共有学生 38 人，毕业生 11 人，辍学生 7 人。① 辅仁大学每次考试总会有一些人及不了格，常有人留级，一般四十多人一个班，等到毕业时，就只剩下一二十个人了。② 1931 年该校第一届本科学生毕业人数仅为 11 人，毕业率很低，仅有 32%。抗日战争前毕业率最高的 1929 届（1933 年毕业），也只有 58%。不少同学中途被淘汰，或者退学，有的则要多学一到二年，才能取得规定的学分而获准毕业。③ 清华大学同样如此。从 1928 至 1931 年，每年因不能应付功课而请求休学或退学的人数平均约占该年学生总额的 18%。④ 外文系的情况也如此，有的学生甚至申请中途转系。著名语言学家、上海圣约翰大学英文系毕业生胡明扬回忆其在英文系读书时，由于教师布置大量课外阅读任务，学生们必须争分夺秒在图书馆门口排队借书，"冬天和春天上海没有暖气，也不生火，图书馆很冷，有的新来的女生一边等，或者是一边看，就一边掉眼泪。结果过了这学期，不少人就转系，一般是转教育系或经济系，因为那两个系必修课少，也容易学。同样一章文凭，干吗吃这样的苦呢？所以到了二年级就只剩下二十几人了，到了三年级就剩十来个人了。所以我那一班到三年级就剩七个人"⑤。因此，这也从另一个角度证明了在外文系能够"熬"到毕业的学生都是综合素质相对较好的。正是由于各大学外文系的学生都是经过严格的选拔考试才被录取，入学后又要经过高比例的淘汰，因此最后能毕业者日后自然都成为

---

① 参见王学珍、郭建荣主编《北京大学史料》（第二卷 1912—1937），北京大学出版社 2000 年版，第 592 页。

② 参见孙邦华编著《会友贝勒府：辅仁大学》，河北教育出版社 2004 年版，第 146 页。

③ 同上书，第 45—46 页。

④ 参见苏云峰《从清华学堂到清华大学》，生活·读书·新知三联书店 2001 年版，第 136 页。

⑤ 胡明扬：《外语学习和教学往事谈》，束定芳主编《外语名家与外语学习》，上海外语教育出版社 2005 年版，第 99 页。

出类拔萃的人才。

三　转学转系制度

"转学"，即学生从某所大学转入其他大学，就读专业仍不变。"转系"则是指学生从一个系转到另一个系，其中可细分为两种情况：一是在某所大学内部的院系之间变动；二是从某所大学的某个系转到其他大学的另一个系。新中国成立后很长时期，"转学""转系"在大学中都受到严格限制，即使在21世纪今天的中国大学，学生想要转学或转系，仍是一件不容易的事情。但是在民国时期的大学，"转学""转系"却是相当普遍的现象。当时外文系的有些学生就是通过转学或转系进入外文系学习。他们当中很多人后来都成名成家，在事业上取得了突出成就。

（一）外文系学生的转学、转系情况

由于民国时期的大学转学转系相对来说较容易，因此相当一部分学生通过转学转系的途径进入外文系就读。笔者仅选取清华大学、燕京大学、中央大学、辅仁大学、圣约翰大学、武汉大学等十所大学外文系的转学、转系生来说明这一现象（见表4-4）。

表4-4　　　　　　十所大学的外文系学生转学、转系情况一览

姓　名	转学/转系	原本就读学校/院系	毕业学校/院系	备　注
杨　苡	转学、转系	南开大学中文系 西南联大外文系	中央大学外文系	翻译家
邹韬奋	转学、转系	南洋公学机电工程科	上海圣约翰大学英文系	新闻界名人
曹　禺	转学、转系	南开大学政治系	清华大学外文系	剧作家
黄嘉德	转学、转系	福建协和大学医预科	上海圣约翰大学英文系	大学外文教授
赵瑞蕻	转系、转学	大夏大学中文系 山东大学外文系	西南联大外文系	作家、翻译家
李赋宁	转学、转系	南开大学经济系	清华大学外文系	外语教育家
梅绍武	转学、转系	之江大学机械工程系	燕京大学西语系	大学外文教授

续　表

姓　名	转学/转系	原本就读学校/院系	毕业学校/院系	备　注
范存忠	转学、转系	上海交通大学工科	东南大学外文系	大学外文教授
吴达元	转学、转系	上海交通大学工科	清华大学外文系	大学外文教授
许国璋	转学、转系	上海交通大学管理学	清华大学外文系	外语教育家
资中筠	转　学	燕京大学西语系	清华大学外文系	外交家
郭斌和	转　学	南京高师英语系	香港大学外文系	大学外文教授
傅惟慈	转　学	辅仁大学西语系	北京大学西语系	翻译家
宗　璞	转　学	南开大学英文系	清华大学外文系	外文教授
张秀亚	转　系	辅仁大学国文系	辅仁大学西语系	作　家
齐邦媛	转　系	武汉大学哲学系	武汉大学外文系	作　家
李健吾	转　系	清华大学中文系	清华大学外文系	剧作家
查良铮	转　系	清华大学地质学	清华大学外文系	诗人、翻译家
赵萝蕤	转　系	燕京大学国文系	燕京大学西语系	翻译家
凌叔华	转　系	燕京大学动物系	燕京大学英文系	作　家

　　资料来源：1. 李良佑、刘犁主编：《外语教育往事谈——教授们的回忆》，上海外语教育出版社 1988 年版；2. 陈朝华：《最后的文化贵族：文化大家访谈录》（第三辑），南方日报出版社 2008 年版；3. 朱映晓：《一个中国闺秀的野心与激情——凌淑华传》，江苏文艺出版社 2012 年版；4. 《听沈从文劝告翻译家杨苡改学英语》，《新商报》2010 年 11 月 24 日；5. 沈刚伯主编：《学府纪闻：国立武汉大学》，南京出版社有限公司 1981 年版，第 299 页；6. 李赋宁：《学习英语与从事英语工作的人生历程》，北京大学出版社 2005 年版；7. 燕京研究院编：《燕京大学人物志》（第一辑），北京大学出版社 2001 年版；8. 中央大学南京校友会、中央大学校友文选编辑委员会编：《南雍骊珠：中央大学名师传略》，南京大学出版社 2004 年版；9. 燕京大学北京校友会编：《群星璀璨：燕大名学者评价》，2006 年；10. 田本相：《曹禺传》，东方出版社 2009 年版；11. 韩石山：《李健吾传》，山西人民出版社 2006 年版；12. 辅仁大学校友会编：《辅仁校友通讯》(31)，辅仁大学校友会，2009 年；13. 复旦大学新闻系研究室编：《邹韬奋年谱》，复旦大学出版社 1982 年版；14. 宗璞：《宗璞自述》，大象出版社 2005 年版。

根据表 4-4,可以把这些转学、转系生分为以下几种:一是转系生,即在同一所大学内由其他系转入外文系,如张秀亚、齐邦媛、李健吾、查良铮、赵萝蕤和凌淑华;二是转学生,即从一所大学的外文系转入其他大学外文系,如资中筠、郭斌和、宗璞和傅惟慈;三是转学转系生,即从某一所大学的其他系转入另一所大学的外文系,如邹韬奋、曹禺、黄嘉德、李赋宁、梅绍武、范存忠、吴达元和许国璋。其中,杨苡和赵瑞蕻夫妇的情况较为特殊,前者经历了先转系后转学(借读),后者是先转学转系,然后再转学。

(二)转学转系的原因

学生之所以放弃之前的大学或专业,进入一个新大学或新专业,其背后的原因各有不同。对于转学生来说,选择的动因是错综复杂的。有的是因为战争爆发,之前的大学遭到严重破坏,不得不转入另一所大学就读,如赵瑞蕻从山东大学外文系转入西南联大外文系;有的是因为仰慕新大学的雄厚办学实力而投考,如宗璞从南开大学外文系转入清华大学外文系;还有的是因为家属工作变动而转学,例如,因丈夫赵瑞蕻当时到中央大学任教而从西南联大外文系转入中央大学外文系的杨苡;等等。而对于转系生(含转学转系)而言,个中原因也是多方面的。

1.出于兴趣

新中国成立前的中国经济落后,再加上战事较多政局不稳,因此大学生就业较为艰难,有"毕业即失业"的说法。为了毕业后能够顺利找到工作,学生报考大学所学专业时往往倾向于工科或经济类专业。尤其是抗战期间国民政府提出加强实科教育以培养实用技术人才,促进了工科的学科建设发展和人才培养规模扩大。不过,由于对学习外语非常感兴趣,仍有一些同学放弃之前的看似"功利、实用"的专业而重新投考外文系。比如,梅绍武中学毕业后就读之江大学机械工程系,但是"攻读外语的念头始终甩不掉"①，于是第二年转入燕京大学西语系；又如著名的外语教育家李赋宁，起初就读南开大学经济系，但是他对这个专业不感兴趣。"我升入南开二年级时，上何廉教授的'普通经济学'。我对这门学科不感兴趣，而是喜欢英语。……我父亲希望我学土木工程和水利，我报清华仍是工学院。……当我来到清华一院注册科报到时，我被告知我的考分数学和物理不够工学院程度，因此建议我转系。……要转系，我首先想到外文系，于是鼓起勇气到工字厅西客厅吴（宓）先生宿舍拜访他。吴先生热情地接待我，得知我的来意，就用英语和我对话。他对我的英语口语表示满意，于是劝我转外语系。"② 李赋宁从工学院转入外文系固然有自身条件不符的因素，但更主要是出于对外文的浓厚兴趣，而父亲的好友吴宓的影响也不容忽视。

2. 受到教师的指引

在教育过程中，教师是学生的"指路人"。教师在学生的成长过程中的作用至关重要。在专业选择这个问题上也不例外。翻译家杨苡保送西南联大中文系后一度学习散漫，沈从文劝她要多读书，"既已保送联大，还是进外文系好，进了中文系会被线装书捆住的，既然已经在教会学校读过十年英文，就应该多读英文原著，打开眼界"③。沈从文还经常捧来一大堆书给杨苡看，并要求她写读书笔记。家学渊源的赵萝蕤1928年进入燕京大学国文系，翌年，英文系老师包贵思女士劝她改学外国文学，理由是既然酷爱文学就应扩大眼界，中国文学可以自修，外国文学学得好，能使中国文学学得更好。④ 上述二位教师劝学生转系主要基于学生的中文功底较好，

---

① 梅绍武：《回忆学习外语所走过的道路》，李良佑、刘犁主编《外语教育往事谈——教授们的回忆》，上海外语教育出版社1988年版，第334页。

② 李赋宁：《学习英语与从事英语工作的人生历程》，北京大学出版社2005年版，第19页。

③ 《听沈从文劝告翻译家杨苡改学英语》，《新商报》2010年11月24日。

④ 参见梅绍武《赵萝蕤先生的学术成就》，燕京大学北京校友会编《群星璀璨：燕大名学者评价》，2006年，第106页。

转系将有助于扩大眼界，使中国文学和外国文学相得益彰。而台湾著名作家齐邦媛从武汉大学哲学系转入外文系则是因为当年哲学系老师太少，文学院院长朱光潜建议她转入外文系，"那真是我一生最早的一个大难题，入哲学系原是有些理想的，尽管理想并不成熟。但是我终于转入外文系。一大半是感于朱先生的鼓励，他说文学与哲学本来就是一家，有慧根的人在文学中可以看到更广大的境界"①。多年后齐邦媛在台湾文学界和教育界享有崇高的声望，并凭借《巨流河》获得"华语文学传媒大奖"。她所取得的成就与在外文系师从朱光潜教授的学习经历不无关系。

3. 觉得念外文系更轻松

相对其他系科，有人转系是因为觉得念外文系更轻松。著名作家汪曾祺的夫人施松卿女士就是西南联大外文系的转系生。他们的子女是这样描述妈妈"转系"的："1939 年妈妈（施松卿女士）来到昆明考入西南联大，和爸爸是同一年。在西南联大，妈妈先是读物理系，和杨振宁做过同学，但不久便觉得功课繁重，十分吃力，加之以后又得了肺结核……于是，一年之后她便转到了生物系。当时联大学生转系相当普遍，而且理科、文科可以互转。……生物系的功课也不轻松，而此时妈妈的肺病更为严重，只好休学一年，到香港养病，因为昆明的物质条件太差，没想到，病还没有全养好，日军发动了太平洋战争，攻陷香港，妈妈只好带病返回昆明。这一次，她又转到了西语系。因为学文科相对不那么吃力，特别是她小时在马来亚生活，英文基础不错，有些课比较容易对付，就这样一直坚持到毕业。"②

（三）关于转学转系的规定

民国时期大学新生投考时往往不需要填上报考的系名，录取后再决定

---

① 齐邦媛：《乐山·文庙·英诗》，沈刚伯主编《学府纪闻：国立武汉大学》，南京出版社有限公司 1981 年版，第 299 页。
② 汪明等：《儿女眼中的汪曾祺》，《读者》2005 年第 21 期。

入哪一个系，如果对所学专业不感兴趣，还可以转系。学校既接受校内学生的转系，也接受外校学生转入。不过，虽然转学转系相对于今天来说较为容易，但是，为了保证转学转系生源的质量，以及不影响两校或两院系正常的教育教学工作，教育部和高校出台了一系列有关转学转系的申请时间、条件资格、课程学分认定和考试事宜等规定。

关于转学转系的时间规定，各校都有所不同。如北平辅仁大学《学则》第二十九条规定："本校学生欲转系者，须在每年终了时请求之。"①燕京大学则要求"须于每学期开学前或开课一星期内"②。1929 年教育部颁发的《大学规程》中也规定转学转系必须"于学年或学期开始以前"，并强调"大学各学院或独立学院各科最后一年级，不得收转学生"。③ 燕京大学对于转院及转系，俱以一次为限。清华大学规定转学生入学后第一年不得请求转系。转院或转系者，必须征得有关两学院院长，及两学系主任的许可。

要转入他校或他系，必须符合一定资格条件并通过转学测验。如上海圣约翰大学对于转学插班生分为两种情况："由本校认可之专门学校或大学转入本校者，于验缴正当退学书，及学业成绩报告书，并考验其国文英语后，插入相当年级。其他插班生，则仍须试验国文、英文、数学三项，并缴验正当退学证明书及详细成绩说明书。"④ 清华大学也要求"凡在其他公立或曾经立案之私立大学本科修业满一年或二年之男女学生携有原校之修业证书及学科详细成绩证书，经本大学审查合格准予参加转学考试，并经录取者得转入本大学肄业"⑤。

---

① 《北平辅仁大学》，张研、孙燕京主编《民国史料丛刊》（1070），大象出版社 2009 年版，第 158 页。
② 《北平私立燕京大学一览》，1937 年，北京大学档案馆藏。
③ 宋恩荣、章咸主编：《中华民国教育法规选编（1912—1949）》，江苏教育出版社 1990 年版，第 405 页。
④ 《圣约翰大学一览》，1934 年，国家图书馆藏。
⑤ 《国立清华大学一览》，1935 年，国家图书馆藏。

北京大学规定，转学试验科目为：国文、外国语、转入各该系之基本科目（见表4-5）；转学生在本校肄业期间至少须满两年。凡请求转学各生，应于报名转学时缴验（一）中学毕业证书，（二）大学本科修业或毕业证书。[①] 还要将该生在原校所习各科之详细成绩函送本校，经本校审查合格后方得加入本校转学试验。

表4-5　　国立北京大学转学试验科目一览（民国二十三年六月修订）

年　级	试　验　科　目
二年级	国文、英文 1. 翻译(中英互译)　2. 英国文学 两门课三小时一次考完
三年级	无缺额

资料来源：王学珍、郭建荣主编：《北京大学史料》（第二卷1912—1937），北京大学出版社2000年版，第933—934页。

相对于圣约翰大学和北京大学等高校来说，清华大学的转学试验科目更多。以外国语文系的转学试验为例（见表4-6）。

表4-6　　　　　　　　清华大学外文系转学试验科目一览

年　级	试　验　科　目
二年级	1. 党义　2. 国文　3. 英文　4. 西洋文学概要 5. 第一年德文、第一年法文(任选一门) 6. 论理学、大学普通物理学、大学普通化学、大学普通生物学(任选一门) 7. 西洋通史
三年级	1. 党义　2. 国文　3. 英文　4. 第二年德文、第二年法文(任选一门) 5. 西洋哲学史　6. 西洋文学概要 7. 西洋小说　8. 英国浪漫诗人

资料来源：《本科招考简章》（1931），刘述礼、黄延复主编《梅贻琦教育论著选》，人民教育出版社1993年版，第501页。

---

① 参见《国立北京大学转学规则》，《北京大学日刊》1932年6月17日。

从表4－6中可以看出，他校或他系学生想要转入清华大学外文系，既要考英文、国文等公共必修课，也要通过一些专业课程考试。并且，根据著名剧作家、清华大学外文系毕业生李健吾回忆，当时凡转往外文系的，还有一个硬条件，即外语必须在七十分以上。①

对于课程和学分的认定，清华大学要求，"转学学生录取入校后，其在本大学应修学分之分配，须由本大学各系主任依照各该系学程之标准及该生等在原校已习学科之成绩审核定之"②。关于这一点，辅仁大学规定"其旧系之学科与新系相同之学科，其学分性质相近者，新系主任得承认为选科"；"新系主要学科，若为旧系所无者，以就低年级之学科，先行修习为原则"。③ 燕京大学也强调转院或转系者"须不休所转入学院或学系之必须课程"④。这样既保证了学生不会重复修习课程和学分，又能达到新系的课程学分要求。

（四）转学转系制度对人才培养的影响

第一，通过转系，学生找到自己的兴趣点，为将来在事业上取得成功提供了前提。由于当时的大学招考时并不需要确定专业，通常是学生录取后再填报专业。有些学生填报的专业或是父母之命，或是自身懵懂决定，入读后有可能发现这个专业根本不适合自己或者不感兴趣。而宽松的转学转系制度恰好为这部分学生提供了再次选择自己感兴趣的、热爱的专业的机会。俗话说：兴趣是最好的老师。正是因为出于兴趣而选择了新的专业，因此，即使在学习新专业的过程中碰到困难和阻力，也仍然会坚持不懈地努力学习。也可以说，兴趣成为转系生日后努力学习的动力源

---

① 参见韩石山《李健吾传》，山西人民出版社2006年版，第44页。

② 宋恩荣、章咸主编：《中华民国教育法规选编（1912—1949）》，江苏教育出版社1990年版，第405页。

③ 《北平辅仁大学》，张研、孙燕京主编《民国史料丛刊》（1070），大象出版社2009年版，第158页。

④ 《北平私立燕京大学一览》，1937年，北京大学档案馆藏。

泉。著名外语教育家李赋宁从南开大学经济系转到清华大学时，受父亲影响选择了土木工程系，因为他的父亲是一位水利专家。但是他的兴趣仍然在外语。即使同乡教师张奚若鼓动其转入政治系，李赋宁仍坚持己见。他父亲见他确实对外语很感兴趣，也就只好放弃说服他来年再考入清华大学土木工程系。如果他的父亲执意不让他转系，或他听取了张奚若的建议选择政治系的话，那么日后这个世界上可能就多了一个普通的水利工作者，而失去了一位出色的外语教育家。

第二，转学转系背后所蕴含的学习自由精神在一定程度揭示了教育的真谛，这也是人才培养过程中不可缺少的因素。大学这一综合体的中心思想是自由。① 自从大学产生起，追求学术自由就成为大学发展的主题之一。大学的教师追求教学自由和研究自由，大学的学生则追求学习自由。其中，学习自由的内容非常丰富，除了包括学生选择学什么的自由、决定什么时间学和怎样学的自由以及形成自己思想的自由，还应该包括选择教师的自由和转专业、转学的自由等。② 因此，民国时期大学的转学、转系背后充分体现了学习自由的精神。它揭示了教育的真谛，即自由。因为教育的本质应该是让学生在学习中充分释放自我、寻找自我，在教育中完成自己的独立自由之人格。③ 而形成完整、独立、自由的人格是人才培养的重要目标之一。此外，学生在专业选择上自由，为学生的兴趣发挥和个性成长提供了足够的时间和空间，有利于他们的创新能力培养。当然学生的学习自由不是毫无限制的，而是受规律制约、受纪律约束、以全面发展为旨归的有限度的自由。④ 正因如此，当时各大学都制定相关制度以规范转学转系行为。

第三，转学转系之前的学习经历为后来在外文系的学习奠定了知识基

---

① 参见［美］伯顿·R. 克拉克《高等教育系统——学术组织的跨国研究》，王承绪等译，杭州大学出版社 1994 年版，第 279 页。

② 参见李均《论"学习自由"》，《高等教育研究》2000 年第 3 期。

③ 参见吴武洲《西南联大的转系 VS 今日教育自由精神的式微》，《粤海风》2006 年第 6 期。

④ 参见李祖祥、姜永杰《论大学生的"学习自由"》，《现代教育科学》2004 年第 2 期。

础，拓宽了学术视野。当时大学转学转系现象主要集中在二、三年级阶段。像李赋宁那样大一一进校就转系的非常少。况且他之前在南开大学经济系已经读了一年。因此，转学转系生在进入外文系之前都已经有其他院系学习的经历。而且，来自不同学科背景所带来的不同思维方式和方法论也为转系后的学习打下了良好的学术基础。这类学生往往学习能力较强，再加上其本身对外语很感兴趣，因此在学习以及日后事业上更容易出成绩。

此外，当时的转系规定同样适用于研究生。著名学者何兆武先生对自己读研究生时的"转系"是这样描述的："毕业以后我念了三年研究生，……不过我没有念完，一是因为生病，半年没有上课，二是又受王浩的影响，放弃了哲学。……他（王浩）认为，学哲学只有两条路走，一条路是从自然科学入手，特别是从数理科学入手……另一条路，就是得到一点哲学的熏陶，从哲学的背景改行搞文学。……我没自然科学的基础，念了一年工科远远不够，心想还是不要学哲学了，学也学不好的。那时我正病重，于是找来一些文学书排遣，特别是英国浪漫派，雪莱，拜伦，济慈的诗歌给了我很大的影响……所以第二年又转到外文系念文学去了。"① 事实上，何兆武在西南联大度过了整整七年（1939—1946），读了四个系，分别是土木、历史、中文、外文。

第二节　大学师资管理制度的演进与影响

哈佛大学前校长科南特曾说："大学的荣誉不在于它的校舍和人数，而在于它一代代教师的质量。一个学校要站得住，教师一定要出色。"② 因

---

① 何兆武：《联大七年》，《书屋》2005 年第 10 期。
② 胡弼成：《整体素质观：一流大学教师队伍建设的理念》，《江苏高教》2003 年第 1 期。

此，教师是大学的第一要素，是大学的灵魂。为了建设一支高质量的师资队伍，中国近代大学在教师聘任、培养和提高等方面采取了很多积极有效的措施，为外语专业的人才培养工作提供了较为充足和优质的师资队伍。

一　教师聘任制

教师聘任制是在高校和教师双向选择的基础上以聘任合同的形式把岗位职责、任职条件、招聘过程、任用管理、争议处理等环节同高校和教师双方的责任、权利、义务组合形成的教师任用和管理制度体系。[①] 在一所大学的构成要素中，师资力量尤为关键。不仅是因为其能教导知识、激励精神修养以及给学校带来荣誉，而且某些学科的建立与发展，也与能够聘得一批学养较高的教授或学者关联紧密。[②] 中国近代大学外语专业的学科发展和人才培养，虽有学校领导层面上的主观努力，但也与能够聘得相关教师密切相关。例如，吴宓与清华大学外文系，柳无忌与南开大学英文系，范存忠与中央大学外文系，等等。正因为如此，为了延聘到优秀的师资，中国近代大学对于教师聘任方面的规定相当重视。

（一）京师大学堂的教师聘任制

作为中国第一所真正近代意义上的大学，京师大学堂在教习聘任方面制定了相关条例。在《总理衙门奏拟京师大学堂章程》（简称《章程》）的第五章"聘用教习例"中的第二节强调了师资对于人才培养的重要性，"学生之成就与否，全视教习。教习得人，则纲目毕举；教习不得人，则徒糜巨帑，必无成效"[③]。因此，大学堂对于师资的选聘极为重视。鉴于同

---

① 参见郭丽君《大学教师聘任制——基于学术职业视角的研究》，经济管理出版社 2007 年版，第 7 页。
② 参见邓小林《民国时期国立大学教师聘任之研究》，交通大学出版社 2007 年版，第 2 页。
③ 北京大学校史研究室编：《北京大学史料》（第一卷 1898—1911），北京大学出版社 1993 年版，第 81—87 页。

文馆和北洋学堂等以西人为总教习而导致中学不受重视，大学堂提出应"择中国通人，学贯中西，能见其大者为总教习，然后可以崇体制而收实效"。"宜取品学兼优通晓中外者，不论官阶，不论年齿，务以得人为主。"① 根据《章程》，京师大学堂聘用教师首要的一条就是"才学"，要学贯中西。而且，对于真才实学者，不论官阶，不论年龄，唯才是用。这些要求的提出在当时封建专制统治森严、等级色彩依旧浓厚的社会背景中实属不易。但是由于戊戌变法的失败，《章程》并未真正贯彻实施，因此其中所列聘任教习之标准与京师大学堂在实际聘请教习时的做法相差甚大。尽管如此，《章程》中以"才学"作为教师聘任的重要考核标准一直延续至民国乃至今天的大学。

1904 年，清廷颁布《奏定大学堂章程》，其包含的有关教员聘任内容，即《奏定任用教员章程》，在表述上改"教习"为"教员"，分正教员和副教员两种。其中，大学堂分科正教员的聘任要求为："以将来通儒院研究毕业，及游学外洋大学院毕业得有毕业文凭者充选。暂时除延访有各科学程度相当之华员充选外，余均择聘外国教师充选。"② 副教员的聘任要求为："以将来大学堂分科毕业考列优等，及游学外洋得有大学堂毕业优等、中等文凭者充选。暂时除延访有各科学程度相当之华员充选外，余均择聘外国教师充选。"③ 可见，此时对教师聘任的要求更为具体、严格。如第一次把"毕业文凭"作为教员聘用时的硬性规定，要求正副教员分别要具有研究生毕业文凭和大学本科毕业文凭。不过，"暂时除延访有各科学程度相当之华员充选外，余均择聘外国教师充选"，这说明近代大学自创办始就面临国内人才不足、师资紧缺的困境，不得已聘请外籍教师。像这种依

---

① 北京大学校史研究室编：《北京大学史料》（第 1 卷 1898—1911），北京大学出版社 1993 年版，第 81—87 页。

② 同上书，第 433 页。

③ 璩鑫圭、唐良炎主编：《中国近代教育史资料汇编·学制演变》，上海教育出版社 2007 年版，第 432 页。

赖外籍教师的状况一直延续到 20 世纪 20 年代中期。

（二）民国时期的教师聘任制

民国时期大学实行严格而灵活的教师聘任制度。"严格"体现在对教师资格的检定上，根据教师的学历和学术水平，将教师分为不同等级，并规定不同等级教师的任职资格。"灵活"则表现在对于有真才实学者，即使学历不符合要求也加以聘任。

1912 年 10 月 24 日颁布的《大学令》，专门谈及"聘任"的第十三条与第十四条分别规定，"大学设教授、助教授"；"大学遇必要时，得延聘讲师"。[①] 首先将大学教员分为教授、助教授和讲师三级。这在称呼上用"教授""助教授""讲师"代替了清末京师大学堂的"教习"之称，但是对教师聘任的具体要求并未提及。1913 年颁布的《私立大学规程》规定凡具有下列各款资格之一者得充私立大学教员：（1）在外国大学毕业者；（2）在国立大学或经教育部认可之私立大学毕业并积有研究者；（3）有精深之著述、经中央学会评定者。校长、教员一时难得合格者，得延聘相当之人充任，但须呈请教育部长认可。[②] 1917 年，教育部公布了《国立大学职员任用及薪俸规程》。这个法令将国立大学教员分为正教授、本科教授、预科教授、助教、讲师、外国教员六种，其中前五种教员各分为六级。正教授、教授、讲师、外国教员等，均由校长聘任之，并呈报教育总长。对各级教员的晋升标准，法令规定："第二表（即教员薪俸表，引者注）进级与否，由校长参酌左（下）列各项情形定之：（甲）教授成绩，（乙）每年实授课时间之多寡，（丙）所担任学科之性质，（丁）著述及发明，

---

① 宋恩荣、章咸主编：《中华民国教育法规选编（1912—1949）》，江苏教育出版社 1990 年版，第 403 页。
② 参见朱有瓛主编《中国近代学制史料》（第三辑下册），华东师范大学出版社 1992 年版，第 18 页。

（戊）在社会之声望。"① 由此可以看出，在教师聘任上，教育部赋予各校校长相当充分的人事任用权。无论是国立大学还是私立大学，大学教员都由校长聘任，只不过在程序上须呈报教育总长。这体现了一定的"大学自治"倾向。

1927 年南京国民政府建立后，通过制定一系列法令、条例等，使大学教师聘任逐步走向制度化发展的轨道。如《大学教员资格条例》（1927），对大学教师的等级、资格及审查办法做了详细的规定。相关内容如下②：

第一章　名　称

第一条　大学教员名称分一、二、三、四四等，一等曰教授，二等曰副教授，三等曰讲师，四等曰助教。

第二条　以上四种名称惟大学之教员得用之。

第二章　资　格

甲　助教

第三条　国内外大学毕业，得有学士学位，而有相当成绩者。

第四条　于国学上有研究者。

乙　讲师

第五条　国内外大学毕业，得有硕士学位，而有相当成绩者。

第六条　助教定满一年以上之教务，而有特别成绩者。

第七条　于国学上有贡献者。

丙　副教授

第八条　外国大学研究院研究若干年，得有博士学位，而有相当成绩者。

---

① 潘懋元、刘海峰主编：《中国近代教育史资料汇编·高等教育》，上海教育出版社 1993 年版，第 786 页。

② 中国第二历史档案馆编：《中华民国史档案资料汇编（第五辑，第一编，教育一）》，江苏古籍出版社 1994 年版，第 168—169 页。

第九条　讲师满一年以上之教务，而有特别成绩者。

第十条　于国学上有特殊贡献者。

丁　教授

第十一条　副教授完满两年以上之教务，而有特别成绩者。

第三章　审查

第十二条　凡大学教员均须受审查，审查时须呈验：（一）履历，（二）毕业文凭，（三）著作品，（四）服务证书于审查机关。

第四章　附则

第十六条　除国内外国立大学外，其他大学给予之学位，经中央教育行政机关认可方可为有效。

第十七条　工程师学位与学士学位或硕士学位相等者，可由大学评议会指定之。

第十八条　国内外大学同等级之学位而取得之程度有差别者，可由大学之评议会特别指定之。

第十九条　凡于学术有特别研究而无学位者经大学之评议会议决，可充大学助教或讲师。

该条例对不同等级教师的学历、资历和研究成绩有了严格规定，比如要求助教有学士学位、讲师有硕士学位、副教授有博士学位等，这为各校评聘教师提供了具有可操作性的客观标准，保证了教师队伍的质量。但是，不论是《国立大学职员任用及薪俸规程》（1917），还是《大学教员资格条例》（1927），或是其他有关教师聘任的政策文件，在具体实施过程中都不乏灵活性。譬如，蔡元培在主持北京大学改革过程中，秉持"思想自由，兼容并包"的原则，在教员聘任上，"以学诣为主"，不在乎其年龄、学历、资历和政党派别，因"人才至为难得"。如聘请年轻的留美教授胡适担任英国文学系主任，聘请持复辟论、拖着长辫子的辜鸿铭在英文系教英国文学。胡适与辜鸿铭分别代表了当时新文化运动中的新旧两派。蔡元培还为外文系聘请了一批二十多岁的年轻教授，如杨震文（27 岁）、宋春舫（26 岁）和朱家骅（25 岁）等。而清华大学在聘用教师时对"讲师"一级灵活处理。像 1938 年钱锺书从英国牛津大学留学归来即被清华大学破格聘为教授，按照惯例，刚留学归来的只能聘为讲师（相当于副教授）。

二　导师制

导师制最早起源于英国牛津大学。它是为保证学分制顺利实施而采取的重要制度。《教育大辞典》中对"导师制"是这样解释的："高等学校实行的一种由教师对学生的学习、品德和生活等进行个别指导的教学制度。"[①] 学分制是基于尊重学生学习自由而采取的一种教学管理制度，导师制的实施正好为学分制管理下的学生自主学习提供一种宏观的指导，并营造一种既有导师指导又能充分发挥学生学习主动性的学习氛围。民国时期的大学在实施学分制的同时引入导师制，对于提高教学质量、密切师生关系，以及加强教师对学生的学业、生活和品德等方面的指导起到了重要作用。

（一）导师制实施的原因

1. 学分制管理下需要教师对学生的学习、生活、品德等方面进行指导

民国时期部分高校施行学分制，基础课程和专业课程为学生打下了坚实而宽广的专业理论基础，而选课制、主辅修制等又可以使学生兼学自然科学、人文社会科学等方面知识，扩大了学生的知识面；并且，学分制以自主选择为重要特点，学生可以根据自己的兴趣爱好和职业规划来选择适合自己的专业和课程，便于因材施教，促进学生个性发展。然而，由于学生大多涉世不深、对自我判断能力不足，因此，当时高校引入导师制，一

---

① 顾明远主编：《教育大辞典》（增订合编本）（上），上海教育出版社 1998 年版，第 233 页。

方面，让教师及时了解学生的学习、生活、思想状况，以便及时对学生进行指导。另一方面，正如大夏大学校长欧元怀所说："鉴于学生择业的困难，社会生活的复杂，想趁学生在没有离开学校之前，予以适当的指导，使他们离开学校以后，对于社会生活、职业生活能有适当的适应。"①

2. 大学师生关系淡漠，缺乏沟通交流，德育缺失

民国时期某些大学存在一种不良风气，即学生为求得文凭而上课，教师对学生的指导也仅限于课堂上，甚至还出现兼职较多的教师因精力不济而疏于教学的情况，更不用说课堂外与学生沟通交流，进行思想品德教育。因此，教育部在导师制实施的原因分析中也提到："我国过去教育，只注重知识传授而忽视德育指导，故有'教'而不'育'之说。民国二十年，国联教育考察团，对于我国大学教育，提供意见甚多。如云：'现时某数大学之教育之程度，实嫌过低；学生过去之训练不足，无肄业大学之程度，乃亦得入大学，过去信赖形式教育，尤以信赖课堂之讲授为甚，而毫不注意小组研究及导师工作，亦不知应鼓励学生从事独立之研究，师生间之关系，亦未十分亲切，故其结果，该大学之教育效率及学风，均受其害。'"② 对于这一点，民国时期不少著名学者和大学校长亦持批评态度。例如，钱穆在《改革大学制度议》一文中说：大学教育最高目的所在，"然仅仅注重于智识之传授，无当于人格之锻炼，品性之陶冶，识者讥之，谓此乃一种智识之稗贩。大学譬如百货商店，讲堂则其叫卖炫鬻之所也"③。身为大夏大学创始人之一的欧元怀对此有深刻认识，他认为："如今学校，过重形式，学生以求证书而上堂，教员以领薪水而授课，师生关系，止于一时，及其时过，即各一方。教师不知学生，指导之责遂失，学

---

① 《大夏大学的导师制》，《申报》1930年3月29日。

② 《全国高教训育概况（三）：导师制之实施》，《申报》1939年10月22日。

③ 钱穆：《改革大学制度议》，《文化与教育》，生活·读书·新知三联书店2009年版，第62页。

生不明教师，观法之念无存，既不相闻问，尚能有所训导耶……"① 中国公学大学部在公布学校实行导师（业师）制的报告中也提到"现行教育制度注重教室授课，教员下课后，即与学生无关系，于学生身心修养，异常忽略"② 这一现象。因此，"教部为纠正此种偏弊及使师生关系得以亲密收人格感化之效起见，特参酌我国师儒旧制及英国牛津剑桥等大学办法，于去年（1938）三月颁发中等以上学校导师制纲要，令饬各校实施"③。自此，部分高校遂实行导师制，如大夏大学，"学生按其专系选修功课，分为二十余组，每组自五六人至十人，由教授一位担任分组导师，除个别指导外，每二星期开分组集会一次，讨论学术上及个人立身处世问题。一方研究学问，一方连络情感，教授知学生之需要，学生知学校之群情，打消一切隔阂"④。

3. 国民党政府希望通过导师制来控制高等教育，钳制高校师生的思想

导师制与国民党加紧对思想方面的控制密切相关。自 1927 年南京国民政府成立之后，国民党便处心积虑谋求对教育的掌控，以达成钳制思想、巩固统治的目的。1927 年 8 月，国民党政府教育行政委员会制定《学校施行党化教育办法草案》，意图以"党义"作为控制学校的基石。20 世纪 30 年代，为了进一步加强对高等院校师生的思想控制，国民党开始谋划施行全国统一的高校导师制。1938 年国民党政府颁布《中等以上学校导师制纲要》和《实施导师制应注意之各点》，从而揭开了高校导师制正式施行的序幕。事实上，教育部规定在高等学校中推行导师制，目的在于控制学生，实行思想专制，这一点与导师制的本质背道而驰，因此也促使导师制在民国后期消亡。

---

① 《大夏大学的导师制》，《申报》1930 年 3 月 29 日。
② 《中国公学大学部采用业师制》，《申报》1926 年 4 月 11 日。
③ 《全国高教训育概况（三）：导师制之实施》，《申报》1939 年 10 月 22 日。
④ 《大夏大学试行导师制》，《申报》1929 年 6 月 29 日。

（二）导师制实施情况

　　基于上述原因，民国时期部分有识之士开始思考如何结合本国学术传统与国外先进经验，施行一种符合中国高校特点的导师制。胡适就曾提出，应借鉴传承千年的书院制度及其自主研究精神发展高等教育。[①] 因为传统书院教育具有注重全人格教育、通识教育的传统，在教学方法上强调独立思考、自学为主、注重师生之间的理解和沟通。1925 年，留美归来的陈衡哲、任鸿隽夫妇联名发表《一个改良大学教育的提议》，特别标举中国传统书院精神，希望将其与欧美大学制度相结合："我们以为当参合中国书院的精神和西方导师制度，成一种新的学校组织。中国书院的组织，是以人为中心的，往往一个大学以讲学行谊相号召，就有四方学者翕然从风，不但学问上有相当的研究，就是风气上也有无形的转移……但是书院的组织太简单了，现在的时代，不但没有一个人可以博通众学，满足几百人的希望，而现在求学的方法，也没有一个人而贯注几百人的可能。要补救这个缺点，我们可以兼采西方的导师制。"[②] 可以说，这些来自知名学者的观点为民国时期高校施行导师制提供了思想依据，起到了舆论导向的作用。

　　早在民国初年，部分与欧美联系较为紧密的学校就已经开始借鉴西方教育经验，自行引入顾问制度以加强教师对学生的学业、生活等方面的教育指导。如在 1916 年秋，北京清华学校即采用"顾问制"，具体做法是：学生根据志愿任选一名教师作为顾问，不愿自选者由学校指派，一般每名顾问负责训导 10 人左右。凡学生有关于学业、思想、家庭的问题都可向顾问请教，而当学生有过失时，学校亦需征询所属顾问的意见。这里的"顾

　　[①]　参见卞孝萱、徐雁平编《书院与文化传承》，中华书局 2009 年版，第 1—4 页。

　　[②]　陈衡哲、任鸿隽：《一个改良大学教育的提议》，陈平原《中国大学十讲》，复旦大学出版社 2002 年版，第 33—34 页。

问制"可以算是导师制的雏形。

1930 年 4 月，第二次全国教育会议在南京召开，会上明确提出："国立各大学教授讲师除授课外，应规定时间，在校内接见学生，负个别指导责任；师生宿舍都具备者，应提倡试行导师制度。"[1] 金陵女子大学早在 20 世纪 20 年代德本康夫人任校长时即创立了导师制。吴贻芳出任校长后，又对导师制加以完善。"每个学生可以找一位教师当导师。一位导师带八九个学生，用小组活动或其他方式帮助学生解决学习上、生活上及其他方面的问题。导师制密切了学生与学校的联系。"导师制还规定：导师应排定时间与本组学生做个别谈话和指导；应当召集学生举行讨论会、座谈会等，做团体生活之训导；导师应与学生家长取得联系；导师应熟悉学生所修课程，并向教务处接受学生的成绩报告；导师应知学生健康状况及加强锻炼、诊治疾病等问题，并注意其思想及行为；学生毕业时，导师应准备训导证书，此项证书为取得学位之必要证件之一。[2] 导师制的施行既密切了学生与学校的联系，又培育了"家庭精神"，营造了学校如家的气氛。在这种氛围中，通过导师的具体指导，学生在学业、生活、体质、心理等诸方面都得到了健康的发展。1929 年 4 月，大夏大学在校长欧元怀的倡导下开始施行导师制，以践行立校之初提出的"读书运动，师生合作"口号。1935 年，国立北京大学也开始采用导师制。

1. 浙江大学的导师制

与其他高校相比，浙江大学虽然就时间而言并非实施导师制的先行者，但其指导思想、导师体系等均较为完备且富于特色，可称之为民国高校施行导师制的典范，而这一切都要归功于校长竺可桢的不懈努力。竺可桢指出中国教育制度存在很多弊端："自此我国创设学校以来已逾三十年，这三十年当中，在设备和师资方面，不能不算有进步，但是有个最大缺

---

① 黄季陆：《抗战前教育政策与改革》，中央文物供应社 1971 年版，第 164 页。
② 参见张意忠编著《民国大学校长》，北京师范大学出版社 2012 年版，第 215 页。

点，就是学校并没有顾到学生品格的修业，其上焉者，教师传授他们的学问即算了事；下焉者，则以授课为营业。在这种制度下，决不能造成优良的教育。"① 1936 年竺可桢接掌浙大后，便着手借鉴哈佛大学导师制的精髓，在浙大推行导师制。是年 5 月举行的校长宣誓就职典礼上竺可桢指出，中国古代高等教育强调德智并重，譬如书院就是以陶冶人的品格为首要，而现行师法于欧美的高等教育因组织体系不健全，以至于放弃了德育。② 1937 年 10 月，浙江大学在一年级开始进行导师制试验，以实现"各教授于授业解惑之余，对学生之思想行为，更予以适当之指导，而师生之关系，亦可更臻密切"③。具体做法是：将每十余名学生分为一组，由一名教授负责训导。导师分配一般采取师生互选的方式使双方结合，出于自愿。一二年级导师的职责偏于修养，由学校在全校教师中征聘；三四年级导师一般为本系教师，职责偏重于专业指导。师生见面须预约时间，每学期见七八次，每次二三人。有一时期还规定，导师每周约学生一起在食堂吃一次饭。如教务长费巩先生 1940 年曾指导十一人，分为四组，每逢星期日下午接见两组学生，以治学、治事、交友、律己、待人、处世及礼仪等方面作为每次谈话题目，轮流分七次谈完。④ 浙大导师制的实施是非常成功的，对学生的学习和品德修养都产生了积极的影响。正如竺可桢在日记里记载的那样，"学生即觉有一师长时可问询，而老师亦有数青年为友，不致寂寞……导师与学生均群出外散步，每人均率十七八人，男女各有，又不分系"⑤。

此外，1939 年前后，燕京大学曾实行燕京—牛津合办的导师制专修

① 郑丽：《山中走出的"东方剑桥"——竺可桢与抗战时期浙江大学的发展》，硕士学位论文，厦门大学，2012 年，第 43 页。

② 参见《竺校长答词》，《国立浙江大学校刊》1938 年第 4 期。

③ 《本校实施导师制概况》，《国立浙江大学校刊》1938 年第 4 期。

④ 参见杜智萍《19 世纪以来牛津大学导师制发展研究》，内蒙古大学出版社 2011 年版，第271 页。

⑤ 《竺可桢日记》（第一册），人民出版社 1984 年版，第 156—167 页。

班，该班称作 Modern Greats，由英籍教授林迈可创始。这种导师制与浙江大学等高校施行的有所不同。学校挑选一批学生入专修班学习，采用个人指导与集体讨论相结合的新型教学体制：有专职导师负责学生的学习和思想生活。学生平时不到课堂上课，而是根据导师划定的书目自学，定期写出读书心得，按规定时间与导师会面，接受导师的课业指导。每两周所有学生集合一次进行集体讨论，由一个人提出问题，互相质询辩难，各抒己见，互相交流启发，最后导师做出分析评论。其优点是：既使学生注重独立思考、触类旁通，也能使导师了解学生的理解深度，因材施教。不过这个导师制只实行了三届，到 1941 年太平洋战争爆发就中止了。

　　2．导师制的异化

　　导师制施行的初衷是为弥补课堂教学的不足，由教师在课后对学生进行学业、生活和思想的指导，实施中注意德育、智育兼顾。事实上，在部分高校自行引入的过程中导师制确实起到了积极作用，只不过后来逐渐成为国民党政府对高校师生进行思想控制的工具，从而导致其最终走向消亡。

　　1936 年 4 月教育部颁布《专科以上学校特种教育纲要》，其中强调"各校训育职务应由校长及多数教职员共同担任，不可仅由少数训育人员负责"，要在"尽可能范围内，推行导师制"。① 该《纲要》还提出导师必须是国民党员、忠于党国为标准。这与浙江大学等高校实行的导师制是名通实异的。竺可桢对国民党的规定不以为然，在挑选导师时，仍以"资格极好，于学问、道德、才能为学生所钦仰而能教课者为限也"②。而武汉大学和清华大学根据教育部规定出台了导师制实施办法后并不如实遵行，只用于应付教育部检查。如清华大学 1936 年 9 月通过的《试行导师制办法》，具体如下：第一条，本大学为指导学生学业及一般生活起见，设导

---

① 教育部训育研究委员会编：《训育法令汇编》，1940 年，第 44 页。
② 《竺可桢日记》，人民教育出版社 1984 年版，第 82 页。

师制；第二条，一年级学生之导师，由校长聘请教授一年级学程之教师分任之；第三条，研究院及二三四年级学生之导师，由校长聘请各部系教授分任之；第四条，导师会议由教务长召集之。[①]

1938 年 3 月教育部出台《中等以上学校导师制纲要》，其实施办法为：由各校将全校每一学级学生分为若干组，每组人数以五人至十五人为度，每组设导师一人，由校长指定专任教师充任之，并指定主任导师或训育主任一人，总理全校学生训导事宜，导师对于学生之思想、行为、学业及身心摄卫等，应体察个性，施以严密之训导，使得正常之发展，以养成健全之人格。导师对于受训学生应负责任，如在校或出校后在学问上或事业上有特殊贡献者，其荣誉应归于原任导师，如有行为不检、思想不正系出于导师制训导无方者，原任导师亦应同负责任。[②] 1944 年 9 月 8 日，教育部公布《专科以上学校导师制实施办法》，对导师制的分组、导师任选、训导方式、训导内容等方面做了详细规定。

总之，随着国民党的高校导师制体系的建立，导师制的性质与功能都发生了彻底改变，从高校用于提高教育质量的人才培养制度变为国民党控制高等教育的直接手段，从兼顾德育智育转为德育为主、智育为辅。这与当初高校实行导师制的初衷渐行渐远。于是，高校导师制的施行效果逐渐趋于负面也就成为不可逆转的态势了。难怪有学者对民国后期教育部推行导师制提出质疑，"论者率谓大学教育，不当偏重智识之传授，即同时应注意及于学者人格之锻炼，品行之陶冶，于是而有导师制度之倡议。然就鄙见所及，则今日教育部所欲积极推行之导师制，乃与现行大学教育根本精神扞格不相融。若仅求于现行大学制度中硬插进一导师制度，正如于现行全部大学课程中硬插进一门党义与一门军事训练耳。……依鄙论，大学有教授，则不必再有导师。若大学教育能有造就通才之师资，则其人格之锻炼与夫品性之陶冶，亦

① 参见《清华大学一览》，1937 年，国家图书馆藏。

② 参见《全国高教训育概况（三）：导师制之实施》，《申报》1939 年 10 月 22 日。

已一以贯之矣。更不必骑驴而觅驴，叠床而架屋也"①。

三　教师兼课制度

教师兼课，顾名思义，就是大学教师在从事本职教学科研工作之余在本校或他校兼任教学工作，以便获得一部分收入。民国时期大学教师兼课行为可以归纳为两种，一是校内兼课，二是校外兼课。教育行政部门和高校对于这两种兼课行为的态度不一，对前者持鼓励和默认态度，而对后者则经历了从"明令禁止"到"被管理而合法存在"的态度转变。② 这种转变背后既有多方力量的博弈，也是高等教育不断发展、管理者经验不断积累的表现。以下重点探讨教师兼课现象产生的原因、教师兼课的类型以及教育行政部门和高校针对兼课行为所出台的法规政策。

（一）教师兼课现象产生的原因

在近代，大学教师兼课是一种极为普遍的现象。尽管民初教育部出台的法规中都明确禁止大学教师校外兼课的行为，但收效甚微。教师校外兼课现象一度蔚然成风。南京政府成立后，教育部虽然仍旧强调教师应当以"专任"为原则，却允许教师有限制地在校外兼课，使得教师兼课行为从民初的"违规"转变为"合法"。之所以会发生这样的转变和妥协，实是无奈之举，也是时势所需。具体原因主要有以下几方面。

1. 师资不足

自清末新式教育创办以来，各级新式学堂所面临的最大困难之一，便是师资来源的不足。光绪二十九年（1904），学务纲要规定："此时大学堂高等学堂，省城之普通学堂，犹可聘东西各国教员为师，可见兴学之

---

① 钱穆：《文化与教育》，广西师范大学出版社 2004 年版，第 47—67 页。
② 参见梁晨《民国国立大学教师兼课研究——以北京大学、清华大学为例》，《南京大学学报》2011 年第 3 期。

初，大学及高等学堂之师资，多数仰给于客卿。当时虽会派员出国学习，但尚不足应急切需要。"① 因此京师同文馆创办之初，外国语言、现代科学类的课程大多要仰赖洋教习。据 1903—1906 年京师大学堂教习执事题名录统计，有关教习的情况是：教习总人数 56 人，其中洋教习 19 人（日本教习 12 人），本国教习 37 人。② 虽然外国教习人数不及本国教习多，但体现学校性质的"西学"课程教学工作，基本上由外国教习担任。直到 20 世纪 20 年代前后，随着大批留学生的归国和中国新式学堂所培养的知识分子逐渐成长，大学教师的来源渠道才逐渐拓宽，但是仍不能满足某些现代学科的发展需要，外语学科就是其中之一。由于外语学科的师资不足，某些大学外文系的专业课程都无法完整开设。因此，在近代中国新式知识分子匮乏的情况下，教师兼课行为可以充分利用大学教师这一稀缺的人力资源。此外，即使学校有外语师资，但是不同大学的教育质量和教师素质也多有差别，兼课行为有利于外语专业的教师资源共享。

2. 高校自身经济窘迫

中国近代高等教育几乎是在经济困窘中生存发展的。民国时期高校自身的教育经费短缺也促成了教师兼课这一现象出现。自 1912 年 4 月袁世凯就任中华民国总统，至 1928 年 6 月北伐军进入北京、奉系军阀出关，北京政府一直处于军阀控制之下，整个中国陷入无休止的军阀内战之中。国家财政经费内军费支出浩大，教育经费严重短缺，且有限的教育经费也经常被挪作他用，政府拖欠教育经费也是经常现象。以 1919 年、1924 年、1925 年为例，中央教育经费预算额分别为 651 万元、531 万和 770 万元，实支额分别为 305 万元、404 万元和 453 万元，二者相差额分别为 346 万元、127 万元和 317 万元，三年中中央财政教育经费实际支出额平均占预

---

① 《全国高教师资格任用与待遇》（上），《申报》1939 年 7 月 9 日。
② 参见王学珍、郭健荣主编《北京大学史料》（第一卷），北京大学出版社 1993 年版，第 329 页。

算支出额的 60%，即政府积欠 40% 的中央教育经费。① 这种情况往往造成高校，尤其是国立高校连正常的教学工作都无法开展。《中华教育界》1926 年 11 月有一则《无法维持之北京各大学》的报道："北京国立九校开学已逾两旬。现因经费无着，各校当局拟将学校交教育部接受，表示无法维持，以免荒误青年学业之咎。但部中至今仍无筹款办法科研。京师教育前途，不堪设想。"② 京师高校尚且如此，可见当时国内高校（除教会大学和某些私立大学）经费短缺之严重。南京国民政府时期的前十年，高校经费严重短缺的现象有所缓解。但接踵而来的抗日战争和内战又使高校重新陷入经济困境。由于高校自身经济窘迫，教师薪水支出困难，无法聘请更多专任教师，而兼职教师一般以授课钟点支薪。为了节约办学成本，许多大学只能聘请兼任教师。

3．教师收入偏低

经济压力是民国时期大学教师兼课的主要原因之一。北洋政府时期，教育经费严重短缺，且有限的经费也经常被挪作他用，因此，政府常常拖欠教师工资。20 世纪 20 年代直至 30 年代初北京各国立高校无奈发起了索薪运动。而抗战和内战期间，物价飞涨，通货膨胀严重，大学教师大部分时间都生活在经济拮据之中。教师，包括外文系教师，为了增加收入补贴家用，到外校兼课成了他们无奈的选择。南开大学蒋廷黻在回忆最初到南开大学任教时曾经写道："在我返国时，大多数学校都发不出薪水，老师无心上课，或者尽量兼课，因为薪水是按钟点计算的，某些老师成了兼课专家。"③ 当然也有一些教师，通过在多所大学兼职，获得高收入，过着富

① 参见商丽浩《政府与社会——近代公共教育经费配置研究》，河北教育出版社 2001 年版，第 110 页。
② 王学珍、郭建荣主编：《北京大学史料》（第二卷），北京大学出版社 1993 年版，第 2921—2922 页。
③ 田正平、商丽浩主编：《中国高等教育百年史论：制度变迁、财政运作与教师流动》，人民教育出版社 2006 年版，第 435 页。

裕生活。比如北京大学德文系主任杨丙辰（震文）教授，据说身兼五个大学的教授，每月收入可达上千元银圆。可见他的生活是相当优裕的。[①] 但是从另一个角度来说，教师兼课太多会分散精力，对教师的本职教学与科研工作产生负面影响，关于这一点，季羡林在晚年回忆其清华大学西洋文学系读书经历时曾多次提起过。

　　总之，上述的前两个原因，为大学教师兼课提供了空间，而教师自身又有这种需要，因此教师兼课就成为无法避免的现象。而外文系的人才培养活动在相当程度上也受惠于教师兼课这一特殊现象。

（二）教师兼课的类型

1. 校内兼课

　　由于教师资源只供校内配置流动，不属于外流，因此，相对于校外兼课而言，教育部或高校对校内兼课限制较少。本书的校内兼课包括了两个方面内容：一是他系教师到外文系兼课；二是外文系教师到他系兼课。从有利于拓宽外文系自身的师资渠道角度考虑，这里探讨的"校内兼课"专指前者，而把后者划归校（系）外兼课之列。

　　校内兼课有利于最大限度地利用本校教师资源，为师资不足的外文系开设语言文学类的专业课程。情形之一，某些他系的教师因为曾经有过出洋留学经历，外语水平较高，因此被聘到外文系担任语言类课程教师。如陈登恪（陈寅恪的弟弟）是武汉大学中国文学系和外国文学系共有的财产，他在中文系教中国小说史，在外文系教法文；燕京大学国文系教师李方桂曾在西语系为学生开设"语音学"；清华大学历史系教师钱稻孙到外文系开设日文课；等等。情形之二，文学院其他系科（如国文、历史和政治等系）的教师根据自身研究专长为外文系学生开设外国文学类课程。如

---

　　① 参见季羡林《我和外国语言》，李良佑、刘犁主编《外语教育往事谈——教授们的回忆》，上海教育出版社 1988 年版，第 8 页。

南开大学哲学系教授张彭春为英文系学生讲授"西洋戏剧"；武汉大学国文系教授苏雪林为外文系学生开设了"基本英文""中国文学史""新文艺研究与写作"等课程；北京大学历史系教授陈衡哲兼任英文系"戏剧"课程，清华大学中国文学系教授徐祖正兼外文系讲师；等等。1917年胡适进北大第一年，在英国文学门，即现在的英文系，担任4门课：英文课、英文修辞学、英诗、欧洲文学名著，并在哲学门担任中国哲学史、西洋哲学史两门课；朱家骅1924年回国后任北京大学地质系教授兼德文系主任，并开设德文系专业课程。

2. 校外兼课

20世纪20年代至30年代中期，外文系教师校外兼课的情况很普遍，尤其是一些知名教授，如吴宓、叶公超、王文显等，常常在一所或数所大学的外文系兼职。据说，清华大学外文系教授温源宁曾同时担任北京大学、清华大学、北京女子师范大学等多所大学的英国文学教授，还兼北京大学西语系英文组主任等行政职务，当时文化界盛传他"身兼三主任、五教授"（1931年2月7日《胡适日记》）。当时教育部规定兼职教师在各校不能聘为教授，只能聘为"讲师"。从1929至1930年期间北大、清华两校外文系教师相互兼课的情况可以看出当时教师兼课现象的普遍（见表4-7）。

表4-7　　　　清华、北大外文系部分教授校外兼课情况一览①

姓　名	清华大学职务	北京大学职务	备　注
吴　宓	外国文学系教授	英文系讲师	北大为兼职
叶公超	外国文学系教授	英文系讲师	北大为兼职
王文显	外国文学系教授兼主任	英文系讲师	北大为兼职

---

①　田正平、商丽浩主编：《中国高等教育百年史论：制度变迁、财政运作与教师流动》，人民教育出版社2006年版，第531页。

续　表

姓　名	清华大学职务	北京大学职务	备　注
陈福田	外国文学系教授	英文系讲师	北大为兼职
毕　莲	外国文学系教授	英文系讲师	（美）北大为兼职
温　德	外国文学系教授	英文系讲师	（美）北大为兼职
温源宁	外国文学系教授（兼任）	英文系教授兼主任	清华为兼职
钱稻孙	外国文学系讲师	东方文学系讲师	两校均为兼职
翟孟生	外国文学系教授	英文系讲师	（美）北大为兼职

再以吴宓在清华大学任教期间校外兼课情况为例（见表4－8），由此可见一斑。

表4－8　　　　清华大学任教期间吴宓校外兼课情况一览①

受聘时间	兼职单位	兼职工作	备　注
1926 年 4 月	北京大学	英文文学兼职讲师	每周五、六、日，上课 4 小时
1928 年 11 月	北京大学	外国语文学系兼职讲师	每周 2 小时
1928 年 11 月	北平国立师范大学	外国语文学系兼职讲师	每周 1 小时
1929 年 2 月	国立北平女子师范大学	英语文学兼职讲师	每周 2 小时
1929 年 3 月	北平大学	外国语文学系兼职讲师	每周 4 小时
1936 年 8 月	国立北平女子文理学院	英语文学兼职讲师	每周 2 小时
1936 年 8 月	北平国立师范大学	外国语文学系兼职讲师	每周 2 小时
不　详	北平燕京大学	英国文学系兼职讲师	不　详

---

① 吴民祥：《流动与求索：中国近代大学教师流动研究（1898—1949）》，浙江教育出版社2006 年版，第 325—326 页。

除了上述两类兼课行为之外，民国时期有些大学的外语专业还会聘请非教育领域的专家学者或社会贤达作为兼课教师，为学生开设专业课。之所以这样，"均系某种专门学科的专家，为政府和其他学术机关所倚重，本校所欲罗致而事实上又不可能者"[①]，只得改为兼任。譬如南开大学英文系曾聘请天津新学书院院长黄佐临为学生讲授"萧伯纳研究"和"狄更斯研究"。黄佐临早年留学英国，学习经济，1935年再次去英国留学，在英伦时曾师从戏剧巨匠萧伯纳，所以讲起课来得心应手。若干年后，黄佐临成了驰名全国的大导演。此外，南开大学英文系还聘请哥伦比亚大学西洋文学博士、天津电话局局长段茂澜为德文、法文讲师。燕京大学西语系毕业生梅绍武（梅兰芳之子）也曾回忆其在燕大修读"莎士比亚"时的任课老师为英国文化委员会驻京办事处主任派克先生，"他是作为客座教授来讲课的，五十多岁，长得很胖，细致地剖析莎剧的幽默、机智和激情，还亲自示范表演福斯特夫，把那个爱吹牛的懦夫、谐谑者和酒徒刻画得淋漓尽致"[②]。在近代中国新式知识分子缺乏的情况下，这一批特殊的兼职教师的存在，有利于高等学校充分共享这一稀缺的人力资源。

（三）教育行政部门与高校对教师兼课行为的规定

教师兼课的受益者除了教师个人（譬如可以增加收入）之外，还有学生、特定大学和大学整个系统。因为教师兼课行为不仅有助于不同高校之间的教师资源实现共享，缓解外文系师资紧缺状况，尤其是使某些师资队伍较弱的高校的外文系学生可以享受到像清华、北大等著名大学外文系的优质教师资源，也有助于缩小普通高校与著名高校教育质量的差距。而且校内他系的教师到外文系兼课，也有助于外文系学生拓宽知识面，受到不

---

① 王德滋主编：《南京大学百年史》，南京大学出版社2002年版，第161页。
② 梅绍武：《回忆学习外语所走过的道路》，李良佑、刘犁主编《外语教育往事谈——教授们的回忆》，上海外语教育出版社1988年版，第336页。

同学科的学术理论和研究方法的启发和熏陶。因此，教师兼课行为经历了从最初遭到教育行政部门和高校管理层的"明令禁止"到"被管理而合法存在"的发展过程。为了使教师兼课行为最小限度地影响教师本职工作，又能最大限度地使大学共享优质教师资源，教育部和高校出台了一系列规章制度以规范教师兼课行为。

民国初期，教育部和高校对于教师兼课行为的规定是"矛盾"而"纠结"的。譬如，1912 年教育部制定的《大学令》第十四条指出，"大学遇必要时得延聘讲师"①。此时的"讲师"，即兼任教员，由于兼任教员在学校的工作基本只以授课为限，故称为"讲师"。1917 年，在教育部颁布的《修正大学令》中，这一条款内容得到了继承。这说明，面对大学师资普遍匮乏的现状，教育部认可大学可以有"兼任教员"的存在。然而，对于大学的专任教员，教育部又规定其不可在外兼职。1914 年 7 月教育部在《专门以上学校职员薪俸暂行规定》中第一条规定："凡直辖专门以上学校职员，除特别规定外，不得兼司他项职务。"② 也就是说，教育部从实然层面上认可大学兼职教员的存在，但从应然层面上又认为大学专任教员兼课会影响本职的教学科研工作，故持反对态度。高校管理层的态度亦然。如1917 年北京大学提出"本校专任教员，不得再兼任他校教课"③，但是出于学校自身发展考虑，北大又不得不聘请他校专任教员来兼课。尽管教育部和高校对兼课行为总体来说持反对态度，但是大学专任教师"违规"在校外兼课的现象却极为常见。

1917 年，北京大学规定教员担任教科钟点办法④：（1）本校专任教员，不得再兼他校教科。（2）本校教员担任教科钟点以二十小时为度。

---

① 潘懋元、刘海峰主编：《中国近代教育史资料汇编·高等教育》，上海教育出版社 2007 年版，第 367 页。
② 同上书，第 796 页。
③ 《学事一束：蔡孑民整顿大学之办法》，王学珍、郭建荣主编《北京大学史料》（第二卷1912—1937），北京大学出版社 1998 年版，第 294 页。
④ 同上。

（3）教员中有为官吏者，不得为本校专任教员。（4）本校兼任教员，如在他校兼任教科者，须将担任钟点报告本校。（5）本校兼任教员，如在本校已有教科钟点十二小时者，兼任他校教科钟点不得逾八小时以上。（6）教员请假过多，本校得扣其薪金或辞退。1922 年 2 月 11 日北京大学评议会第五次会议提出"兼职教授改讲师案"，议决：（1）凡教授在校外非教育机关兼职者，及在他校兼任重要职务者，须改为讲师或以教授名义支讲师薪；（2）凡教授在他校充讲师者，须先得本校承认并限制钟点。①

尽管教师兼课主要是由于经济压力造成，实为无奈之举，但兼课势必影响教师原本的教学与研究工作，因而高校不得不对此加以限制。如 1922 年，为了限制教员兼课时间，避免北大教员成为"兼课专家"，在多个高校不停兼课，北京大学评议会规定教授在他校兼课"每星期至多不得过六点钟"②。而清华大学对教师兼课行为的规定采取了校际合作方式。1926 年，清华大学与燕京大学制订了两校互用教授章程五条，其内容如下③：（1）甲校聘乙校某教授兼任某功课者须由甲校与乙校直接交涉得其允许。（2）该项兼课须不妨害某教授在乙校所应尽之职务。（3）该项兼课每星期钟点不得过四小时（某教授在甲乙两校每星期授课钟点合计不得过十五小时）。（4）甲校致送某教授兼课薪金每小时定为五元。（5）兼课薪金应由乙校与教授各得金额之半。由此，相对于北大、清华对教师兼课的限制更多，如清华和燕京二校的教授只能互兼，兼课时间每周不得超过四小时，兼课薪金由教授和所在高校平分。

南京国民政府成立后，教育部加强了对高校事务的管理和控制。1929 年 6 月教育部颁布《大学教授限制兼课令》："为令饬事，查大学教授应以

---

① 参见《学事一束：蔡孑民整顿大学之办法》，王学珍、郭建荣主编《北京大学史料》（第二卷 1912—1937），北京大学出版社 2000 年版，第 421 页。

② 《本校致各教授公函》，《北京大学日刊》1922 年 10 月 11 日。

③ 参见梁晨《民国国立大学教师兼课研究——以北京大学、清华大学为例》，《南京大学学报》2011 年第 3 期。

专任为原则，现时各校教授每因兼课太多，请假缺课，甚至以一人兼两校或同校两院以上之教授，平时授课已虞不及，何有研究之可言，且影响教授效能，妨碍学校进步，盖无有甚于此者，极应严加整顿，以绝弊端。自十八年度上学期起，凡国立大学教授，不得兼任他校或同校其他学院功课。倘有特别情形，不能不兼任时，每周至多以六小时为限，并不得聘为教授。"① 与此同时，高校也纷纷调整了本校教员兼课规定，以配合教育部来"齐抓共管"。以清华大学为例，教师兼课的范围突破了此前仅能在燕京大学兼课的限制，但前提是必须获得学校批准。例如，吴宓曾去北平师大和北京大学兼课。1931 年"国立清华大学教授兼课规程"公布。该规程一方面强调："清华大学教授以不在他校兼课为共守原则。"另一方面又提出："本大学教授有不得已情形必须在外兼课时，须先得本大学允许，否则本大学有解除聘约之权。"并进一步指出："清华大学教授如果有不得已情形且征得学校同意后，可以在外兼课，只是在外兼课时每周兼课总时数不得超过四小时，并且所兼科目以现在本大学所授科目为限。"同时规定："本大学教授兼课之学校当以正式公函向本大学磋商，本大学有允许与否之权。"在兼课的时间上，"各个教授在外兼课时不得妨害清华课程表中所规定之时间"。对于那些在外兼课时超过规定时间的教授，清华则会"即行解除聘约或改聘该教授为兼任教授或讲师，其薪额另行订立"②。1932年清华重新修订"教师服务及待遇规程"，除了继承 1931 年的兼课规定外，并新增加几条限制：（1）"本大学教授，在本校任课之钟点，不超过最低限度者，不得在外兼课或兼事。"至于最低限度，即"本大学专任教授，授课钟点，至少须每周八小时，或每学年十六学分；至多每周十二小时，或每学年二十四学分；惟受聘学院长或系主任者，得因公务繁忙，酌

---

① 《大学教授限制兼课》，《申报》1929 年 6 月 22 日。
② 梁晨：《民国国立大学教师兼课研究——以北京大学、清华大学为例》，《南京大学学报》2011 年第 3 期。

量减少其授课钟点，但至多以减少每周三小时或每学年六学分为度"。
（2）"本大学教授兼课或兼事，区域以北平为限。"（3）"本大学专任教师、教员或助教，不得在外兼课或兼事。"① 相较于教育部规定，清华大学的规定更为详细，条件限制也更多。

鉴于教师兼课行为的普遍存在和影响之大，1932 年国立专科以上学校校长会议期间也曾对教师兼课规范进行专门讨论，并形成了各校统一遵守的决议，内容主要有三：第一，大学教员为专职，如有兼任他校功课者，须得校长或院长之同意，但每星期至多以 4 小时为限，此项规定应由校长或院长于聘书内声明请应聘之教员注意。第二，专任教授中途在校外任有职务者，该教授待遇改为讲师待遇。第三，每学期开始后，由各院校切实调查专任教员有无兼课情事，如有兼课超过 4 小时以上者，该教授待遇改为讲师。②

抗战期间，由于众多高校在迁往四川、云南等地，部分教师没有随之前往，因此，地处偏远省份的内迁高校师资非常紧张。在内迁高校较为集中的昆明、成都、重庆等地，教师兼课更为常见。为此，《国立西南联合大学教授校外兼课规则》（1939 年 3 月 14 日）规定：第一条，本校教授在其他大学兼课，应先取得本校及有关院系之同意。第二条，本校教授在外兼课，以 4 小时为限。第三条，本校教授在外兼课时，其所授课程，以在本校现授者为限。第四条，本校教授在他校兼课，以昆明市范围为限。第五条，本校教授资格以下教师，不得在外兼课。③

总之，民国时期教育部和高校对普遍存在的大学教师兼课行为的规定，既兼顾了教师个人与所在高校共同的利益，又发挥了人才流动与共享

---

① 《国立清华大学专任教授休假条例，教师服务及待遇规程》，1932 年，清华大学档案馆藏，案卷号：1－2－1－109。
② 参见《国立专科以上学校校长会议决议案》，《第一次教育年鉴（丙编·教育概况）》，上海开明书店 1934 年版，第 6 页。
③ 参见西南联合大学北京校友会编《国立西南联合大学校史——1937—1946 的北大、清华、南开》，北京大学出版社 2006 年版，第 422 页。

带来的益处。就外文系而言，教师兼课行为使外语人才培养工作获益良多。

四　教师学术休假研究制度

师资水平的高低对学校的办学水平起到了重要的作用，对人才培养也有十分重大的影响。俗话说，要给学生一瓢水，自己必须有一桶水。为了提高师资水平，民国时期大学在师资队伍培养和提高方面采取了很多措施，其中教师带薪休假研究制度就是其中之一。

（一）学术休假的意义

1. 缓解教师工作压力，促进教师身心健康

民国时期大多数高校的师资较为紧张，而高水平教师更是一种稀缺资源。因此，当时的著名教授经常要承担数门课程的教学工作，有时为了缓解经济压力还不得不到别的大学去兼课，并且在繁忙的教学工作之余还要从事科学研究。由此，教授们的工作压力之大可想而知，长此以往将严重影响他们的身心健康，不利于他们的学术可持续发展。学术休假研究制度的目的就是让教授们可以在连续工作数年之后享有半年或一年假期。在休假期间薪水照发，没有经济压力。他们既可以安排国内外游学，也可以在家静心读书、做研究。带薪休假研究制度使得教授们的身心放松、精力充沛，以更好的姿态投入到今后的教学科研工作中。

2. 有助于教师的学术发展，提高教学科研水平

教学和科研的关系是相辅相成的。学术休假研究制度除了能够缓解教授们的工作压力之外，更重要的一点，就是让教授们利用休假时间潜心于自己感兴趣的学术研究中。例如，清华大学西洋文学系主任、教授王文显于1927年利用教授学术休假，去美国耶鲁大学研习一年。他师从美国戏剧权威贝克教授（G. P. Baker），专攻编剧，并在耶鲁完成两部剧作，《北京

政变》（*Peking Politics*）和《委曲求全》（*She Stoops to Compromise*）。1927年5月和12月，这两部剧分别由贝克教授导演，在耶鲁大学剧院演出，获得巨大成功。这两部剧也成为王文显戏剧创作生涯中最重要的作品。带薪休假研究制度给教授们提供了一个"充电"的机会，增加许多新的知识和信息，能够进一步发展和完善自己的学术研究体系。这不仅有助于增强教授们的科研能力，而且也提高了教学水平。如王文显在1932年学术休假后加开近代戏剧课，讲授西方易卜生以后之戏剧。之前他在清华大学外文系任教三门课程：戏剧概要、现代西洋文学中的戏剧部分及莎士比亚。① 吴宓在1930年利用学术休假去欧洲进修、游学一年，感受颇深，他在日记中写道："尚未通览，深觉不到欧洲，不知西洋文学历史之真切。"②

（二）教育部和高校有关教授学术休假研究的规定

为了激励教师提高教学科研水平，并促进其专业发展，充分发挥教师的潜在创造性，国民政府教育部和高校自身都出台了相关措施以规范教授带薪休假研究工作，具体规定如下。

1. 关于休假对象

带薪休假研究制度是对民国时期大学教授辛勤工作的一种奖励，也是他们享有的一项权利，因此，对于哪些人可以享受带薪休假研究，教育部和高校都有严格规定，集中体现在两点：一是服务期限；二是必须专任。如清华大学1930年通过《专任教授休假条例》，第一条即规定："专任教授如按照契约及服务规程继续服务满五年，而本大学愿继续聘任其担任教授者，得休假一年。"③ 这个规定一致沿用到抗战之前。国立北京大学1934年同样规定："本大学教授连续服务满五年者，得请求休假一年，如不兼

---

① 参见黄延复《清华：二三十年代清华校园文化》，广西师范大学出版社2001年版，第123页。
② 《吴宓日记》（第5册），生活·读书·新知三联书店1998年版，第170页。
③ 《清华大学专任教授休假条例》，1930年，清华大学档案馆藏，案卷号：1-2-1-109。

事支半薪。请求休假半年者，如不兼事支全薪。曾经休假一次者须连续服务六年方得再请休假。"① 抗战初期，西南联大在这一方面基本上继承了战前北大和清华的做法。然而随着战事的深入，各校办学经费愈发紧张，严峻战局也使得大学师资更为紧缺，教授的服务期限有所延长。1940 年 8 月教育部公布《大学及独立学院教员聘任待遇暂行规程》，其中第十五条规定："教授连续在校服务七年成绩卓著者，得离校考察或研究半年或一年。"② 1942 年 4 月教育部颁布的《关于颁定专科以上学校教授休假、进修办法的训令》中重申"将原清华规定的连续服务六年改为七年，并将由学校支给的经费改由教育部支给"③。

事实上，为了激励更多教师投入学术研究工作，帮助他们尽快成长，以打造一支结构合理的教师梯队，有些大学规定专任讲师、教员和助教也可以享有带薪学术休假研究。如清华大学公布的《国立清华大学教师服务及待遇规程》的第五十七条规定："本大学专任讲师、教员及（全时）助教，连续服务满五年，成绩优异，愿在国内专做研究，拟有具体计划，经评议会通过，而同时不兼他职者，得休假研究一年，支全薪。"④

2. 休假期间的待遇

为了让教师在休假期间安心游学或研究，教育部和高校提供了较为优厚的待遇。最基本的一条就是视情况不同发放全薪或半薪。如国立北京大学规定："请求休假一年，如不兼事支半薪。其请求休假半年者如不兼事支全薪；赴欧美或日本研究者，支全薪；赴国内各地研究者，根据休假一年或半年分别支半薪或全薪。"⑤ 清华大学则除了与上述北京大学的第一条

---

①　《国立北京大学一览》，1935 年，北京大学档案馆藏。

②　宋恩荣、章咸主编：《中华民国教育法规选编（1912—1949）》，江苏教育出版社 1990 年版，第 691 页。

③　杨立德：《西南联大的斯芬克斯之谜》，云南人民出版社 2005 年版，第 383—384 页。

④　《国立清华大学一览》，1937 年，国家图书馆藏。

⑤　参见宋恩荣、章咸主编《中华民国教育法规选编（1912—1949）》，江苏教育出版社 1990 年版，第 691 页。

相同，专任教授赴欧美或日本研究者，支半薪；留国内研究者，准支全薪；而对于专任讲师、教员或（全时）助教，愿在国内专做研究……而同时不兼他职者，得休假研究一年，支全薪；愿赴欧美或日本专作研究，得支领学费，但不得支薪。①

除了发放薪水之外，休假期间还提供一定数量的旅费、研究费或学费。国立北京大学对于教授在休假期间赴美研究者，"给予来往川资各美金三百五十元。但本人如在其他方面领有川资者，本校不再支给川资"。赴国内各地研究者，"其旅行及研究费用，由研究者提出详细预算，经校务会议核定，但其总数不得超过一千五百元"②。清华大学在这方面的规定则更细致。由于办学经费比较充裕，教授休假期间待遇更为优厚。具体如下："第四十七条，本大学教授，在休假期内，赴欧美研究者，除支半薪外，由本大学给予来往川费，各美金五百二十元。此外给予在外研究费，每月美金一百元。第四十八条……赴日本研究者，除支半薪外，由本大学给予来往川费，各日金一百五十元。此外给予在外研究费，每月日金一百五十元。第五十条……留国研究者，得支全薪；如赴远地调查者，其旅费得提出详细预算，经评议会核定支付，但其总数，不得过五百元。对于专任讲师、教员及（全时）助教，第五十七条规定……愿在国内专做研究……得休假研究一年，支全薪；如须赴远地调查者，其旅费得提出详细预算，经评议会核定支付，但其总数，不得过五百元。第五十八条……愿赴欧美或日本专作研究，得支领学费，并照本规程第四十七、四十八条，按半数支给川资及研究费，但不得支薪。"③

3. 休假程序

为了充分高效地利用学术休假，符合条件的教师必须履行一定的程

---

① 参见《国立清华大学一览》，1937 年，国家图书馆藏。
② 《国立北京大学一览》，1935 年，北京大学档案馆藏。
③ 同上。

序。无论是在国外或国内学术休假，专任教授、讲师、教员或全时助教都要先填写休假研究报告，制定翔实的研究计划，经学校评议会讨论通过，方能进行休假研究。当然也有教授办理了休假手续后延假的。如吴宓在1939 年因"系中需人"，不得不取消休假；1943 年又因"豫湘各地战事紧急"不得不再次取消。最终他在 1944 年 3 月决定休假研究，并拟定研究和旅行计划："（一）将已编成且付印之《世界文学史大纲》英文讲义，细加改订，且译成汉文，该书英、汉文均拟呈请教育部付国立编译馆出版。……（二）将前年所撰之《文学与人生》英、汉文讲义稿续撰并修改编译成书，相机出版。（三）乘暇多读西洋文学书（以前未读者），以充实《欧洲文学史》课目之内容。休假一年中，如他地学校有邀往短期讲学者，若一切情形便利，或亦可往，但大部分时日必留住昆明研究著作……"①1944 年 9 月，吴宓终于离开昆明，搭邮车经贵阳、遵义、重庆抵达成都，于燕京大学落榻并兼课。附近一些学校如武汉大学（乐山）、四川大学（成都）纷纷邀聘前往讲学，并大都许以种种优厚条件。他对这些要求都一一接受。休假教师在休假期满后，必须向学校提交研究报告，否则下次不准休假。

（三）清华大学外文系教授学术休假情况

清华大学历来有重视教师培养的传统。校长梅贻琦先生有一个著名的"大师论"，即所谓大学者，非谓有大楼之谓也，有大师之谓也。梅校长所说的"大师"其实是泛指"名师"，是指那些不但在学业上，而且在做人方面也能作为学生做出榜样的合格教授们。他认为，"凡能领导学生作学问的教授，必能指导学生如何做人，因为求学与做人两相关的"②。因此，

① 黄延复：《吴宓先生与清华》，李继凯、刘瑞春编著《追忆吴宓》，社会科学文献出版社2001 年版，第 300 页。
② 黄延复：《清华传统精神》，清华大学出版社 2006 年版，第 86 页。

在清华大学，为了使普通教师成长为名师，名师发展成大师，带薪休假研究制度即是其中重要一项激励措施。整个民国期间，清华大学出台了一系列关于教授带薪休假的文件，如《专任教授休假条例》（1930）、《国立清华大学教师服务及待遇规程》（1934）等。许多教授都受益于这项制度。据统计，其中外文系享有过带薪学术休假的教授就有十几位，有些教授甚至休假多次，具体情况见表4－9。

表4－9　　　　　清华大学外文系部分教师学术休假情况一览①

教 师 姓 名	休 假 时 间
王文显	1927 年、1932 年
吴 宓	1930 年和 1944 年（1939 年和 1943 年度两次延假）
叶公超	1934—1935 年、1936 年
吴可读	1929 年、1936 年
陈福田	1930 年
毕 莲	1932 年
翟孟生	1932 年
石坦安	1935 年
钱稻孙	1935 年

民国时期对现任教师（含专任讲师、教员和全时助教）的培养除了实行带薪学术休假办法外，还鼓励教师出国讲学或研究，进行学术交流。1945 年 11 月 15 日，教育部公布《专科以上学校教员应约出国讲学或研究

---

① 根据以下资料整理而成，齐家莹主编：《清华人文学科年谱》，清华大学出版社 1999 年版，第 98、147、192 页；黄延复：《吴宓先生与清华》，李继凯、刘瑞春编著《追忆吴宓》，社会科学文献出版社 2001 年版；《国立清华大学一览》（教职员一览表），1935 年，国家图书馆藏；《清华大学一览》，1937 年，国家图书馆藏；苏云峰：《从清华学堂到清华大学（1928—1937）》，生活·读书·新知三联书店 2001 年版，第 117 页。

办法》①：第二条，应约出国讲学人员，须任审查合格教授或副教授五年以上，并有专门著述，在学术上有重要贡献者，应约出国研究人员，须任审查合格讲师二年或助教五年以上，著有成绩者。并资助年轻教师出国留学。国立北京大学 1934 年公布《资助助教留学规则》（民国二十三年七月六日本校公布）②：

（一）凡助教具左列两项资格经系教授会审查合格提交院务会议通过者得由学校资助留学：（甲）在校服务满五年以上勤于职务者，（乙）兼作研究工作确有相当成绩者（研究成绩以登载本校刊物或国内外著名刊物者为有效）。（二）留学时期，第一年薪金照支，第二年如成绩优良，得由该助教向学校请求继续一年惟须经系教授会、院务会议，及校务会议之通迁；（三）留学助教每系不得同时有二人；（四）助教留学回国后，学校倘有聘请其回校服务之必要时，该助教有尽先在校服务之义务。

总之，近代大学教学管理制度的实施对外语专业的教学过程起到了规范和促进作用，而师资管理制度的推行则有助于外语专业教育构建高水平的师资队伍。二者相互结合，是近代大学外语专业人才之所以层出不穷的重要原因。

---

① 宋恩荣、章咸主编：《中华民国教育法规选编（1912—1949）》，江苏教育出版社 1990 年版，第 665 页。
② 《国立北京大学一览》，1935 年，北京大学档案馆藏。

第五章　个案分析：清华大学外文系的人才培养实践

　　清华大学源于1911年创建的留美预备学校清华学堂，1925年5月大学部成立，1928年更名为国立清华大学。1926年西洋文学系创立，是清华大学成立较早的一个系，1929年改名为外国语文学系。在梅贻琦校长和吴宓教授的通识教育思想影响下，外文系实施博雅教育模式，为中国近现代的外语教育、戏剧电影、新闻出版、外交翻译、文学创作等领域培养了一大批学贯中西的、成就杰出的外语人才。本章通过对清华大学外文系的人才培养模式进行考察分析，加深对中国近代大学外语专业人才培养的理念、模式及其特点的认识。

第一节　梅贻琦与吴宓的通识教育理念

　　一个学科的发展往往受校长或系科主持者教育理念的影响比较大。因为在办学过程中，校长或系科主持者会自觉或不自觉地把自身的教育理念渗透其中。梅贻琦任清华大学校长17载，吴宓担任外文系教授近20年，其间三次代理外文系系主任一职，他们见证了清华大学由弱到强，发展到它最辉煌的时期。如果说梅贻琦对外文系的影响是间接的，那么，吴宓对外文系发展的影响则是直接的、有效的。

一　梅贻琦的通识教育思想

章开沅在《中国著名大学校长书系》的序言中指出："校长责任重大，不仅其办学理念、谋划决策关系着学校的发展走向，而且其一言一行所体现的品格、作风，也悄然无声地对众多师生产生某些影响。"[①]梅贻琦于1931年10月至1948年12月任职国立清华大学校长，因此被誉为清华的"终身校长"，也是清华大学实施通识教育的积极倡导者和实践者。他的教育论著甚少，其通识教育理念仅散见于其发表的论文、演讲和学校发展规划中，主要包括《清华学校的教育方针》《赠别大一诸君》（1927）、《体育之目标》（1928）、《就职演说》（1931）、《体育之重要》（1934）、《抗战期中之清华》（1939）、《大学一解》（1941，与潘光旦合撰）、《工业化的前途与人才问题》（1943，与潘光旦合撰）、《本校复员后院系充实计划草案》（1945）以及《战后中国的大学教育与留学政策》《复员后之清华》等文。主校17载，梅贻琦始终秉持通识教育的办学理念，使清华大学从一所颇有名气但无学术地位的学校发展成为一所在国内外颇有影响的高水平研究型大学。

梅贻琦的通识教育理念不是西方"Liberal Education"的简单移植，而是一种以中国古代儒家"大学"教育思想为基础，博采近代西方大学通识教育思想的精粹融合而成的一种通识教育思想体系。这与他的教育经历密切相关。梅贻琦出身于书香门第，父母对子女教育非常重视，梅贻琦曾入读世交严范孙氏家塾（南开学校前身），接受新学。受家学渊源和新式教育的双重影响，青少年时代的梅贻琦，既对儒家经典及其教育理念有深刻领悟，也具备一定的普通科学文化知识。儒学与西学的交融，传统文化与

---

① 陈远主编：《逝去的大学》，同心出版社2005年版，第2页。

近代科学知识的结合，为其日后形成通识教育理念奠定了文化基础。①
1909 年梅贻琦考取庚款留美，入吴斯特工业学院学习机电工程，获工学学
士学位；1921 年他利用学术假期，再度赴美国芝加哥大学进修一年，获机
械工程硕士学位，1922 年秋，"遍游欧洲大陆"后返回祖国。美国是现代大
学通识教育的发源地。梅贻琦两次赴美留学期间，正是美国大学通识教育理
念风行之时。这些阅历对梅贻琦后来的教育思想实践产生了深远影响。梅贻
琦的通识教育理念以传统文化为基础，融入美国大学教育理念，并在他后来
的办学实践中逐步系统化和理论化，成为其办学的重要指导思想。

　　梅贻琦的通识教育思想是逐步发展成熟的。早在 1926 年 4 月出任国立
清华大学教务长后的答校刊记者问中，他就提出办好清华的改革计划。尤
其在课程方面，梅贻琦提出"大学一年级学生，无论文实各科，都有必修
功课，即国文、英文、自然科学与社会科学。农、工科学生因本科基本学
科须早学者，则社会科学也于第二或第三年级时修完"②。这是他办学思想
和方略的第一次纲领性的表达。1927 年 12 月梅贻琦发表《清华学校的教
育方针》一文，主张在工程教育方面，应注意扩大学生的知识面和基础训
练："盖今日社会上所需要之工程人才，不贵乎有专技之长，而以普通工
程训练最为有用。"因为"在今日中国工商界中，能邀致数专家以经营一
事业者甚少，大多数只能聘一工程师而望其无所不能。斯故本校之工程学
课中，以普通之训练较若干繁细之专门研究为重要也"③。抗战以后，梅贻
琦的通识教育理念已经趋于成熟，《大学一解》是其中集大成者。其通识
教育思想主要包括以下几点。

---

① 　参见张亚群、刘尧《梅贻琦与清华大学通识教育实践》，《大学教育科学》2011 年第 4 期。
② 　黄延复、马相武主编：《梅贻琦与清华大学》，山西教育出版社 1995 年版，第 10 页。
③ 　梅贻琦：《清华学校的教育方针》，清华大学校史研究室编《清华大学史料选编》（第一
卷 1911—1928），清华大学出版社 1991 年版，第 274 页。

（一）在教育目的上，主张"明明德""新民"

这是儒家教育追求的终极目标。而"今日大学教育之种种措施，始终未有超越此二义之范围"。要实现这两大目标，就需要推行通识教育。梅贻琦指出，所谓"明明德"，是指"一人整个之人格，而不是人格之片断"。而"整个之人格"就是知、情、志三个方面皆要修明。在"知"（智育）方面，贵在启发学生之自动自觉。由于当时大学教育偏重知识传授，忽视"情"（情绪）、"志"（意志）的培养，因此，要依靠"教师之树立楷模"和"学子之自谋修养"来实现人格陶冶。从大学"新民之效"来看，"一为大学生新民工作之准备；二为大学校对社会秩序与民族文化所能建树之风气"。大学有新民之道，则大学生应担负新民工作之实际责任，而"明德"则是新民工作的最根本准备。大学之所以能产生"新民之效"，主要通过两种途径：一是为社会之倡导与表率，二是新文化因素之孕育涵养与简练揣摩。前者凭借"师生之人格与其言行举止"，后者则依靠"师生之德行才智，图书实验，新民之一部分自身修而始"。①

（二）在人才培养目标上，强调"通重于专"

对于当时社会上盛行的"通专并重"的观点，梅贻琦认为"此论固甚是"，但是"有不尽妥者，亦有未易行者"。因为"大学四年而已，以四年制短期间，而既须由通识之准备，又须由专识之准备，而二者之间又不能有所轩轻，即在上智，亦力有未逮，况中资以下乎？并重之说所以不易行者此也"。他肯定了通识教育与专门教育对人生的不同作用，"通识，一般生活之准备也，专识，特种事业之准备也"。而"夫社会生活大于社会事业，事业不过人生之一部分"，因此，梅贻琦认为"大学期内，通专虽应

---

① 梅贻琦：《大学一解》，黄延复、马相武主编《梅贻琦与清华大学》，山西教育出版社1995年版，第340页。

兼顾，而重心所寄，应在通而不在专"，大学教育应该"通识为本，而专识为末"，"社会所需要者，通才为大，而专家次之"。这一见解极为深刻，切中大学教育之时弊。由于当时国内经济落后，社会分工不细，科学研究领域窄小，大学生所学太专，反而不易谋职。因此，为了使学生毕业后在谋职上能适应多方面的需要，大学应该实行通识教育。

至于专才之培养，梅贻琦认为应由其他教育机构承担，包括大学之研究院、高级之专门学校以及社会事业本身之训练。他特别强调"社会事业本身之训练"的重要性。"事业人才之造就，由于学识者半，由于经验者亦半，而经验之重要，且在学识之上，尤以社会方面之事业人才所谓经济长才者为甚。尤以在今日大学教育下所能产生之此种人才为甚。"他列举时下大学教育之种种弊端："大学所授之社会科学知识，或失之理论过多，不切实际，或失诸凭空虚构，不近人情，或失诸西洋资料太多，不适国情民性；学子一旦毕业而投身事业，往往发现学用不相呼应，而不得不于所谓'经验之学校'中，别谋所以自处之道。及其有成，而能对社会有所贡献，则大半自经验之学校中得来，与其所毕业之大学不甚相干，甚至很不相干。至此始恍然于普通大学教育所真能造就者，不过一出身而已，一资格而已。"为了解决这些弊端，大学教育和社会都应执行"通才"的原则。

（三）在教育内容上，倡导各学科融会贯通

梅贻琦认为，所谓通识，一方面是学生要对自然、社会、人文三大科学有基本的了解；另一方面是学生要对这三大科学能融会贯通，了解它们之间的内在联系。也就是说，"今日而言学问，不能出自然科学、社会科学，与人文科学三大部门；曰通识者，亦曰学子对此三大部门，均有相当准备而已。分而言之，则对每门有充分之了解；合而言之，则于三者之间，能识其会通之所在，而恍然于宇庙之大，品类之多，历史之久，文教之繁，要必有其一以贯之之道，要必有其相为因缘与依倚之理，此则所谓通也"。为了达到通识教育的目标，他提出："学问范围务广，不宜过狭，这样才可以使吾们对于所谓人生观，得到一种平衡不偏的观念。对于世界大势文化变迁，亦有一种相当了解。如此不但使吾们的生活上增加意趣，就是在服务方面亦可以加增效率。这是本校对于全部课程的一种主张。"①可见，梅贻琦所认为的通识教育内容非常广博，涉及自然、社会和人文三大科学，并要求会通古今中外。

梅贻琦的通识教育思想以儒家大学教育思想为本位，批判吸收美国大学通识教育理念中的合理成分，通过中西融合，形成具有时代特色的大学办学理念，为近代国立清华大学的改革发展提供了思想指导。

二　吴宓的通识教育理念

新中国成立前的国立清华大学外文系，以其师资精良、学风严正而驰名，为我国近现代培养出众多的汇通中西的"博雅之士"，以及深谙外语和外事活动的优秀人才。清华大学外文系的辉煌成就与吴宓近二十年的劳瘁终日是分不开的。吴宓（1894—1978），原名玉衡、陀曼，字雨僧，陕西泾阳人，中国比较文学的开拓者和奠基人，国民政府教育部两位部聘的外国文学教授之一。从 1926 年 3 月正式出任清华大学外文系教授开始，到 1944 年他离开清华的近二十年间，曾三次（1926—1927、1932—1933、1933—1934）出任代理系主任，创建了一种独特的博雅教育模式。清华大学外文系因之与吴宓结下了不解之缘，他的通识教育思想对外文系的影响至深至大。吴宓曾在《大学之起源与理想》一文中指出大学应"注重于相关学时的知识的融会贯通"，以造就"博而能约""圆通智慧"的"通才"。"自然科学与社会科学是这样的，文史哲尤其是如此。"②吴宓生前没有撰写外语教育方面的专著，他的教育思想主要通过其讲义、日记及其弟

---

① 刘述礼、黄延复编：《梅贻琦教育论著选》，人民教育出版社 1993 年版，第 17 页。
② 吴宓：《文学与人生》，清华大学出版社 1993 年版，第 68 页。

子的回忆文章等提炼而成，主要有：《文学与人生》（吴宓著，王岷源译）、《吴宓日记》（吴宓著）、《解析吴宓》《追忆吴宓》等。

吴宓的通识教育理念建立在新人文主义的基础之上，对学生的培养不以知识技能的传授为重，而以人格养成和精神陶冶为主；知识的传授也不受专业的限制，而以广博吸纳人类创造的所有思想成果为目标。他毕生的主要职业是西洋文学教授，但又曾参与筹办和主持清华大学国学研究院。这两种看上去有点矛盾和尴尬的身份在吴宓身上得到完美的结合和体现。探究吴宓的成长和受教育经历，我们可以挖掘出其教育理念的根源。

吴宓出身于陕西泾阳著名的世家望族，家中长辈重视教育。吴宓幼时在家启蒙教育以《蒙学报》为课本，并兼读《泰西新史揽要》《地球韵言》等新学教科书。大约十一岁时吴宓开始接受私塾教育。他所就读过的三所私塾虽采用新式学校办法，但中西学兼顾。授课内容除了四书五经外，还有几何、代数、物理、化学、音乐、绘画等新学科目。吴宓酷爱读书，求知欲强。在私塾他不仅读完了《史鉴节要便读》、"四书"、《春秋》《左传》《掌故》等中国传统经典著作，还在业余时间泛读父亲的游日随笔《爱国行记》以及从上海邮寄回来的报刊《新民丛报》《新小说》月报、《上海白话报》和新小说《恨海》《二十年目睹之怪现状》《老残游记》《官场现形记》等新小说和杂志。此时，吴宓也开始对外国的历史、地理等产生兴趣。他阅读当时颇为流行的两部日本"汉学名著"——《东洋史要》和《支那通史》以及《西洋史要》一书。为了扩大眼界，私塾先生还鼓励吴宓经常看上海与在日本东京出版的报章、小说。因此，可以看出，吴宓从小接受的是中西学启蒙教育，这让他今后受益匪浅：一方面，他接受了比较系统的国学教育，从小就打下坚实的中国文化知识的基础，虽然以后他留学欧美多年，涉猎了大量的西方文学、哲学、史学书籍，但他的中国本位文化的态度始终没有动摇过。另一方面，也使他自幼对西方文化兼收并蓄，取西方自然科学、人文科学之长，补中国传统文化之短，这不仅大大拓展了他的视野，而且也使他在童年就形成了一种开放的文化心态和合理的知识结构，为日后学贯中西，做好了充分的准备。①

如果说吴宓在国内接受的中西学教育为他日后成为会通中西的学者奠定了一定基础，那么，四年留美经历则让他看清了中国传统文化的价值，以及与西方现代文化之间的差距，并吸纳了美国的新人文主义思想，为他回国后创办《学衡》杂志，筹办并主持清华国学研究院以及创建清华外文系的博雅教育模式提供了思想指导。1917年，吴宓赴美入读弗吉尼亚大学学习文学，次年暑假免试转入哈佛大学比较文学系，师从美国新人文主义大师欧文·白璧德。吴宓选修了白璧德开设的四门课："卢梭及其影响""近世文学批评""十九世纪浪漫主义运动""法国文学批评"等。除了在课堂上亲聆白璧德讲授，悉心学习先生的精神和人格外，吴宓还读完了白璧德及另一位新人文主义大师穆尔先生的全部著作，领悟到西洋学问的精华渊源。经过白璧德两年多的言传身教之后，吴宓加深了对新人文主义的认识和感悟。他"恨不早十年遇白璧德师，则不至摸索彷徨，而西学早入正规"②，因而把白璧德当作他理想中的导师，认为白的学说"远承于柏拉图、亚里士多德之精义微言，近接文艺复兴诸贤及英国约翰生、安诺德等的遗绪，采撷西方文化的菁英，考镜源流，辨章学术，卓然自成一家之言。在东方学说中，独近孔子"，是"综合古今东西的文化传统，是超国界的"③。白璧德的新人文主义的宗旨是重视传统与现代之间的继承性，反对"在倒洗澡水时把盆中小儿也倒掉"，并且，针对中国的具体情况，认为中国人必须深入中西文化并撷采其中之精华而加以施行，以求救亡图存，才能不蹈西方之覆辙。

受中国传统学术思想和新人文主义的双重影响，吴宓形成了会通中西

---

① 参见傅宏星《吴宓评传》，华中师范大学出版社2008年版，第10—11页。
② 同上书，第42页。
③ 同上。

的通识教育理念。这种教育理念是以新人文主义为基础，以人格的养成为终极目标，以知识中心论作为途径，即理想人格是通过知识的广博吸收而培养出来的。总的来说，吴宓的通识教育理念特色主要表现为以下两点。

（一）培养目标：博雅之士

1927 年吴宓撰写的《西洋文学系学程总则》中，总结了清华大学外文系的培养体系，提出了"博雅之士"的培养目标。"博雅"二字从此成为清华外文系的办学宗旨。"博"是一种通过学习和研究而达到的学识渊博、学问精深的学术境界，而"雅"则是一种在广博学识基础上达到的志趣高雅与学问创新的思想境界。① "博雅"就是一种人格境界，是教育的最高目标。吴宓后来又把"博雅之士"具体化为四点：（1）渊博之学识，（2）深邃之思想，（3）卓越之见识，（4）奇特之志节。具体地说，大概就是像陈寅恪先生那样的人。他认为只有陈寅恪才是"合中西新旧各种学问"之"全中国最博学之人"。② "博雅之士"的培养目标为清华大学外文系的发展构筑了一个非常高的起点，而历史也证明，当时的外文系确实为近现代培养了一批像钱锺书、季羡林等的博雅之士。

（二）教育内容：中西兼顾

吴宓一生致力于弘扬传统文化和沟通中西文明。他从小受到良好的国学教育，具备深厚的国学造诣；四年留美经历又使他认识到中国传统文化的价值所在，要建设新的文化，不能抹杀传统、简单输入西学，因此，他提倡应会通中西。尤其是在 20 世纪二三十年代国内"全盘西化"的风气下，更应大力提倡国学。在清华大学国学研究院的"开学日演说词"中，吴宓申明，"中国固有文化之各方面（如政治、经济、哲理学），须由

① 参见吕敏宏、刘世生《会通中西之学　培育博雅之士》，《外语教学与研究》2011 年第 2 期。
② 李继凯、刘瑞春编著：《追忆吴宓》，社会科学文献出版社 2001 年版，第 274 页。

通彻之了解，然后于国计民生，种种重要问题，方可迎刃而解，措置咸宜"，"惟兹所谓国学者，乃指中国学术文化之全体而言，而研究之道，尤注重正确精密之方法（即时人所谓科学方法），并取材于欧美学者研究东方语言及中国文化之成绩，此又本校研究院之异于国内研究国学者也"。① 也就是说，应将西学融入国学，这和蔡元培主持的北京大学国学院摒弃西方文化于国学门外的做法截然不同。在制定清华大学外文系课程方案时，除了外国语言和外国文学这两类课程外，吴宓要求学生需同时具有深厚的中国文学根基："本系对学生选修其他之学科，特重中国文学系，盖中国文学与西洋文学关系至密……故本系注重于中国文学系联络共济，惟其联络不在形式，即谓本系全体课程皆为与中国文学系相辅以行者可也。"②

第二节　清华大学外文系的博雅教育模式

相比于某些国立大学和私立大学（含教会大学），清华大学的外语系科成立时间较晚，但是后来者居上，在短短二十余年间，办学成效卓著。1926 年清华大学西洋文学系成立，1928 年改名外国语文学系。1929 年设立研究所。系主任由王文显担任。1926 年和 1932 年王文显休假时期由吴宓代理系主任。1936 年以后换为陈福田。该系成立时有教师 19 人，1936 年增至 25 人。③ 大约自 1932 年起，外文系的发展规模逐渐定型，教师中平均有教授十三四人，通常占教师总数的 50% 左右，讲师五六人，教员和

---

① 吴宓：《清华开办研究院之旨趣及经过》，清华大学校史研究室编《清华大学史料选编》（第一卷 1911—1928），清华大学出版社 1991 年版，第 373—374 页。

② 吴宓：《外国语文学系概况》，清华大学校史研究室编《清华大学史料选编》（第一卷 1928—1937），清华大学出版社 1991 年版，第 314 页。

③ 参见《清华大学员工名册·清华大学档案馆研究资料汇编》（第七期），2010 年，清华大学档案馆藏。

助教三四人。教师中有一些是原来留美预备学校的教员，如王文显、陈福田、毕莲（美国人）、吴可读（美国人）等；另一些是大学成立后新聘的，如吴宓、温德（美国人）、翟孟生（美国人）、瑞恰慈（美国人）、钱稻孙、叶公超等；还有一些是 1934 年以后到校的，如吴达元、杨业冶、陈铨等。① 外籍教师在教师中约占一半。建系初期学生人数约 30 人，1932 年以后逐渐增至 90 余人。从 1929 年至 1938 年，外文系十届毕业生共 158 人，平均每年才十几个能够毕业。由此可见，考取清华大学固非容易，毕业亦甚困难，有 50% 的人因不用功读书或其他原因离开学校。②

　　清华大学外文系以通识教育为办学理念，注重"中西融合、文理兼修"，实施博雅教育模式，培养了一大批优秀的外语通才。其毕业生中后来从事创作或文学翻译成绩较著者有曹禺、李健吾、张骏祥、曹宝华，从事文学研究或教学工作者则有吴达元、杨业冶、田德望、钱锺书、季羡林、盛澄华等。本节拟从培养目标、课程体系、课外活动和师资队伍等四个方面因素对清华大学外文系的博雅教育模式进行剖析。

一 博雅之士的培养目标

　　1926 年 3 月，吴宓专任清华的大学部外国语文系教授之职。此时，外文系刚刚建立，而系主任王文显适值休假一年，校方即请吴宓暂代系主任一职，并负责拟定办系方针和课程计划。吴宓参考美国芝加哥大学和哈佛大学比较文学系的培养方案和课程设置，针对我国的具体情况和需要，提出了以培养"博雅之士"为目标的教育模式。吴宓在"办系总则"是这样说的，"本系课程编制之目的为使学生：（甲）成为博雅之士；（乙）了解西洋文明精神；（丙）造就国内所需要之精通外国语文人才；（丁）创造今

---

① 参见清华大学校史编写组编《清华大学校史稿》，中华书局 1981 年版，第 163 页。
② 参见苏云峰《从清华学堂到清华大学》，生活·读书·新知三联书店 2001 年版，第 152—153 页。

日的中国文学；（戊）汇通东西方之精神而互为介绍传布"①。虽然随着形势的变化，外文系的教育模式在不断修正和发展，但是，"博雅之士"始终是清华大学外文系坚持的总的培养目标。而事实也证明，"博雅之士"的培养目标是符合当时社会现实需要的。

（一）适应留学教育的需要

出国留学和外语教育是相辅相成的互动关系。外语教育是留学教育的基础。留学教育为外语教育的发展和提升创建了广阔的平台，提供了强大的动力。② 民国时期大学外文系的相当一部分毕业生会选择出国留学深造。因此，外文系在制定人才培养目标时会充分考虑到这部分同学的需要，通才培养重于专才培养，使学生在国内大学期间打下广博扎实的知识基础，为将来在国外大学的专业学习奠定基础。

从 19 世纪 70 年代留美幼童的派遣，继以赴欧、赴日留学，到 20 世纪二三十年代的欧美留学高潮，留学教育培养出一大批高级专门人才。外语学科由于具备先天的语言优势，因此其毕业生中选择出国留学者甚多。以清华大学外文系为例，1929 级至 1947 级总共 198 名毕业生，其中可统计到的毕业后即出国留学深造者 38 人，占毕业生总数约 20%，而攻读硕士、博士学位者有 22 人。③ 有些学生甚至为了将来能够出国留学而主动选择进入外文系。如已故国学大师季羡林后来谈到"弃北大选清华"时说过："我左考虑，右考虑，总难以下这一步棋。当时'留学热'不亚于今天，我未能免俗。如果从留学这个角度来考虑，清华似乎有一日之长。至少当时人们都是这样看的。'吾从众'，终于决定了清华，入的是西洋文学系

---

① 《国立清华大学一览》，1935 年，国家图书馆藏。
② 参见李传松、许宝发《中国近现代外语教育史》，上海外语教育出版社 2006 年版，第 51 页。
③ 参见苏云峰编撰《清华大学师生名录资料汇编》（1927—1949），台湾"中研院"近代史研究所，2004 年 4 月，第 128—144 页。

（后改名外国语文系）。"① 外文系毕业生出国留学后，不管是继续本专业深造，或是改读其他专业，在国内大学所接受的通识教育对他们影响至深。

（二）为了毕业生求职的需要

旧中国经济落后，各行各业对专业人才需求量不大。因此，当时存在大学生"毕业即失业"的现象。正如梅贻琦所说："今日社会上所需要之工程人才，不贵乎有专技之长，而以普通工程训练最为有用。……在中国工商界中，能邀至专家以经营一业者甚少，大多数则只能聘一工程师而望其无所不能。斯故本校之工程学课中，以普通之训练较若干繁细之专门研究为重要也。"② 人文社会学科也同样如此。而博雅教育模式下培养的"通才"，由于具备自然、社会和人文学科领域的广博知识，职业适应性较强，大学生毕业后既可以从事学术研究工作，又可以担任中学教师、行政人员，还可以到工商等实业部门工作。

因此，基于上述原因，1927 年吴宓为外文系确定了"博雅之士"的培养目标，使学生得以：第一，了解西洋文明，以传播东西方文化为己任；第二，"为中国文学创造新鲜的作品，使之得以跻身于整个现代世界文学之林"③；第三，胜任外国语言文字及文学教学。20 世纪 30 年代，随着英语成为外交、中西文化交流、商业往来等方面的载体，社会上对英语的需求也日益扩大。根据当时的形势需要，吴宓在 1932 年再次代理系主任时提出："吾国大学教育，如果统筹全局，实心改造，裁冗去复，精益求精，则应注重各大学之特殊环境及历史。"④ 清华大学原为留美预备学校，具有重视英语的传统。校内学生谈话和写作都习惯用英文。学校订阅大量外文

---

① 蔡德贵：《季羡林传》，陕西师范大学出版社 2009 年版，第 92—93 页。
② 梅贻琦：《清华学校的教育方针》，清华大学校史研究室编《清华大学史料选编》（第一卷 1911—1928），清华大学出版社 1991 年版，第 274 页。
③ 《外国语言文学系概况》，《清华周刊》1934 年 6 月 1 日。
④ 吴宓：《外国语文系概况》，清华大学校史研究室编《清华大学史料选编》（第二卷上 1928—1937），清华大学出版社 1991 年版，第 314 页。

书刊杂志。外籍教师比例高，对外学术交流频繁。因此，清华大学虽为国立大学，但国际文化交流氛围浓厚，是中外学术交流的枢纽。"由此种历史环境之特点，今后外国语文系在本校之地位，及对于国家特殊之任务，可得而言。简述之，可分三层，而本系毕业学生职业之途径，亦在于是焉：（1）曰养成外交人才；（2）曰造就编译人才；（3）曰造就外国语文教师；（4）曰代办国内国外文化学术机关委托、交换、介绍及调查通讯之事。"① 经过吴宓对建系之初的外文系培养目标做了些许调整后，"博雅之士"的内涵更丰富，毕业生选择职业的范围较以往更为宽广。20 世纪 30 年代以后的清华大学外文系，除了继承原来的博雅教育传统之外，还开始了与其他系合作办学的计划。针对外交人才的培养，提倡与历史政治系合作，并请求外交部加以指导赞助；对编译人才的培养，除了加强基本训练之外，还教授学生编辑翻译的技术，并常常与国内外的出版界及编译机构合作；对于外国语文教师，为外文系主要的培养目标，仍然延续之前的做法；关于第四类人才培养，因国内已有这类人才培养的专门机构，外文系暂时不打算涉入，等今后经费充裕的情况下才会考虑。

二　通专结合的课程体系

培养目标是教育活动的出发点和归宿，学校各项活动都是围绕培养目标而展开。而要实现培养目标，必须借助于中介环节。其中，课程体系作为人才培养过程中的关键因素，服务于培养目标，通过实施一系列课程，把培养目标转化为现实。清华大学外文系为实现"博雅之士"的培养目标，制定了相应的课程体系。

据吴宓在《清华周刊》1935 年 6 月 14 日的响导专号《外国语文学系概况》一文中所言，"安查本校外国语文系课程，系在开办大学部时审慎编定，

---

① 吴宓：《外国语文系概况》，清华大学校史研究室编《清华大学史料选编》（第二卷上 1928—1937），清华大学出版社 1991 年版，第 314 页。

今仍遵用，无大更改"，由此可知，清华外文系从成立之初到抗战前的课程设置变化不大。在此以1935年度外文系课程设置情况为例（见表5－1）。

表5－1　　　清华大学外文系课程设置情况一览（1935年度）①

第　一　年	共计 36 学分
国　文	6
第一年英文	8
物理、化学、生物、地理学(择一)	8
中国通史、西洋通史(择一)	8
逻辑、高等算学(择一)	6

凡自愿将来入本系学生在第一年时宜旁听或选习第一年第二外国语

第　二　年	共计 36 学分
第二年英文	6
第二外国语(任择一种)	8
西洋哲学史	6
西洋文学概要	8
英国浪漫诗人(专集研究一)	4
西洋小说(专集研究二)	4

第　三　年	共计 32 学分
第三年英文或德法文(择一)	8
西洋文学分期研究：	12
(一)古代希腊罗马	
(二)中世(至但丁止)与十八世纪轮流开班	
(三)文艺复兴时代至十七世纪末止与十九世纪轮流开班	
英文文字学入门	4
戏剧概要(专集研究三)与莎士比亚轮流开班	4
文学批评(专集研究四)与现代文学轮流开班	4

---

① 《国立清华大学一览》，1935年，国家图书馆藏。

续　表

第　四　年	共计 24 学分
第四年英文或德法文（择一）	8
西洋文学分期研究：	8
（四）十八世纪与中世文学轮流开班	
（五）十九世纪与文艺复兴轮流开班	
现代西洋文学	
（一）诗（二）戏剧（三）小说（任择二种）与文学批评轮流开班	4
莎士比亚（专集研究五）与戏剧轮流开班	
	4

注一：除上述必修课外，学生须选习至少 4 学分以足学校规定之 132 学分，才力胜任者更可多选。

注二：自由选修之学程或在本系或在他系之课程中选修均可。选修学程：第一二年拉丁文、＊第一年希腊文、第一二年日文、第一二年俄文、＊高等英文作文、＊英国文学书选读、其他研究课程；＊指二十四至二十五年度不开班。

根据表 5－1 中外文系的课程设置情况，我们可以总结出课程体系具有通专结合、语言与文学并重以及中西兼修等特点，具体如下。

（一）　先通后专，通专结合

根据通识教育理念，1933 年清华大学教授会议决："大一学生课程不分系是也。按本校现行规则，一年级生入校，即应选定一系为其主系，按照该系课程之规定，选习各学程。然一二年之后，因兴趣才具不宜，往往有改系之必要，而改系时，发生种种障碍与迁就。实则初行择系之时，未经充分探求本人性情，与某种学问之适合与否之所致也。本教授会有鉴于此，遂有大一学课不分系制提议，意在使一年级生入校后，对于各种学问共同必需之工具与基本知识，得有充分训练，同时可有长期时间为适当择业之考虑与准备。……此种学课变更，将于本年秋季开学时实行。"① 自此，文、理、法三院实行大一不分系的办法，实施通识教育，外文系在第一年主要学习文学院的"共同必修课"，分别为国文、英文、物理、化学、生物、地理择一，中国通史和西洋通史择一，逻辑和算学择一，使得学生具备人文、社会和自然科学方面的知识，有助于学生视野开阔、学问贯通。正如梅贻琦所说："清华大学学程为期四年，其第一年专用于文字工具之预备及自然科学与社会科学之普通训练，其目的在于使学生勿囿于一途，而得旁涉他门，以见知识之为物，原系综合贯通的，吾人随强为划分，然其在理想上相关联相辅助之处，凡曾受大学教育者不可不知也。"② 对于将来志愿选择外文系者在第一年时应旁听或选习第一年二外国语。自第二学年起开始学习专业课程。在专业课程的具体安排上，吴宓参照在哈佛大学读书时导师白璧德的开课方式，将课程划分两组，每两年轮流开课，学生则合班上课，以合理利用时间和教学资源。"本系因（1）每年均有教授轮流休假；（2）为经济起见，凡无系统关系之分期文学课程均两两轮替，每门一年开班一次。学生选课须将本年开班此等课程完全选习，否则非俟至第三年无补习机会。"③

（二）语言与文学并重

关于文学与语言文字二者兼顾的重要性，吴宓在 1933 年第三次出任清华大学外文系代系主任时在《清华周刊·响导专号》上撰文做了补充："本系终始认定语言文字与文学，二者互相为用，不可偏废，盖非语言文字深具根底，何能通解文学而不陷于浮光掠影？又非文学富于涵泳，则职为舌人亦粗俚难达意，身任教员常空疏而乏教材。故本系编订课程，于语言文字及文学，二者并重，授教各系学生之语言文字，时参

---

① 梅贻琦：《清华一年来之校务概况》，清华大学校史研究室编《清华大学史料选编》（第二卷上 1928—1937），清华大学出版社 1991 年版，第 27 页。

② 黄延复：《梅贻琦教育思想研究》，辽宁教育出版社 1994 年版，第 59 页。

③ 《国立清华大学一览》，1935 年，国家图书馆藏。

以文学教材及文学常识。而教授本系专修文学之学生，亦先使其于语言文字深植基础。本系学生专修英国文学者，于英文必须修习四年；专修法国、德国文学者，于法文、德文必须修习三年。而选修任何国之语言文字，非修满二年不给学分。凡此皆所以防浅尝辄止之弊。"①　从前文表5－1中可以看出，语言文字类课程有：第一、二年英文，第二外国语，第三、四年英文或德法文以及英文文字学入门等，共计 42 学分。文学类课程如西洋文学概要、戏剧概要、西洋文学分期研究等，共计 54 学分。语言和文学类课程分别占四年课程学分总数 132 学分的 30% 和 40%，充分体现了外文系的课程编制原则。

（1）语言类课程少而精。在四年学程中，专修英国文学者，英文（第一、二、三、四年）这一课程贯穿始终，共计 30 学分，仅占最低学分总数 132 学分的 1/5 强，可谓是少。该课程相当于今天英语专业低年级的综合英语以及高年级的高级英语课程。在教学方法上，均"注意熟练及勤习，读书、作文、谈话并重，使所学确能实用，足应世需"②。比如："第一年英文……首先注重温习文法，及矫正发音；又就会话，默写，尺牍，作文诸端，多多练习；第二年英文，其目的在训练学生使能表达思想正确无误，又养成其读书敏捷之能力。每星期须作短篇论文或练习课一次，俾于篇章之分段，表解大纲之编制，各种文体之写作，以及交际事务之函扎，图书馆之运用，会议演说之姿势与规矩等等均能熟习而应用无疑。第三年英文，讲授英国文字发达之历史，字形及字义之源流及变迁；又研究散文及诗中文笔（style）构成之道，藉作为以实验证明之。更论究诗之韵律格调等，并练习散文及诗之读法。第四年英文，一切有关英文及英文文学之知识，其重要者皆由教授提出讨论，加以指

---

①　吴宓：《外国语言文学系概况》，清华大学校史研究室编《清华大学史料选编》（第二卷上 1928—1937），清华大学出版社 1991 年版，第 310 页。

②　同上。

导，使学习者得成一专门人才，并得识前进之路线。"① 那时候没有语言技能"四会"的提法，但通过四年循序渐进的"英文"课程学习，学生在听、说、读、写、译方面的语言基本功非常扎实，而且对于英语语言文字的源流、变迁等理论知识相当丰富。因此，"本系专修学生毕业后，即不从事文学，亦可任外国语文之良好教员，或任外交官吏，及翻译编辑等职务也"②。

（2）文学类课程多而全。学生第二学年开始进入专业学习，主要是文学教育。在文学类课程安排上，坚持两个原则："其一则研究西洋文学之全体，以求一贯之博通；其二则专治一国之语言文字及文学，而为局部之深造。"③ 在上述课程表中，如西洋文学概要及西洋文学史分期研究，皆属全体之研究，包含所有西洋各国而为本系学生所必修者，分配于三年学程中；但"每一学生并须于英德法三国中，择定一国之语言文字及文学为精深之研究，庶几时可免狭隘及空泛之病"④。如专修英国文学者，对于英文和英国文学要专精学习。"英文"的学习前文已述。英国文学课程主要是指一系列专集研究课程，包括各种文学体（小说、诗、散文、戏剧和文学批评），每种文学体又会选择一位名家及其作品进行专门研究。总之，通过世界文学与国别文学并重、文学史与文学体并重的文学类课程设置，丰富了学生的文学知识和文化内涵，进而提高了学生的综合素质。因此，吴宓对于充分体现自身教育理念的外文系课程体系非常满意，他说：

> 本系文学课程之编制，力求充实，又求经济，故所定必修之科目特多，选修者极少。盖先取西洋文学之全体，学生所必读之文学书籍

---

① 《清华大学学程大纲》，1929 年，国家图书馆藏。
② 吴宓：《外国语言文学系概况》，清华大学校史研究室编《清华大学史料选编》（第二卷上 1928—1937），清华大学出版社 1991 年版，第 311 页。
③ 《清华学校大学部学程大纲》，1927 年，国家图书馆藏。
④ 同上。

及所应具之文字学知识，综合于一处，然后划分之，而配布于四年各学程中。……更语其详，则先之以第二年之西洋文学史（原名西洋文学概要），使学生识其全部之大纲。然后将西洋文学全体，纵分之为五时代，分期详细研究，即（1）古希腊、罗马，（2）中世，（3）文艺复兴，（4）十八世纪，（5）十九世纪，更加以（6）现代文学，分配于三年中。又横分之，为五种文体，分体详细研究，而每一体中又择定一家或数家之作品详细讲读，以示模范，亦分配于三年中，即（1）小说、近代小说，（2）诗——英国浪漫诗人，（3）戏剧，近代戏剧及莎士比亚，（4）散文——第二年级、第三年级英文散料以散文为主，（5）文学批评。此其区分之大概。复先之以全校必修之西洋史及本系必修之西洋哲学等；益之以第三年之文字学及第四年英文（英文文法之史的研究）等。翼之以每年临时增设之研究科目，如西洋美术，但丁翻译术等，可云大体完备。总之，本系学生虽似缺乏选择之自由，而实无选择之需要。因课程编制之始，已顾及全体。比之多列名目，虚张旗帜，或则章程学科林立而终未开班，或则学生选修难周而取此失彼者，似差胜一筹也。①

（三）中西兼修

清华大学前身是留美预备学校，建校初期受美国影响非常大，不仅采用美国的学制，而且过分重视英语教育，选用美国原版教材、教学方法，课堂内外用英语交流，俨然一所由美国移植到中国来的大学校。20世纪20年代国内民族思想高涨，"教育独立"的呼声越来越强烈，社会上对清华大学的全盘西化教育持批评态度。作为以中西文化交流为主要

---

① 吴宓：《外国语言文学系概况》，清华大学校史研究室编《清华大学史料选编》（第二卷上 1928—1937），清华大学出版社 1991 年版，第 311 页。

任务的外文系，如何坚持中国化，成为摆在办学者面前的一个重要问题。罗家伦主校期间就曾提出："外国语文系在清华素有根基，但要使学生并重国学，注重比较的研究。"① 因此，"国文"成为一年级的必修课。吴宓代理系主任后，尤其重视中西兼通。"本系对学生选修他系之学科，特重中国文学系。盖中国文学与西洋文学关系至密。本系学生毕业后，其任教员，或作高深之专门研究者，固有其人。而若个人目的在于：（1）创造中国之新文学，以西洋文学为源泉为圭臬；或（2）编译书籍，以西洋之文明精神及其文艺思想，介绍传布于中国；又或（3）以西文著述，而传布中国之文明精神及文艺于西洋，则中国文学史学之知识修养，均不可不丰厚。故本系注重与中国文学系相辅以行者可也。"② 归根结底，中国学生学习西方文学的主要目的是得到启发（灵感），其次才为获得知识。对于中国学生来说，知道多少并不太重要，重要的是他们受到激励，以便他们有能力创造新的中国文学，使之与当代世界的文学作品相一致。③ 为了打通古今中西，以冯友兰为代表的清华教授们还曾提出过将中国文学系与外国文学系合并为"文学系"的建议。虽然由于某些原因未能施行，但这种融会中西学问为一炉的努力却构成清华人文学科的共同风格特征。

三　丰富多彩的课外活动

课程体系是外文系实现"博雅之士"培养目标的重要因素，也是清华大学实施通识教育的重要组成部分。但是，通识教育不应仅仅体现在课堂教学。课堂教学是正式的教学，必须辅之许多课堂外的非正式教育，教学

---

① 罗家伦：《整理校务之经过及计划》，清华大学校史研究室编《清华大学史料选编》（第二卷上 1928—1937），清华大学出版社 1991 年版，第 12 页。

② 吴宓：《外国语言文学系概况》，清华大学校史研究室编《清华大学史料选编》（第二卷上 1928—1937），清华大学出版社 1991 年版，第 311 页。

③ 参见齐家莹主编《清华人文学科年谱》，清华大学出版社 1999 年版，第 106—107 页。

方能见成效。因为，学生在学校的生活不仅仅限于教室内，教室外的广大环境和许多时间更是通识教育的空间和时间。① 吴宓在《由个人经验评清华教育之得失》中说："清华昔日提倡学校生活及课外作业，皆为使学生练习办事。故清华之毕业生，几无一人不能办事，率皆敏捷而有条理，居各种位置，善于应付，而能尽职。"② 为此，清华大学开展了丰富多彩的课外活动，社团活动更是发展蓬勃。根据 1921 年《清华周刊》刊登的清华大学十周年纪念号对历年会社的统计，社团包括宗教的、学术的、技艺的、自治的、联络感情的和体育的等方面，共 66 个。③ 当时所创办的学生社团，很多与外文系关系紧密。对外文系学生而言，社团活动不仅丰富了课余生活，而且巩固了专业知识，是他们大学生活中不可或缺的一部分。

（一）英语演说辩论活动

清华大学具有重视演说辩论的传统。早在清华学校时期，学校成立英语辩论团（1917—1919）、英语演说辩论会（1920—1921）、辞令练习会（1918—1921）等社团，除了在社团中定期练习和举办校内竞赛之外，还举办校际活动。校内英语演说竞赛始于 1913 年，每年举行一次，分为全校周年英语演说竞赛和级际英语辩论竞赛。而校际（清华大学、北京大学、通州协和学校）英语辩论竞赛始于 1916 年，一连举行了 3 年（见表 5 - 2），皆为清华大学获胜。

---

① 参见黄坤锦《美国大学的通识教育——美国心灵的攀登》，北京大学出版社 2006 年版，第 150 页。
② 齐家莹主编：《清华人文学科年谱》，清华大学出版社 1999 年版，第 33 页。
③ 参见《本校历年会社一览表》，《清华周刊》1921 年 4 月 28 日。

表 5 - 2　清华大学、北京大学、通州协和学校英语辩论竞赛情况统计①

年　份	参与高校	辩论题目	优胜者
1916	清华大学、北京大学、通州协和学校	战争为文明进步所必需	清华大学
1917	清华大学、北京大学、通州协和学校	泰西个人主义较中国家族制度为有益于社会	清华大学
1918	清华大学、北京大学、通州协和学校	中国应加入国际联盟促进和平	清华大学

此后，举办校内英语演说竞赛的传统就一直延续下来。如 1929 年 1 月 3 日，清华大学举办新大一英文演说竞赛会，评判员由该会聘请王文显、何林一、陈福田。②

（二）戏剧、音乐活动

清华大学戏剧社成立于 1919 年，宗旨为"研究戏剧原理，特别注重表演"③。外文系学生往往是戏剧社的活跃分子。在 1928 年 11 月 21 日，清华戏剧社召开全体大会，外文系大三学生李健吾当选为社长，外文系主任王文显和外文系教授温德等聘为顾问。戏剧社经常排练英文戏剧，有时也公演，取得了很好的教育效果和社会效应。例如，戏剧社 1929 年 3 月举行公演二日，盛行一时，成绩名誉，俱极美满，打破该社以前记录。……此次所表演者，有英文剧二：一为《媒人》（The Go - Between），二为《白狼记》（The White Wolf Trap）。二者俱出王文显先生手笔。前者为滑稽剧，后者为抒情剧，由王先生自任导演。④ 1930 年万家宝（曹禺）转学来清华，不久也被选为清华戏剧社的社长。

---

① 《杂项》，《清华周刊》1921 年 4 月 28 日。
② 参见《新大一中英文演说竞赛会纪事》，《清华周刊》1929 年 12 月 21 日。
③ 《国立清华大学现存各会社概况》，《清华周刊》1928 年 11 月 16 日。
④ 参见《戏剧社公演补记》，《清华周刊》1929 年 3 月 29 日。

音乐虽然和外文系的专业学习没有直接关系，但是有助于陶冶学生情操，对学生的影响是潜移默化的。建校初期清华大学即成立了"唱歌团"。20 世纪 30 年代以后，校园内业余音乐活动更是丰富多彩。学校设立音乐部（分中乐和西乐两部），一方面负责音乐课程的讲授，另一方面负责全校业余音乐活动的开展。学校弦歌不断，还成立了军乐队、管弦乐队、钢琴班、提琴班、歌咏团、国乐班等。曹禺在晚年也曾回忆起在清华大学受到的音乐熏陶："不知我怎么就又迷了音乐了。那时清华大学有军乐队，我跟一位老师学巴松管……学校里有很多唱片，我接触交响乐就是在清华开始的，我很喜欢莫扎特的作品，很抒情。听巴赫、听贝多芬的唱片，就慢慢地渗透进来了。"① 音乐对曹禺的影响是潜在的，对音乐的感受都渗透在他的戏剧情境、戏剧结构、戏剧节奏和戏剧语言之中。

（三）文学创作活动

清华大学外文系偏重文学，学校成立文学社团，探讨西洋文学，联络感情，交流心得。1921 年 11 月 20 日，清华文学社在之前的"小说研究社"基础上成立。文学社共分三组：诗组、小说组和戏剧组。文学社在闻一多、梁实秋和顾毓琇等人的倡议下召开了一系列研究会、讨论会，如"英国诗之历史的发展""近代西洋戏剧之发展""斯康底那维亚与德国、英国之小说史略"等。② 1926 年 6 月，"近月来，该社（文学社）曾开常会二次"。会上"凡诗歌小说故事均自由谈叙，且杂以笑话，更生风趣。上次开会社员中携带有小说及新诗数篇到会，互相传观，互有批评，尤以朱自清先生之评论最为精到"③。文学社还邀请校内外知名教授进行演讲，

---

① 田本相：《曹禺传》，东方出版社 2009 年版，第 136 页。

② 黄延复：《水木清华——二三十年代清华校园文化》，广西师范大学出版社 2001 年版，第 410 页。

③ 齐家莹主编：《清华人文学科年谱》，清华大学出版社 1999 年版，第 35 页。

如 1928 年 12 月 29 日，文学社请徐志摩演讲，题为"漫谈"。[①] 20 世纪 20 年代后期，在外文系学生陈铨、李健吾、罗皑岚、柳无忌和曹宝华等文学爱好者的组织下，清华文学社曾达到鼎盛状态。

为了鼓励学生进行文学创作，学校还创办刊物供外文系学生练笔。例如，1930 年 11 月 4 日，清华大学学生自治委员会执行委员会召开第 4 次会议决定，钱锺书与曹禺被选为《清华周刊》编辑。钱锺书任英文副刊主任，文艺栏主任是吴组缃。[②] 外文系学生钱锺书、李健吾、曹禺、季羡林等都曾在《清华周刊》上发表文章。如 1930 年 2 月，钱锺书以"中书君"为笔名发表处女诗作《无事聊短述》，登在《清华周刊》第 33 卷 1 期，[③] 1932 年 3 月发表《得石遗先生书并示〈人日思家怀人诗〉敬简一首》，发表在《清华周刊》第 37 卷 5 期。[④] 李健吾也曾在 1927 年 12 月 31 日出版的《清华文艺》（即《清华周刊》的文艺专刊）第 5 期发表了中篇小说《一个兵和他的老婆》，同年 10 月 14 日出版的第 2 期上发表一首彭斯的译诗《一个极小极小的老鼠》。[⑤] 从《清华文艺》1925 年 9 月单独出版到 1927 年 12 月停刊，两年多的时间内，李健吾共发表各类作品包括小说、译文、散文、剧本、评论等共九篇。[⑥] 季羡林也在《清华周刊》发表过《现代才被发现了的天才——德意志诗人薛德林》一文。[⑦]

（四）学术讲座

教学与研究是相辅相成的关系。教师把教学中的研究心得与学生们一起分享的同时不仅促进了教学质量的提高，而且扩展了学生的知识面，培

---

① 参见齐家莹主编《清华人文学科年谱》，清华大学出版社 1999 年版，第 75 页。
② 参见李洪岩《钱钟书与近代学人》，百花文艺出版社 1998 年版，第 35 页。
③ 参见孔庆茂《钱钟书传》，江苏文艺出版社 1992 年版，第 39 页。
④ 同上书，第 40 页。
⑤ 参见韩石山《李健吾传》，山西人民出版社 2006 年版，第 50 页。
⑥ 同上书，第 51 页。
⑦ 参见季羡林《现代才被发现了的天才——德意志诗人薛德林》，《清华周刊》1933 年 4 月 19 日。

养其对学术研究的兴趣。外文系经常安排校内外学者开设多种形式的讲座。这些学术讲座既有以全校各院系学生为对象的，也有专门针对外文系学生的。前者所涉及的领域非常广泛，包括政治、经济、天文、地理、哲学等。外文系开设的学术讲座通常涵盖语言、文学和艺术等诸多领域。如无特殊情况，清华大学外文系几乎每周都会安排系内教师讲演。"礼拜五晚七时半本校西洋文学教授翟孟生先生在一院 305 号教室讲演，题为［on the study of poetry］，大意谓中国学生对于西方诗感有三难：（一）韵律难（二）文法难（三）题材难。翟氏谓此三难皆不成其为难，韵律只是诗之外衣，与诗之本体无关，至于文法文字与普通散文所用者毫无二致，题材一层，诗题实较文题容易理解，盖文题复杂，无所不包，各种专门学术，非专家莫办，二诗人乃从可解之物。……是日之会，为陈福田先生主办。闻以后陈先生将继请吴雨僧王文显毕莲诸先生连续讲演关于诗学之各种专题。"① 学术讲座是高校学术活动的有效载体，是校园文化建设的重要内容。学术讲座的内容通常都是教授们自己的研究心得，代表了该学科领域最前沿的学术观点和学术动态。因此，外文系邀请校内外教授开展学术讲座，既为师生提供了一个学术交流的平台，开阔了学生的学术视野，也营造了浓厚的学术氛围。对学生来说，大学期间修读过的课程以后会逐渐淡忘，但是听过的某位教授的某个讲座也许会铭记终生。

清华大学提倡通识教育，注重培养德、智、体、美、群五育并进的人才，因此也非常重视体育。梅贻琦曾说道："体育至关重要，人所尽知，特别在我国目前的国势之下，外患紧迫之时，体育尤应人人去讲求。身体健强，才能担当艰巨工作，否则任何事业都谈不到。"而对于体育的意义，"不在练成粗腕壮腿，重在团体道德的培养"②。也就是说更应借助体育养

---

① 《翟孟生先生讲演》，《清华周刊》（第 31 卷第 6 期）1929 年 5 月 4 日。
② 梅贻琦：《体育之重要》，黄延复、马相武主编《梅贻琦与清华大学》，山西教育出版社 1995 年版，第 305 页。

成团体合作的精神，即群育。因此，清华大学不仅重视体育课的教练和指导，而且强调学生课外体育活动，举办运动会。举办运动会的目的也"不单是造就几个跑多快，跳多高，臂腿之粗的选手，不单是要得若干的银盾、锦标，除此之外，也许可以说在此之上，还有发展全人格的一个目标"①。

四　名师荟萃的师资队伍

清华大学校长梅贻琦在 1931 年的就职典礼上讲："所谓大学者，非谓有大楼之谓也，有大师之谓也。"② 因为不仅学生的知识有赖于教授的教导指点，而且他们的精神修养，也要全赖于教授的启发。在 1936 年梅贻琦提交的报告《五年来清华发展之概况》中再次提到："吾人常言：大学之良窳几全系于师资与设备之充实与否，而师资为尤要。"③ 因此，延揽各学科的良好教授或大师，就成为梅贻琦主校期间的重要任务。从 1932 年到 1936 年，梅贻琦每年都聘任一些新教师，到 1936 年，教师总数达到 221 人，其中教授 101 人，讲师 29 人，教员 23 人，助教 68 人，呈现出"两头大（指教授与助教人数），中间小（指讲师与教员）"的状况。而且，教授人数占第一位，约为教师总数的 50%。④ 这足以说明梅贻琦对于聘任教授的重视。清华大学对教师的任职资格有严格规定，重视教师的学历、学识、资历及研究成绩，如聘任教授须具有下列三项资格之一："（甲）三年研究院工作或具有博士学位及有在大学授课二年或在研究机关研究二年，或执行专门职业二年制经验者；（乙）于其所任之学科，有学术创作或发

---

① 梅贻琦：《体育之目标——在清华暑期体校开学典礼上的讲话》，黄延复、马相武主编《梅贻琦与清华大学》，山西教育出版社 1995 年版，第 297 页。

② 《梅校长到校视事召集全体学生训话》，清华大学校史研究室编《清华大学史料选编》（第二卷上 1928—1937），清华大学出版社 1991 年版，第 219 页。

③ 梅贻琦：《五年来清华发展之概况》，清华大学校史研究室编《清华大学史料选编》（第二卷上 1928—1937），清华大学出版社 1991 年版，第 40 页。

④ 参见邓小林《民国时期国立大学教师聘任之研究》，西南交通大学出版社 2007 年版，第 141—142 页。

明者；（丙）曾任大学或同等学校教授或讲师，或在研究机关研究或执行专门职业共六年，具有特殊成绩者。"聘任专任讲师的资格之一为"二年研究院工作，或具有硕士学位者"①。

在梅贻琦和外文系几任系主任的努力下，外文系汇聚了一批学识渊博并且有研究特长的优秀教师。他们中大多数既受过中国传统国学教育，又有过在国外大学留学经历，称得上是融通古今、学贯中西。如第一任系主任王文显，自幼负笈英伦，1915 年获伦敦大学文学学士学位，剧作家，主要担任《戏剧概要》《莎士比亚》等戏剧课程。早年的洪深，后来的李健吾、曹禺、张骏祥都听过王文显的课，受其影响，开始接触西洋戏剧，后来都在戏剧的创作或研究上取得突出成就；在外文系任教十七年、三次代理系主任的吴宓，既有深厚的国学素养，又深受美国新人文主义的熏陶，也是中西会通的典型人物。为了广揽名师，清华大学还重视国外学者之延聘。"吾人以为将欲提高国家学术水准，端赖罗致世界第一流学者，来华讲学。"② 20 世纪二三十年代，外文系延聘了不少外籍教师，或短期讲演，或任教一二年或更长时间。如外文系聘请了曾任英国剑桥大学、美国哈佛大学教授，"新批评派"理论的创始人之一瑞恰慈任教一年（1929—1930）。他在清华大学开设有"第一年英语""西洋小说""文学批评""现代西洋文学（一）诗（二）戏剧（三）小说"等课程。其中"文学批评"一课是其所开设的重要课程，为三年级必修课。③ 在"文学批评"这门课中，瑞恰慈一半讲古典文学批评理论，另一半讲他自己的文学批评主张。他的文学批评理论对外文系的学生影响很大。另一位在中国执教 60 余年的外籍教师温德，是美国芝加哥大学硕士，他学识渊博，并深谙中西文

---

① 参见《国立清华大学教师服务及待遇规程》（1934 年 6 月），清华大学校史研究室编《清华大学史料选编》（第二卷上 1928—1937），清华大学出版社 1991 年版，第 174—181 页。

② 梅贻琦：《五年来清华发展之概况》，清华大学校史研究室编《清华大学史料选编》（第二卷上 1928—1937），清华大学出版社 1991 年版，第 40 页。

③ 参见齐家莹主编《清华人文学科年谱》，清华大学出版社 1999 年版，第 89 页。

化。《联大八年》一书是这样描述温德的，"在清华任教已二十余年。在校担任'英诗'，'现代诗'和'E. M. Forster'爱德华·摩根·福斯特三课。温德先生年逾六旬，而活泼仍如少年，讲解英诗时，或模仿尼姑，或假作魔鬼，'唱作俱佳'，时常哄堂。温德先生能说中国话读中国古籍，如庄子之类，尤好研究草木虫鱼，对音乐亦有了解。所以昆明美领事馆每星期日下午的唱片音乐会便由他作介绍"①。根据统计，1926 年清华大学外文系共有教师 19 人，1936 年增至 25 人。② 外籍教师长期维持在 10 人左右。不同文化背景、学术专长以及思维方式的国际化师资队伍，有利于促进学科的发展和教师自身的发展。以下仅列举 1926—1936 年在清华大学外文系任教的主要教师情况（见表 5 – 3）。

表 5 – 3　　　1926—1936 年在清华大学外文系任教的主要教师情况统计

姓　名	职　称	主讲课程	学　历	备　注
王文显	教授	英文、戏剧概要、莎士比亚等	伦敦大学文学学士	剧作家
吴宓	教授	专集研究（诗）、西洋文学史分期研究（古希腊罗马）、中西诗比较、西洋文学概要、欧洲文学史、英国浪漫诗人、大一英文、大二英文等	美国弗吉尼亚大学哈佛大学硕士	
陈福田	教授	英文、英国文学书选读、伊丽莎白时代散文、英文作文、西洋小说、乔叟、弥尔顿等	美国夏威夷大学学士、哈佛大学硕士	

①　西南联大《除夕副刊》编：《联大八年》，西南联大出版社 1946 年版，第 190 页。
②　参见《清华大学员工名册·清华大学档案馆研究资料汇编》（第七期），2010 年，清华大学档案馆藏。

续　表

姓　名	职　称	主讲课程	学　历	备　注
楼光来	教　授	英文、文学批评、戏剧研究	哈佛大学硕士	
张杰民	教　授	英文	哥伦比亚大学硕士	
温　德	教　授	法文、英文、西洋文学史分期研究——文艺复兴时代、伊丽莎白时代诗、莎士比亚、英诗、法国文学专题等	美国芝加哥大学硕士	美　籍
翟孟生	教　授	英文、西洋哲学、西洋中世及近世史（择一）西洋文学概要、西洋文学史分期研究：中世纪	美国威斯康星大学硕士	美　籍
吴可读	教　授	英文、西洋小说	学　士	美　籍
谭唐夫人	教　授	德文	博　士	美　籍
瑞恰慈	教　授	英文、西洋小说、文学批评、现代西洋文学（诗、戏剧、小说）	不　详	美　籍
温源宁	教　授	英文、文学批评、诗、西洋文学史分期研究：十九世纪	英国剑桥大学法学硕士	
陈　铨	教　授	文学批评之标准问题、德文、海贝尔	美国欧柏林大学硕士、德国克尔大学博士	
吴达元	专任讲师、教授	法文、拉丁文、拉丁作家研究、法国文学、法国文学史	法国巴黎大学里昂大学文学硕士	
杨业冶	专任讲师	德文、歌德	哈佛大学文学硕士	

续　表

姓　名	职　称	主讲课程	学　历	备　注
杨震文	教　授	德文		
叶公超	教　授	英文、翻译术、现代西洋文学、近代中国文学之西洋背景	英国剑桥大学文学硕士	
张歆海	教　授	西洋文学史分期研究：文艺复兴时代	哈佛大学文学博士	
谭唐	教　授	语言学入门、科学德文、浮士德	博士	美　籍
钱稻孙	讲师、教授	日文	意大利留学	
赵诏熊	专任讲师	诗、戏剧	麻省理工学院工学学士哈佛大学文学硕士	

资料来源：齐家莹主编的《清华人文学科年谱》，清华大学出版社1999年版。

从表5-3中可以看出，20世纪二三十年代的清华大学外文系的师资队伍具有以下特点：第一，本土教师和外籍教师相结合。大多数本土教师早年受过传统国学教育，后接受西方高等教育，均是学贯古今中西的博学之士。而在外籍教师方面，由于清华大学原为留美预备学校，建校之初即聘请大量外籍教师，其中不乏对教学敷衍了事、滥竽充数者。例如，早年的毕业生回忆其清华生活时说道："今天第一堂课时谭唐先生照例的英文演说——谭唐先生教我的三年级德文，但是今天上课不是教德文，乃是用英文演说美国的风土人情——今天所演说的是纽约的建筑。虽然一点钟内一个德文字母没有听见，但是这篇演说真是说得动人。比较说一点钟德文有趣得多呢！"① 季羡林在其回忆录中对外文系的外籍教师评价也不高。即便如此，经过罗家伦和梅贻琦对教师队伍的整顿和增聘后，外籍教师队伍质量有所提高，如前文中所述的瑞恰慈和温德等，其教学对学生影响受益终生。第二，形成一支结构合理的教师梯队。外文系的教师队伍中既有王文显、吴宓、楼光来等知名教授，又有吴达元、杨业冶等青年教师。第三，绝大多数教师都担任数门专业课，教学和研究相长，形成自己的研究专长。如王文显以戏剧研究见长，除了开出多门戏剧课程外，还创作英文剧本：《两者之间》《设计诱陷》《北京政变》《委曲求全》等；吴宓擅长中西诗比较研究；瑞恰慈擅长文学批评；翟孟生在欧洲文学史方面颇有研究；等等。

由于 20 世纪二三十年代的清华大学外文系没有开设语言能力分项训练课程，且文学类课程分量偏重，因此现代外语界人士普遍认为，清华大学外文系的博雅教育模式是一种"纯文学"的英语教育，当时毕业生的语言技能会无法满足社会的需要。事实并非如此。首先，尽管当时外文系没有设置当前大学外语系的听力、口语、阅读、写作和翻译等课程，但由于外文系的学生大多来自重视外语教育的教会中学和一些大中城市的公私立中学，因此在进入大学之前就已经具备一定程度的语言运用能力，再加上大学四年综合类语言课程"英文"的学习和训练，学生的语言基本功相当扎实。外文系毕业生即使将来不从事文学创作，也可以从事外语教师、外交官、翻译或编辑等工作。

---

① 《我的清华生活之回忆》，《清华周刊》（第十一次增刊）1926 年 6 月。

第六章 中国近代大学外语专业人才培养的成效分析

人才培养是高等学校的重要职能。一种人才培养模式是否合理、效果怎样，要通过人才培养的成效反映出来。中国近代大学外语专业在半个世纪的办学过程中，尽管存在培养目标单一、课程设置"全盘西化"的倾向等问题，但是在人才培养上仍取得了显著成效。本章主要从五个职业领域探讨民国时期数所大学外语专业人才的成就与特点，并探究外语专业人才辈出的原因，以从一个侧面揭示外语专业人才培养的一般规律。

第一节 外语专业人才的领域分布

民国时期大学外语专业毕业生的职业选择范围较为宽广。以下仅对当时一些著名大学，如北京大学、清华大学、中央大学、南开大学、辅仁大学、燕京大学、武汉大学、西南联大、中山大学等事业成就较为突出的外文系毕业生进行归纳分析，来反映外语人才培养成效的全貌。总的来说，外文系毕业生事业发展比较集中的职业领域包括教育界（担任大、中、小学教师）、文学创作领域、文学翻译、外交翻译、新闻出版、文化戏剧以及其他领域（如语言学、历史学、经济学等）。他们之所以在职业发展选择上更为灵活和宽广，并在事业上取得重要成就，与他们自身的综合素质分不开，但也是当时大学实施通识教育，注重通才培养的结果。正如南开大学英文系主任柳无忌所说："凭着过去的经验，我总觉得读外文系的出路是广的、多方面的。前所提到的几位联大与中大的同学，他们对中文与外文有造就，也发展到其他部门如文学、戏剧、图书馆学与美术史。更难能可贵的是，他们在文艺创作方面也有成就，能在中美文坛占一席之地。"①

一 文学创作领域

民国时期大学外文系的共同任务之一就是要培养文学创作领域的先锋，如清华大学外文系的一般任务是"创造今世中国文学"②；中央大学文学院外国文学系设置方针之一是"讲授外国文学之标准作品以提高欣赏及批评之程度并吸收其优美之文艺思想以资观摩"③；南开大学英文系第三大任务为"培植一些研究与翻译西洋文学的学者，以介绍外国文学为终身事业。或更进一步，经过中、西文学的比较而从事中国新文学的批评与创作"④；等等。在上述办学方针的指引下，当时外文系培养出了一大批诗人、作家、文学评论家（见表 6 - 1）。例如，被鲁迅誉为"中国最杰出的抒情诗人"的冯至，分别毕业于北京大学德文系和英文系的"汉园三诗人"之李广田、卞之琳；出自西南联大外文系的"九叶派"诗人查良铮（笔名穆旦）、杜运燮和袁可嘉；海外华人作家的杰出代表人物有聂华苓、黎锦扬、荣之颖、吴讷孙等，其中黎锦扬是以英文写作打入西方文坛的美籍华

① 柳无忌：《烽火中讲学双城记》，柳光辽等主编《人生履痕：教授·学者·诗人——柳无忌》，社会科学文献出版社 2004 年版，第 61 页。
② 《外国语文系概况》，《清华周刊》（响导专号）1935 年 6 月 14 日。
③ 《国立中央大学文学院外国文学系选课指导书》，1935 年，东南大学档案馆藏，资料号：155 号。
④ 柳无忌：《匮难中成长的南开英文系》，李良佑、刘犁主编《外语教育往事谈——教授们的回忆》，上海外语教育出版社 1988 年版，第 81 页。

人作家的先行者，而聂华苓的《桑青与桃红》入选亚洲小说一百强；中国
台湾女作家张秀亚在辅仁大学西语系就读期间就经常发表文学作品，同为
台湾女作家的齐邦媛在武汉大学外文系时师从朱光潜教授，她所著的回忆
录《巨流河》2010 年年底在大陆出版以后便受到了热捧，并荣获"华语
文学传媒大奖"；曾就读于南开大学外文系和清华大学外文系的宗璞以散
文见长，其创作的《紫藤萝瀑布》被选到初中语文课本，而《这是你的战
争》和《锈损了的铁铃铛》也分别被选入 2011 年江苏和四川的高考语文
试卷中；武汉大学外文系毕业的叶君健不仅创作了《土地三部曲》《寂静
的群山三部曲》，他还是一名儿童文学家和翻译家。

表 6-1　　　　　　　　　文学创作领域成就突出的毕业生一览

姓　　名	毕业学校	毕业时间	代表性作品	备　　注
冯　至	北京大学	1927 年	《昨日之歌》《十四行集》	著名诗人
李广田	北京大学	1935 年	《汉园集》中的《地之子》	汉园三诗人之一
卞之琳	北京大学	1933 年	《三秋草》《鱼目集》等	汉园三诗人之一
冯文炳	北京大学	1929 年	《桥》《莫须有先生传》	笔名为废名，"京派"代表作家
查良铮	清华大学	1940 年	《探险者》	笔名穆旦，"九叶派"诗人
常凤瑑	清华大学	1929 年	《逝水集》《弃余集》《窥天集》	笔名常风，作家、文学评论家
宗　璞	清华大学	1951 年	《红豆》《紫藤萝瀑布》	

姓　　名	毕业学校	毕业时间	代表性作品	备　注
郑朝宗	清华大学	1936 年	《小说新论》	国内"钱学"首倡者
赵瑞蕻	西南联大	1940 年	《梅雨潭的新绿》《离乱弦歌忆旧游》	
杜运燮	西南联大	1945 年	《九叶集》《诗四十首》	"九叶派"诗人
袁可嘉	西南联大	1946 年	《九叶集》	"九叶派"诗人
黎锦扬	西南联大	1941 年	英文小说《花鼓歌》	美籍华裔作家
聂华苓	中央大学		《桑青与桃红》	美籍华人女作家
凌淑华	燕京大学	1926 年	《花之寺》《爱庐梦影》	"珞珈三杰"之一
张秀亚	辅仁大学	1942 年	《三色堇》	台湾作家
荣之颖	辅仁大学	1946 年	《红楼梦中的女性》	
齐邦媛	武汉大学	1944 年	《巨流河》	台湾作家
叶君健	武汉大学		《土地三部曲》《寂静的群山三部曲》	儿童文学家、翻译家、作家
吴讷孙	南开大学	1942 年	《未央歌》《人子》《忏情书》	笔名鹿桥

资料来源：1. 柳光辽等主编：《人生履痕：教授·学者·诗人——柳无忌》，社会科学文献出版社 2004 年版。2. 南开大学办公室编：《南开人物志》（第一辑），南开大学出版社 1999 年版。3. 赵立忠、田宏选编：《张秀亚作品选》，陕西人民出版社 1987 年版。4. 陈振国编：《冯文炳研究资料》，知识产权出版社 2010 年版。5.《郑朝宗纪念文集》，鹭江出版社 2000 年版。6. 朔之北、许毕基编著：《名家上学记：那时大师如何上大学》，济南出版社 2010 年版。7. 赵瑞蕻：《离乱弦歌忆旧游》，湖北人民出版社 2008 年版。8. 韩石山：《山西，曾有这样一位文化老人：怀念常风先生》，《太原晚报》2010 年 11 月 17 日。9. 蓝棣之编选：《九叶派诗选》，人民文学出版社 2011 年版。10. 许杰：《中国现代文学史参考资料》，上海书店出版社 1993 年版。11. 朱映晓：《一个中国闺秀的野心与激情——凌淑华传》，江苏文艺出版社 2012 年版。12. 北京辅仁大学校友会编：《北京辅仁大学校史 1925—1952》，中国社会出版社 2005 年版。

二　文学翻译领域

通过介绍、翻译和研究外国文学作品，促进中国新文学的发展，是民国时期大学外文系在培养目标上达成的共识。为了训练和提高对文学作品的理解和翻译能力，外文系积极鼓励学生在校期间参与一些文学作品的翻译训练，如翻译家高殿森的译者生涯正是从 20 世纪 30 年代在南开大学英文系读书时期开始的。当时他的译作经常发表在《南开周刊》《大公报》（文艺副刊）、《国闻周报》《益世报》《人生与文学》《时事类编》等著名刊物上。而南开大学英文系主任柳无忌还主动帮助学生联系上海商务印书馆出版译著，如巩思文译美国戏剧家奥尼尔《无穷尽的日子》、曹鸿昭译莎士比亚长篇叙事诗《维娜斯与亚当尼》、曹鸿昭与柳无忌合译《英国文学史》等。[1] 这些翻译实践为外文系毕业生将来从事的文学翻译工作打下了坚实的基础。当时大学外文系的毕业生后来从事过文学翻译的非常多，由于篇

---

① 参见叶雪芬编《柳无忌年谱》，社会科学文献出版社 1992 年版，第 43 页。

幅所限，在此仅列举了其中一部分（见表6-2）。在他们当中，既有被中国翻译协会授予"资深翻译家"荣誉称号的梅绍武和谭丽珠，也有因翻译外国文学作品而被分别授予"丹麦国旗勋章"和"意大利国家翻译奖"的叶君健和田德望，还有1999年被提名诺贝尔文学奖候选人的著名翻译家许渊冲，等等。这些翻译家在翻译外国文学作品时，除了个人专业兴趣的原因之外，更多的是本着促进国内学界了解和研究外国文学的需要。通常他们会集中精力对某个作家的一系列文学作品进行翻译，从而帮助读者全面了解该作家的创作风格和文学思想。而人们在谈到某些外国文学作品时自然而然也会与其译者联系在一起。如傅惟慈与英国作家格林和毛姆的作品，王道乾与美国作家杜拉斯的《情人》，曹鸿昭与荷马的《伊里亚特》和《奥德赛》，赵萝蕤与艾略特的《荒原》，萧乾与《尤利西斯》，冯至与德国诗人海涅的作品，盛澄华与法国作家纪德的作品，等等。

表6-2　　　　　　　　　　文学翻译领域成就突出的毕业生一览

姓　名	毕业学校	毕业时间	代　表　作　品
潘家洵	北京大学	1920年	易卜生、王尔德、萧伯纳的戏剧作品
张威廉	北京大学	1923年	《布莱德尔小说选集》、席勒的《威廉·退尔》等
冯　至	北京大学	1927年	《哈尔次山旅行记》（海涅）、《海涅诗选》等
张恩裕	北京大学	1930年	哈代的《还乡》《德伯家的苔丝》《无名的裘德》，狄更斯的《大卫·考坡菲》
傅惟慈	北京大学	1950年	英国作家格林和毛姆的作品
吴达元	清华大学	1929年	博马舍的《费加罗的婚礼》《塞维勒的理发师》

续　表

姓　名	毕业学校	毕业时间	代　表　作　品
田德望	清华大学	1931 年	但丁的《神曲》,国内最著名的但丁研究专家
盛澄华	清华大学	1935 年	纪德的《地粮》《伪币制造者》等
石　璞	清华大学	1933 年	《狒拉西》、希腊三大悲剧《阿加门农》《安戈尼》《美狄亚》
周珏良	清华大学	1940 年	《李尔王分析》《济慈论诗书简》等
查良铮	清华大学	1940 年	俄国的普希金和英国的雪莱、拜伦等的诗歌
李健吾	清华大学	1929 年	《司汤达尔小说集》《包法利夫人》等
高殿森	南开大学	1933 年	《皇家猎宫》《泼姑娘》
曹鸿昭	南开大学	1933 年	《奥德赛》《伊里亚特》
赵萝蕤	燕京大学	1932 年	艾略特的《荒原》、惠特曼的《草叶集》
梅绍武	燕京大学	1935 年	《普宁》《推销员之死》《奥尼尔戏剧集》
赵瑞蕻	西南联大	1940 年	《红与黑》《梅里美短篇小说选集》等
袁可嘉	西南联大	1946 年	《美国歌谣选》《米列诗选》《叶芝诗选》等
许渊冲	西南联大	1948 年	法文译著《唐宋诗选一百首》《中国古诗词三百首》,英文译著《西厢记》《诗经》,等等

续　表

姓　名	毕业学校	毕业时间	代 表 作 品
杨　苡	中央大学		《呼啸山庄》《永远不会落的太阳》
叶君健	武汉大学	1936 年	安徒生童话
王道乾	中法大学	1946 年	法国作家杜拉斯的《情人》
朱　雯	东吴大学	1932 年	《苦难的历程》《彼得大帝》《凯旋门》等

资料来源：1. 辅仁大学校友会编：《辅仁往事》（第五辑），2007 年。2. 李良佑、刘犁主编：《外语教育往事谈——教授们的回忆》，上海外语教育出版社 1988 年版。3. 束定芳主编：《外语教育往事谈（第二辑）：外语名家与外语学习》，上海外语教育出版社 2005 年版。4. 燕京大学北京校友会编：《群星璀璨：燕大名学者评价》，燕京大学北京校友会，2008 年。5. 肖福堂：《南开外语历程（1919—2004）》，南开大学，2004 年。

三　外语教学研究领域

"造就外国语文教师"是外文系的重要任务。民国时期大学外文系为我国近现代学校培养了众多外语教师，彻底改变了清末民初学校的外语师资几乎完全依靠外籍教师的尴尬局面。就高等学校而言，其师资绝大多数出自当时各高校的外文系，并在他们当中涌现出一大批在外国语言、文学、翻译等方面取得精深研究成果的外语专业教师（见表 6 - 3）。例如，在 20 世纪中国德语界享有"北冯南张"称号的冯至和张威廉教授均毕业于北京大学德文系；现代著名英语语法学家章振邦和张道真分别来自武汉大学和中央大学；我国著名语言学家、英语教育家许国璋，我国西方语言文学界的泰斗、在语言学尤其语言史方面造诣精深的李赋宁，英国文学研究专家王佐良，法国语言文学专家吴达元，等等，他们都毕业于清华大学外文系。

表6-3　　　　　　　　　外语教学研究领域成就突出的毕业生

姓　名	毕业学校	毕业时间	工作经历
张威廉	北京大学	1923 年	陆军大学、中央大学、南京大学外文系教授
杨周翰	北京大学	1939 年	清华大学外文系和北京大学西语系教授
潘家洵	北京大学	1920 年	北京大学、西南联合大学、贵州大学教授
袁家骅	北京大学	1930 年	西南联合大学教授英语、北京大学中文系教授
李宜燮	北京大学	1936 年	辅仁大学、北京大学、广西大学、南开大学教授
商承祖	北京大学	1924 年	南京大学德文学科奠基人
张道真	中央大学	1947 年	北京外国语大学教授
王宗炎	中山大学	1934 年	中山大学教师,广州外国语学院教授、博导等
黄嘉德	圣约翰大学	1931 年	山东大学外文系教授
李观仪	圣约翰大学	1946 年	上海外国语学院英语专业开山人物之一
陆佩弦	圣约翰大学	1939 年	上海外国语学院教授

续　表

姓　名	毕业学校	毕业时间	工作经历
杨小石	复旦大学	1948 年	上海外国语学院教授
朱　雯	东吴大学	1932 年	上海财经学院、上海师范大学等高校教授
李赋宁	清华大学	1939 年	清华大学、北京大学外文系教授
许国璋	清华大学	1939 年	北京外国语学院教授
吴达元	清华大学	1929 年	清华大学外文系主任,北京大学西语系教授、法语教研室主任
杨业冶	清华大学	1929 年	清华大学、西南联大教授
田德望	清华大学	1931 年	浙江大学外文系、武汉大学外文系和北京大学西语系教授
盛澄华	清华大学	1935 年	清华大学外文系,西北大学、复旦大学、北京大学西语系教授
王佐良	清华大学	1939 年	清华大学外文系讲师、北京外国语学院教授
石　璞	清华大学	1933 年	四川大学外文系、中文系教师
颜毓蘅	清华大学	1933 年	燕京大学、辅仁大学、南开大学外文系教授
周珏良	清华大学	1940 年	北京外国语学院教授、外交部翻译室副主任
王岷源	清华大学	1934 年	北京大学西语系、俄语系教授

续　表

姓　　名	毕业学校	毕业时间	工作经历
李相崇	清华大学	1937 年	清华大学教授、系主任
郑朝宗	清华大学	1936 年	厦门大学外文系教授
赵瑞蕻	西南联大	1940 年	南京大学中文系、外文系教授
赵萝蕤	燕京大学	1932 年	云南大学、燕京大学、北京大学教授
范存忠	东南大学	1926 年	中央大学、南京大学外语系教授
章振邦	武汉大学	1944 年	上海外国语大学校长、教授

资料来源：1. 李良佑、刘犁主编：《外语教育往事谈——教授们的回忆》，上海外语教育出版社 1988 年版。2. 束定芳主编：《外语教育往事谈（第二辑）：外语名家与外语学习》，上海外语教育出版社 2005 年版。3. 苏云峰编：《清华大学师生名录资料汇编（1927—1949）》，台湾"中研院"近代史研究所，2004 年。4. 燕京大学北京校友会编：《群星璀璨：燕大名学者评价》，燕京大学北京校友会，2008 年。

四　外交翻译领域

培养"译才""使才"，曾是晚清创办洋务外语学堂的主要目的。民国时期大学外文系的培养目标中虽然没有明确提到这一点，但由于毕业生具备的外语优势，因此后来进入外交、翻译领域的也不少。以燕京大学西语系为例。曾就读燕京大学西语系（后转入清华大学西语系）的资中筠，毕业后历任中国人民对外友好协会美国组织、美大处副处长；1937 届毕业生孟传铄历任参赞、司长和大使；1948 届毕业生关鏞曾任国民政府外交部的司长、总领事、大使、次长等职；1945 届毕业生纪锋曾任我国驻泰国使馆参赞兼常驻联合国亚太经济社会理事会副代表、联合国协会理事等；1950 届毕业生谭丽珠在对外贸易部从事专职英语口译、笔译工作。[①] 其他大学的外文系毕业生后来从事外交翻译工作的也不少。清华大学外文系 1935 级学生周珏良在抗美援朝战争期间曾调任朝鲜军事停战委员会中国人民志愿军代表团秘书处的翻译，1975 年 2 月调任外交部任翻译室副主任，直至 1980 年重回北京外语学院任教。西南联大外文系学生何功楷曾任外交部非洲司司长，驻坦桑尼亚大使兼驻科摩罗、塞舌尔大使，何扬曾任驻希腊大使，王作民任职外交部，叶怪曾任纽约联合国总部高级翻译。此外，西南联大外文系还有部分学生任职新闻出版领域的翻译，如姜桂侬任对外广播事业局高级英语翻译，周家骏任北京外文出版社翻译，张婉英任中国图书进口公司翻译，牛其新任《中国科学》英文版译审，沈师光任《英语世界》编辑，赵全章任新华社英文翻译，杜运燮任职新华社国际部，施松卿任新华社英文翻译，等等。[②] 和洋务外语学堂相比较而言，民国时期的大学外文系毕业生中成为使才、译才比例偏低，尤其是在新中国成立后的大陆，这种现象更突出，其原因大概有以下几点，其一，民国中后期众多留学生归国，非外语专业出身的"海归"既具有外语优势，又有其他专业背景，因此在外交部门发展更顺利，而外文系因偏重文学教育，毕业生进入外交部门工作的机会很少；其二，国统区和解放区创办了一批专业外语学校，这类学校的人才培养模式偏重培养使才、译才，因此更符合外交、翻译领域的需要；其三，当时外文系偏重培养英文、法文和德文之类的人才。而新中国成立后相当长一段时期，由于受国内外政治环境的影响，我

---

① 参见燕京大学校友史编写委员会编《燕京大学史稿（1919—1952）》，人民中国出版社 1999 年版，第 722—744 页。

② 参见西南联合大学北京校友会编《国立西南联合大学校史——1937—1946 的北大、清华、南开》，北京大学出版社 2006 年版，第 117 页。

国的对外交流需要更多的俄语人才，因此这也切断了外文系毕业生进入外交领域的渠道。

五 戏剧电影领域

民国时期的大学校园向来都重视编剧和演剧的传统。很多大学都成立了类似戏剧学会（社）的学生社团，外文系师生通常是这类社团组织的积极倡导者和参与者。例如，清华大学外文系学生李健吾和万家宝（曹禺）都曾被选为清华戏剧社的社长。外文系主任王文显和有些教授还被聘为戏剧社顾问。早年的洪深，后来的李健吾、张骏祥、曹禺都曾听过他的课，并且后来都走上了戏剧创作的道路。除此之外，外文系毕业生后来从事戏剧电影行业较为著名的还有：曾就读于燕京大学西语系，集编剧、导演、作家于一身的黄宗江，原文化部副部长、表演艺术家、话剧导演英若诚，曾和闻一多等在美国发起"国剧运动"的余上沅，等等（见表6-4）。

表6-4 戏剧电影领域成就突出的毕业生一览

姓　名	毕业学校	毕业时间	工作经历	备　注
余上沅	北京大学	1921 年	国立戏剧学校校长 上海戏剧学院教授	曾和闻一多等在美国发起"国剧运动"
黄宗江	燕京大学	肄　业	编剧、导演、作家	创作《海魂》《柳堡的故事》《秋瑾》等
英若诚	清华大学	1949 年	文化部副部长、表演艺术家	主演《骆驼祥子》《茶馆》《推销员之死》等话剧
曹　禺	清华大学	1933 年	北京人民艺术剧院院长	创作《雷雨》《日出》
张骏祥	清华大学	1931 年	导演、上海电影局局长等职务	张骏祥电影剧本选集

续　表

姓　　名	毕业学校	毕业时间	工作经历	备　注
李健吾	清华大学	1929 年	上海戏剧专科学校戏剧文学系主任	文学评论《咀华二集》
孙家琇	燕京大学	大三赴美留学	中央戏剧学院戏剧文学系主任	莎士比亚戏剧专家

资料来源：周谷城：《民国丛书》（第三编），上海书店出版社 1991 年版；黄宗江：《我的坦白书：黄宗江自述》，中国电影出版社 2005 年版；韩石山：《李健吾传》，山西人民出版社 2006 年版；英若诚、康开丽：《水流云在：英若诚自传》，中信出版社 2009 年版；杨静远：《乐山最年轻女教授孙家琇》（http：//news. whu. edu. cn/014/2008 – 09 – 17/359. html）；吕晓明：《张骏祥传》，上海人民出版社 2010 年版。

六　其他领域

外文系学生经过数年大学学习，具备了扎实的专业基础和宽广的知识面，因此相当一部分学生毕业若干年后从事的是其他专业领域（如语言学、"红学"、经济学、历史系、政治学、法学、新闻、古典文学等）的研究，他们当中有些还成为自己所研究领域的学术权威。例如：国内"红学"（红楼梦研究）研究的两位泰斗吴世昌和周汝昌均出自燕京大学西语系，我国语言学界一代宗师吕叔湘和著名古典文学家浦江清均毕业于东南大学外文系，著名历史学家周谷城、北平师大校长袁敦礼、山东大学校长吴富恒都毕业于北京高师英语科，新闻出版界名人萧乾和邹韬奋曾分别就读于燕京大学和上海圣约翰大学英文系，著名教育家、大学校长罗家伦、孟宪承分别毕业于北京大学和上海圣约翰大学英文系，语言学家、语文教育家胡明扬毕业于上海圣约翰大学英文系，享有会计学界的"南潘（潘序伦）北赵"之称的赵锡禹毕业于燕京大学西语系，我国宋史泰斗邓广铭曾就读于辅仁大学西语系，等等。还有些毕业生进入银行、法院、政府部门工作，工作表现出色。这在很大程度上说明了民国时期大学外文系注重通才培养，毕业生们因具备较高的综合素质，即使没有专业对口，在其他行业同样也能取得突出成就。

值得一提的是，笔者对外文系毕业生的主要职业领域进行归纳分析，仅仅是出于研究的方便。事实上，他们当中有很多人的成就并不仅仅体现在某个领域，甚至用一个或数个表格也无法完整呈现他们的杰出成就。像季羡林和钱锺书就是他们当中的杰出代表。季羡林，1930 年考入清华大学外文系德文组，专修德文。在专攻德文的同时，他还选修和旁听陈寅恪、朱光潜、吴宓、朱自清、俞平伯、冰心等教授的课。德文系四年的学习对季羡林今后选择研究方向产生了深远的影响。"他搞比较文学和文艺理论的研究，显然是受朱光潜先生和吴宓先生的熏陶，而搞佛教史、佛经梵语和中亚古代语言，则同陈寅恪先生的影响是分不开的。"[1] 季羡林的学术研究，用他自己的话就是："梵学、佛学、吐火罗文研究并举，中国文学、比较文学、文艺理论研究齐飞。"[2] 季羡林在晚年还被国人誉为"国学大师""学界泰斗"和"国宝"。虽然他多次力辞这样的高度评价，但也说明了季羡林在学界非同凡响的地位与影响。钱锺书，1929 年考入清华大学外文系，在大学期间，因出色的才华受到罗家伦、叶公超、吴宓等人的赞赏。自从吴宓称钱锺书为"人中之龙"后，钱锺书还得到了"清华之龙"的雅号，并称为清华外文系"三杰"（曹禺被喻为"虎"，颜毓蘅被喻为"狗"）之首。同时他还是整个清华的才子，是清华大学文学院中出名的"三才子"之首（其他两位才子是考古学家夏鼐和历史学家吴晗）。[3] 钱锺

---

① 蔡德贵：《季羡林传》，陕西师范大学出版社 2009 年版，第 102 页。

② 季羡林：《我的母亲》，http：//new. ifeng. com/a/20160507/48716491_ 0. shtml。

③ 参见孔庆茂《钱钟书传》，江苏文艺出版社 1992 年版，第 42 页。

书在文学、国故、比较文学、文化批评等领域的成就卓著。其长篇小说《围城》是一部家喻户晓的现代文学经典，而他在对中国古代文学、美学和人文文化进行多年深入研究的基础上所编的《管锥编》更称得上是一部国学大典。鉴于钱锺书在多个研究领域的卓越成就，20 世纪 80 年代起在中国知识界、学术界和大众文化领域形成了一股"钱锺书热"。清华大学外文系 1936 届毕业生、厦门大学中文系郑朝宗教授更成为国内"钱学"的首倡者。

　　除了为上述职业领域培养了一大批取得突出成就的外语人才外，外文系还为社会其他一些需要外语的部门（如基础教育、海关、税务、银行、报社等）培养了众多普普通通的外语人才。他们在普通岗位上贡献自己最大的力量，无愧于母校的辛勤培育，这同样证明了外文系在人才培养上的成功。例如，1943—1946 年在燕京大学西语系就读的孙亦椒，是西语系包贵思老师的得意门生。他曾说："我一生都是一个普通教师，无职称，也无著作。但我觉得自己没有辜负母校的培养与教育，兢兢业业在自己岗位上尽力了。"①

第二节　外语专业人才的群体特点

　　和晚清洋务外语学堂培养的专门人才相比，中国近代大学外语专业培养的外语人才群体不论在知识结构上，还是在国学与外文之间的关系，以及职业领域成就等方面，都具有典型特点。

---

① 燕京大学校友校史编写委员会编：《燕京大学史稿（1919—1952）》，人民中国出版社 2000 年版，第 739 页。

一 完整合理的知识结构

相比较而言，中国近代大学外语人才的知识结构更为完整、合理。而洋务外语学堂的毕业生在知识结构方面显得有些单一、薄弱。从与知识结构构建关系紧密的课程设置来看，以京师同文馆为例。其创办初衷是为养成翻译人才，所以在课程方面仅限于外国语言文字，同时有中国教师讲授汉文。虽然从 1866 年起开设了算学、化学、天文地理、物理、医学、生物等现代自然科学课程和"万国公法"和"各国史略"等人文社科课程，但是，在"中体西用"的功利主义思想引导下，不管现代自然科学课程还是人文社科课程，都服务于"悉夷制夷"的实用目的，而不是出自学生个人成长发展的需要。因此，这也导致了洋务外语学堂的毕业生知识面较狭窄、知识结构单一，对他们今后事业上的发展产生不利影响。

清末京师大学堂以"造就通才"为办学宗旨。对译学馆的人才培养要求提高。"译学馆为养成外交人才而设。于语言文字之外，辅之以普通学、进之以专门学，非徒以备舌人也。将使诸生宏其所学，察政教之繁变，求学问之贯通，裕为全才，以备国家之用。"① 为了培养知识全面、学问贯通之全才，译学馆开设外语、普通学和专门学三类课程。普通学课程中既有德育、历史、文学、图画等人文社科课程，也有地理、算学、博物、物理及化学等自然科学课程。专门学课程讲授外交、理财和教育方面的知识。因此，译学馆虽开办时间不长、毕业生不多，但是"其中之高材生，或服务社会，卓著成绩；或更求深造，成为专门学者；或从事译著，有信达雅三长"②。

---

① 北京大学校史研究室编：《北京大学史料》（第一卷 1898—1911），北京大学出版社 1993 年版，第 180 页。

② 李良佑等编著：《中国英语教学史》，上海外语教育出版社 1988 年版，第 120 页。

民国时期绝大多数大学实行学分制，这对于学生构建完善、合理的知识结构非常有利。外文系学生在一年级要修读包括国文、英文等涉及人文社科和自然科学领域的一系列共同必修课，为学生打下了良好的知识基础；如 1938 年颁布的文学院共同必修科目达 9 门、52—56 学分。二年级开始学习专业课程。外语专业课程以文学史和文学体为主，实施人文教育。除了修读外语专业开设的课程，学生还被要求必修和选修其他专业的课程。如中央大学规定外文系学生系外必修课程至少要 17 学分，包括"中国文学史纲要""西洋哲学史"和"中国文化史"。① 此外还要求学生选修一定学分的系外课程。如辅仁大学国文系、史学系、社经系和教育系为西语系学生开设了十几门系外选修课。而主辅修制的实行使得学生既可以对外语专业进行专精学习和研究，又能通过辅修专业的学习来扩充学术视野，拓宽知识广度，形成较为完整的知识结构。此外，当时大学还开展形式多样的课外活动，既巩固了学生的专业知识，又为学生发展个人兴趣爱好留有适当的余地，丰富了他们的课外生活，促使他们在知识、情感、信念、意志、行为和价值观等方面健康发展。

二 兼具深厚的国学功底与扎实的外文基础

外语专业的学生学习和研究外国语言文学，需要有本国的语言和文化的深厚基础，二者是相辅相成的关系。顾随也曾说过，有国学基础，加上英文系的学习，对治学开阔了眼界，使将来的文学创作和学术研究不拘泥于传统治学方法。这一点从民国时期大学外文系取得突出成就的毕业生身上可以得到充分证明。

外文系学生的国学功底深厚，进入大学前就受中国传统学术熏陶至

---

① 参见《国立中央大学学则暨选课指导书》，1933 年，国家图书馆藏。

深。如季羡林幼时启蒙阶段就在叔父督促下念《百家姓》《千字文》《三字经》、"四书"之类中国传统文化书籍。叔父还亲自给季羡林上部分课程，课本是他自选的理学文章，编为《课侄文选》，即给侄子上课的课本。季羡林后来在回忆文章中说道："他严而慈，对我影响极大，我今天勉强学得了一些东西，都出于他之赐，我永远不会忘掉。"① 1926 年季羡林转入山东大学附属高中。他的国文教员是桐城派古文作家。受其影响，季羡林对古文产生了浓厚的兴趣，开始读《韩昌黎集》《柳宗元集》，以及欧阳修、苏洵、苏轼、苏辙等名家的文章。人称"苦水词人"的顾随家学渊源，"自吾始能言，先君子即于枕上口授唐人五言四句，令哦之以代儿歌"②。他六岁开始听父亲讲授四书五经、唐宋八家文、唐宋诗及先秦诸子寓言故事，打下了深厚的国学功底。父亲在他"幼小的心灵上撒下了文学爱好、研究以及创作的种子，使我越年长，越认定文学是我的终身事业"③。1915 年顾随以优异的成绩考入北京大学国文系，校长蔡元培亲自审阅试卷。他发现顾随的中国文学水平卓异，再读国文系已无必要，便亲自找顾随谈话，建议他改读西洋文学以开阔眼界，拓宽知识领域，为将来研究中国文学打好坚实的基础。因此，顾随在饱读中国古代诗文的基础上，又在北京大学接受了西方的新文化，"集旧学新学于一身，熔古今中外于一炉"，形成了他学问兼容并包、博大精深的新的基础，最终成为中国文学研究与教学的一代宗师④。

甚至有些外文系学生还曾在国文系接受过正统国学教育。例如，辅仁大学西语系毕业生张秀亚在大学入学考试时沈兼士给她的国文考试科目九十五的高分，被国文系录取，二年级即转入西语系。燕京大学西语系毕业生赵萝蕤从小在父亲赵紫宸的谆谆教诲下熟读中国古典

---

① 季羡林：《学海泛槎：季羡林自述》，华艺出版社 2005 年版，第 52 页。
② 辅仁大学校友会：《辅仁往事》（第一辑），辅仁大学校友会 2006 年版，第 220 页。
③ 同上。
④ 参见李世琦《博大会通说顾随》，《社会科学论坛》2008 年第 3 期。

文学，1928 年考入燕京大学中文系。英文系美国老师包贵思女士劝她改学外国文学，理由是既然酷爱文学就应该扩大眼界，中国文学可以自修，外国文学学得好，能使中国文学学得更好。"红学家"吴世昌1932 年从燕京大学西语系毕业后被哈佛燕京学社破格吸收为国学研究所的研究生。

就入学前的外文基础而言，民国时期外文系学生在进入大学时已经有一定的外语基础。这使得他们在大学阶段不需要花费太多时间学习外国语言知识，从而可以投入更多精力学习外国文学和文化。1912 年"壬子·癸丑学制"规定，有条件的高小可开设外国语，外国语以英语为主，但是遇到地方特别情况，得任选法、德、俄语一种。① 外国语旨在通解外国普通语言文字，具运用之能力增加知识。外国语首授以发音拼字，渐及简易文章之读法、书法、译解默写，讲授普通文章及文法要略、会话、作文等。在中学课程标准上，外文的每周课时超过国文，仍在 6—9 课时之间，在教学内容方面，除了仍重视读法、译解、会话、作文、文法等语言技能训练之外，还规定中学四年级要学习"外国文学要略"。因此，中小学教育阶段已经为学生打下了坚实的外语基础，有的学生甚至已经具备阅读一些外文原著的能力。尤其是在一些经济较为发达的大中城市和沿海地区的私立中学和教会中学，外语教学尤其受到重视。像外文系毕业生李赋宁、黄嘉德、陆佩弦、杨同翰、王佐良等都分别在英语教学水平较高的天津南开中学、厦门寻源中学、上海圣芳济学堂、北京育英中学、武汉文华中学等就读。正因为民国时期的中小学对学生进行语言基本功训练，因此大学外文系的课程设置偏重于外国文学训练。据苏州东吴大学英文系 1932 届毕业生朱雯回忆，"从当时（东吴大学英文系）的课程设置来看，英文作为一种语言工具，认为在中学阶段都应该掌握，若要深造，那就得在文学方面下

---

① 参见璩鑫圭、唐良炎主编《中国近代教育史资料汇编·学制演变》，上海教育出版社 2007年版，第 664—665 页。

功夫"①。

总之，由于外文系学生已具有深厚的国学功底和一定的外语基础，经过外文系四年的外国文学和文化的学习和熏陶，中文和外文互相促进，取得相得益彰的效果。正如王佐良所说："汉语学得好的，外语也容易学好，特别是到了稍高的阶段是这样，写文章的道理是共通的，需要大量文史科技知识也是共通的，而在这一切之上需要有丰富、灵活的想象力更是共通的。"②

三　宽广的职业发展领域

职业发展的领域取决于毕业生的素质。一般来说，综合素质高的毕业生在职业发展过程中选择范围更广，反之则较窄。而毕业生的素质如何又与大学的办学理念密切相关。与晚清洋务外语学堂毕业生相比，民国时期大学外文系毕业生的职业发展领域更广，涵盖了文学创作、翻译、外语教育、外交、新闻出版、戏剧文艺等领域；取得成就更大，不少毕业生为其所在领域发展做出杰出贡献。这一点在"外语人才的领域分布"这一部分内容中已经有详细论述，此处不再重复。

洋务外语学堂毕业生的职业发展领域情况以京师同文馆为例。根据《京师同文馆学友会报告书》初步统计，纳入"同文馆学友会会员录"中并有详细资料的 105 名京师同文馆毕业生的职业构成大约是这样的：34 人从事外交工作，47 人担任其他政府官员，6 人投身实业界，5 人在教育和卫生部门工作，13 人未说明；在总计 72 个"情况不详者"的统计中，确知 18 个人的职业情况。其中 9 人在外交部门工作，6 人在政府部门工作，

---

① 朱雯：《思往事，惜流芳》，李良佑、刘犁主编《外语教育往事谈——教授们的回忆》，上海外语教育出版社 1988 年版，第 118 页。

② 王佐良：《在文华中学学英语》，李良佑、刘犁主编《外语教育往事谈——教授们的回忆》，上海外语教育出版社 1988 年版，第 227 页。

2 人在经济部门工作，1 人在军事部门工作，其余 54 人的职业情况未详。①因此，从职业选择的领域来看，京师同文馆大多数毕业生从最初主要集中于外交、军事、政府部门任职，逐渐向教育和实业等领域延伸。而在外交和政府部门发展的毕业生在毕业生总数中占有相当大比重。从这一点可以看出以京师同文馆为代表的洋务外语学堂在人才培养上的实用性和功利性。

第三节　外语专业人才辈出的原因

在半个多世纪的办学过程中，中国近代大学外语专业培养出一代又一代的优秀外语人才，为近现代中国外交、新闻、文学、外语教育等领域的发展做出了重要贡献。这些人才的涌现既与受教育主体的努力有关，也与办学理念、培养模式、教育环境的作用密不可分。其中，通识教育的实施在外语人才培养中发挥了不可替代的作用。

一　通识教育理念拓展了外语专业在课程教学上的发展空间

课程教学是人才培养过程的重要环节，充分反映了学校的办学理念。通识教育是面向所有人的教育理念，它和高等教育之间存有着特殊的关系。因为通识教育是将大学各个学院和系科联系起来的共同精神文化基础，否则大学便不能称之为大学，而只是一系列不同的学院和系科。② 为了弥补近代大学分系科的专业教育特性所导致的局限性，外语专业在课程教学上以通识教育理念为指导，不断拓展自身

---

① 参见陈向阳《晚清京师同文馆组织研究》，广东高等教育出版社 2004 年版，第 289 页。
② 参见庞海芍《通识教育：困境与希望》，北京理工大学出版社 2009 年版，第 23 页。

发展空间。

为了帮助学生打下坚实的知识基础，外语专业重视基础课程教学。如北京大学在低年级开设共同必修科，并强调文理兼习、相通。清华大学外文系一年级都是学习共同基础课程，包括大一国文、大一英文、中国通史或西洋通史（择一）、逻辑、高等数学或微积分（择一）、普通物理、普通化学、普通地质学、普通生物学（择一）。这样的课程安排目的是使广博的文化知识成为学习外文的基础和动力，促进人的全面发展。上述基础课程当时都由清华最有经验的著名教授担任。据李赋宁回忆："我学的大一国文分在 B 组是朱自清先生教（A 组是俞平伯先生教）；我学的大一英文E 组是陈福田先生教的（A 组是英籍教授吴可读教的，B 组和 C 组分别由叶公超先生和吴亦先生讲授）。我学的西洋通史是刘崇鋐先生教的（中国通史是雷海宗先生教的）。我学的逻辑学 B 组是张申府先生教的（A 组是金岳霖先生教的）。我选的普通物理学是吴有训先生教的（普通化学是张子高先生教，普通生物学是陈祯先生教，普通地质学是袁同礼先生教）。"①由此可见当年清华大学对基础课教学的重视程度，而历史也证明了这样的课程安排对学生是非常有益的。李赋宁曾回忆道："生活在这样的学术氛围中，耳濡目染，受到不自觉的熏陶，这对我们选择今后的生活道路无形中也起了决定性的影响。"②

除了必修课外，当时大学还要求学生选修一定学分的其他系科课程，甚至旁听自己感兴趣的课。教师不以为忤，学生也各得其乐。像季羡林就曾旁听过陈寅恪先生的"佛经翻译文学"，选修朱光潜先生的"文艺心理学"（也就是美学）。正是这两门课，使他终生难忘，终身受益。此外，他还旁听过朱自清、俞平伯、郑振铎等先生的课。正是在清华大学

---

① 李赋宁：《三十年代中叶清华大学的基础课教学》，《清华大学学报》（哲学社会科学版）1995 年第 4 期。

② 《李赋宁——中西文化架桥人》，《百年潮》2008 年第 5 期。

外文系通识教育模式的熏陶和影响下，季羡林兼收并蓄，学习了英文、德文和其他各门人文社会科学课程，为他日后从事的社会科学研究打下了坚实的学术基础。北大学生选科和选听的自由度很大，既可选本专业的课程，也可选外专业的课程。由于个人兴趣的原因，冯至经常去旁听国文系的课。他曾回忆道："我是德文系学生，在那里主要是学德语和德语文学知识。在思想上给我影响较多的是国文系的教师。"① 像鲁迅的"中国小说史"、黄晦闻的"汉魏乐府和南北朝诗"、沈尹默的"唐诗"等课程，冯至都会去旁听。尤其是鲁迅的"中国小说史"，他旁听了两轮，但是一点都不觉得重复和枯燥。"我们听他的讲课，和读他的文章一样，在引人入胜、娓娓动听的语言中蕴蓄着精辟的见解，闪烁着智慧的光芒。"② 这些在年轻的冯至心中留下了深刻的印象。冯至在德文系四年的学习，对他日后成为著名诗人起到举足轻重作用的并不是德文系的专业课和教师，反而是一些旁听课。冯至从旁听课及其教师那里所受到的教诲和熏陶，构成了他思想的雏形，培育了他做人的态度和作文的风格。难怪冯至在晚年回忆道："我在北大时，回顾自己的学业，并没有掌握了什么万能的治学方法，占有什么研究资料，只不过在课堂内或课堂外，关于怎样做人，怎样作文得到过一些启发，而做人与作文又不是能够截然分开的。"③

总之，近代大学外语专业通过一系列较为完整的专业课程，对学生进行正规系统的外国语言文学教育的同时，还开设共同必修课，并允许学生选修甚至旁听自己感兴趣的课程，由此而形成的宽厚知识基础和扎实专业知识是他们日后成才的必备条件。

---

① 陈平原、夏晓虹编：《北大旧事》，生活·读书·新知三联书店 1998 年版，第 252 页。
② 冯至：《冯至全集》（第 4 卷），河北教育出版社 1999 年版，第 198 页。
③ 赵建林编著：《解读北大》，广西师范大学出版社 2004 年版，第 148 页。

二　通才教育模式为外语专业学生成才奠定了基础

除了通过课程教学来贯彻通识教育理念外，近代大学还出台了一系列教学管理制度，开展丰富多彩的课外活动，以及采用先进的教学方法，把学生培养成知识面宽广、心智和品格等方面协调发展的"完整的人"。

教学管理制度为外语专业人才培养提供制度保障。近代大学教学管理制度屡经变迁。20世纪初，以蔡元培和郭秉文为代表的先进知识分子率先在北京大学和东南大学开设选科制和学分制实践，推动了20世纪上半叶中国大学学分制改革的迅速发展。学分制下学生的课程分为必修和选修两类。选修不仅可选本系课程，也可选外系课程。有些大学还采用主辅修制，要求学生以某一系为主，另选一系为辅。这些做法对于拓宽学生的知识面、提高其社会适应能力非常有益。在实施学分制过程中，为了加强学生管理，充分发挥教师在教育教学方面的主导作用，近代大学实行导师制，对学生进行学习、生活、思想、就业等方面指导，使学生明确学习目标，选择适合自己的发展方向，为学生日后成为一流的专家、学者打下了坚实基础。

鉴于外语专业的人文学科属性，近代大学注重学生人文素养和思想内涵的培养。不仅强调学生掌握外国语言、文学和文化方面的知识，同时也包括如社会学、心理学、历史、音乐、美术等方面的基本知识和修养。为此，外语专业在专业课程设置上偏重文学教育，文学史和文学体课程占较大比重。为了培养知识、心智和人格等方面协调发展的"完整的人"，近代大学还重视美育的熏陶作用。如北京大学成立以研究音乐、陶冶性情为主旨的音乐研究会，每年春间举行音乐演奏大会一次；书法研究会以研究书法、发展美育为宗旨，分本国画和外国画两门，聘请专门导师按时教授，每年开成绩展览会一次；等等。① 清华大学也注重美育。清华大学毕业生、著名语言学家张清常教授回忆说："梅先生办学重视美育，与一般只重德、智、体育的校长相比，眼光似乎更广阔些。"② 20 世纪二三十年代清华大学不但在哲学、中文、外文、心理、体育等系（部）的课程中设置多种属于美育方面的学程，配备有像邓以蛰、朱光潜、俞平伯、王文显、郑振铎、谢婉莹（冰心）等艺术大家担任相关课程，而且还设有音乐室、谷音社（业余研究和实践中国古典戏曲的团体）等许多校设或民办的文学艺术团体，再加上学生当中的业余社团（文学社、美术社、歌咏团等）及其经常举办的讲座、表演、展览等，使校园生活处于弦歌长兴的氛围之中。通过开展这些社团活动，充分发挥了美育在人才培养过程中润物细无声的效果。例如，冯至置身于北京大学如此浓郁的艺术氛围熏陶下，培养了审美意识和审美情趣，提升了他对文学作品的欣赏和创作能力。因此，他说道："我有时听音乐演奏，参观书画展览，开拓了眼界，懂得一点艺术，接受一点审美教育，对于学习文学是有所裨益的。"③

三　高水平的外语专业教师在外语人才培养中发挥了保障作用

师资队伍水平和人才培养质量关系密切。从 1862 年京师同文馆创办起，中国近代高等教育就把师资队伍建设作为学校办学工作的重点来抓。从晚清的"奉夷为师"到清末民初本国教习增多，再到民国中后期以本土教师为主，中国近代大学外语专业建立了一支学识渊博、品格高尚、专业水平较高的师资队伍。广大优秀的外语专业教师怀着对外语教育事业的满腔热爱，对待工作认真负责，通过言传身教，为外语人才培养工作提供了有力保障。

---

① 参见《二十三周年纪念日特刊》，《北京大学日刊》（第 771 号）1920 年 12 月 17 日。
② 黄延复：《清华传统精神》，清华大学出版社 2006 年版，第 110 页。
③ 陈平原、夏晓虹编：《北大旧事》，生活·读书·新知三联书店 1998 年版，第 252 页。

近代大学外语专业的师资虽然紧张，但教师水平普遍比较高。他们从小接受过中国传统文化教育，后又进入新式学堂接受现代科学教育，并且相当一部分还出国留学，受到西方先进科学知识和教育观念的滋养。因此，在外语人才培养过程中，教师们以其精深的专业能力、严格的学术态度、先进的教育理念对学生产生了不可磨灭的影响。例如，吴宓主张外文系学生不应以掌握西方语言文字为满足，还应了解西洋文化的精神，享受西方思想的潮流，并且对中国文学也要有相当的修业和研究。外文系培养了许多杰出的人才，与他的思想感染很有关系。① 李赋宁对在清华大学外文系读书期间吴宓对他的影响深有感触，"正像吴达元教授在语言上对我提出高度的严格要求那样，吴宓教授在文学和历史的领域里也对我提出高度的严格要求。吴宓教授严格要求人名、地名和历史年代的准确，绝不允许马马虎虎的作风。另外，吴宓教授非常重视文学作品中所表现的哲学思想，因此他不仅强调历史事实的准确，而且要求对文艺思潮和思想史要有正确的理解和精确的表达。吴宓教授特别强调文学的教育作用，认为文学史对人生的评论，文学具有高度的严肃性，表现高度的真理。吴宓教授推崇古代希腊文学、历史、哲学和艺术。这一切对我的世界观和学术观都有深远的影响"②。

为了方便学生可以随时向教师请教问题，提高教学效果，教师们除了正常的课堂教学外，还牺牲自己的休息时间，对学生进行课外辅导。像北京大学外国语文学系英、法、德文组把教师课外指导形成一种制度，明确规定教授指导的时间段和地点。以英文组教授在校指导安排为例（见表6－5）。

---

① 参见赵瑞蕻《纪念西南联大六十周年》，钟叔河、朱纯编《过去的大学》，长江文艺出版社2005年版，第194页。

② 李赋宁：《回忆我大学时代的几位老师》，李良佑、刘犁主编《外语教育往事谈——教授们的回忆》，上海外语教育出版社1988年版，第276页。

表 6 - 5　　北京大学外国语文学系英文组教授在校指导时间及地点一览①

教　授		贝德瑞	徐志摩	蒯淑平	温源宁
指导时间	星期一	下午 2 - 5 点	上午 9 - 12 点	上午 9 - 12 点	下午 3 - 5 点
	星期二	上午 9 - 12 点；下午 2 - 5 点	上午 9 - 12 点	上午 9 - 12 点	上午 9 - 12 点；下午 3 - 5 点
	星期三	上午 9 - 12 点；下午 2 - 5 点	上午 9 - 12 点	上午 9 - 12 点	下午 3 - 5 点
	星期四	下午 2 - 5 点	上午 9 - 12 点	上午 9 - 12 点	上午 9 - 12 点；下午 3 - 5 点
	星期五	上午 9 - 12 点；下午 2 - 5 点	上午 9 - 12 点	上午 9 - 12 点	上午 9 - 12 点；下午 3 - 5 点
	星期六		上午 9 - 12 点	上午 9 - 12 点	上午 8 - 12 点
地　点		三楼西首英文导师室	三楼西首英文教授会	二楼中间院长会客室（借用）	三楼西首英文导师室

　　各校外语专业教师中，兢兢业业、爱生如子、全心奉献的教师非常多。如南开大学英文系司徒月兰教授，在美国接受了大学本科和研究生教育，面对国家贫弱、民不聊生的状况，她毅然回到祖国，试图用教育来改变国民的愚昧与落后，走教育救国的道路。因此，司徒月兰在南开大学英文教学数十年，对教育事业倾注了自己全部精力，把一生奉献给了南开外语教育事业。她对教学工作认真负责，对学生严格要求。在南开任教期间，她每周上课 15 学时。除了课程表上安排的、繁重的教学工作之外，她还在课外对学生进行额外辅导。譬如，为了提高学生的写作水平，她常把学生叫到家中，耳提面命，逐字逐句地指出学生语法、词汇、结构等方面有什么错误或不妥，使其在英文写作上有显著进步。司徒月兰对待工作全

---

　　①　《外国语文学系英文组教授在校指导时间及地点表》，《北京大学日刊》（第 2708 号）1931 年 10 月 15 日。

心全意、无私奉献的精神感染了一代代南开大学英文系学子。

近代大学外语专业在人才培养上取得的突出成就同样凝聚了外籍教师们的努力和心血。尤其是对近代教会大学而言。教会大学最早由西方传教士创办，外籍教师比例高，但是他们对待中国教育事业和中国学生没有偏见和懈怠。像燕京大学西语系教授包贵思是一位虔诚的基督徒，可是她从不向学生直接宣传基督教义。她一生独身，不畏艰苦，远涉重洋，来到中国从事教育工作，把毕生精力都奉献给燕京大学西语系的教学工作。

教师们对教学工作的全心付出，也博得了学生们的热爱和尊敬。因此师生之间的关系相当融洽，这对于教学工作的顺利开展非常有利。譬如燕京大学西语系教授施美士讲授《圣经》文学时，只有四五个学生，每周大家都步行到他家上课。师生围坐在他的大饭桌旁，他先用茶点招待同学，并且当场亲自煮咖啡给同学喝，然后才从容讲课，同学一点儿也感觉不到师生之间的距离，在十分亲切的气氛下学到了知识。

四　外语专业学生自身的努力

人的行为受其主观能动性的影响很大。近代大学外语专业学生的成长与发展和他们自身的努力分不开，而其努力的最大动力在于近代中国民族危机加深，学生们"为了中华民族崛起而读书"。

鸦片战争以后，中国陷入严重的民族危机。当时一批先进知识分子认为中国贫穷落后的根源在于教育落后，因此主张兴办教育、培养新式人才以挽救国家危亡。如陈嘉庚在倡办厦门大学时曾经感慨："今日国势危如累卵，所赖以维持者，惟此方兴之教育与未死之民心耳。"[①] 因此，中国近代大学是带着深刻的民族危机意识和民族文化自觉而创办的。甲午战争的失败使国人意识到仅仅学习西文和西艺还不够，还必须要学习西方的政

---

① 陈嘉庚：《致集美学校诸生书》，王增炳等编《陈嘉庚教育文集》，福建教育出版社1989年版，第160页。

治、文化和教育。当时关于大学的专业设置与民族文化之间的关系，在 20
世纪二三十年代曾有过争论："读外国文学去做洋奴吗？做帝国主义的走
狗吗？"对于社会上的疑问，中央大学校长罗家伦认为，中国还要吸收世
界的文化，要丰富中国的文学，要得到外国科学的工具，这都非研究外国
文学不可。所以外国文学办不好，不仅文法学院，各学院都受影响。① 因
此，为了国家和民族，近代大学外语专业的学生深入学习西方语言文化并
撷取其中之精华，以求救亡图存。

在学习外国语言文学可以学习西方文化、有助于实现民族自强的激励
下，近代大学外语专业的学生学习非常认真刻苦。他们在专业上不断对自
己树立更高的要求。譬如曹禺从南开大学经济系插班进入清华大学西洋文
学系后，尽管西洋文学系已经有王文显、吴宓、温德、瑞恰慈等开出的一
系列高质量专业课程，但是曹禺感到光靠听课不行，必须还要自己去找老
师，那就是书籍。清华有一种很好的风气，每个教授上课都指定许多参考
书。像王文显的戏剧课，就指定学生去阅读欧美的戏剧名著。从西洋戏剧
理论到剧场艺术，从外国古代戏剧到近代戏剧作品，这些戏剧藏书为曹禺
打开了一个广阔的戏剧天地。"图书馆的阅览室，成为他最得意的所在。
宽敞而明亮的大厅里，鸦雀无声，每当坐下来，打开书本，他就像进入了
一个生动活跃的世界。他沉迷在这个世界里，忘记了一切。有时，连吃饭
都忘记了。……那么多戏剧书刊，很多是他未曾看到的，他真是如饥似渴
地在吞吸着。……他流连于世界戏剧艺术的长廊里，除了这些令他醉心的
戏剧大师，其他如法国的博马舍、莫里哀、雨果、大仲马、小仲马、罗
曼·罗兰……德国的莱辛、歌德、席勒……英国的王尔德、萧伯纳、高尔
斯华绥，还有开现代派戏剧长河的斯特林堡、霍普特曼、梅特林克等人的
剧作，都在他系统阅读之列。他在写《雷雨》之前，已经读了几百部中外

---

① 参见许小青《诚朴雄伟　泱泱大风——中央大学校长罗家伦》，山东教育出版社 2012 年
版，第 237 页。

剧作。"① 而天资聪颖，有着如照相机般记忆力的钱锺书，到清华后即确立志愿，要"横扫清华图书馆"。钱锺书是全校公认的"才子"，但是他的用功之勤也是超人一等。他的同班同学许振德在《水木清华四十年》一文中回忆道："锺书兄，苏之无锡人，大一上课无久，即驰誉全校，中英文俱佳，且博览群书，学号为八四四号，余在校四年期间，图书馆借书之多，恐无能与钱兄相比者，课外用功之勤，恐亦乏其匹。"② 广泛的阅读使钱锺书受益匪浅，如在大二时他上的外籍教师翟孟生的"西洋文学概要"、瑞恰慈的"西洋小说"，这些课程中涉及的所有小说他几乎全部读过，无怪乎他的成绩高人一等。

外语教育与留学教育之间关系密切。由于外语专业的学生在语言上具有优势，因此他们大学毕业后选择出国留学者较多。以清华大学外文系为例，1929 级到 1947 级总共 198 名毕业生中，可统计到的毕业后出国留学深造者有 38 人，占毕业生总数约 20%，而其中攻读硕士、博士学位者有 22 人。③ 对这部分有过留学经历的学生来说，中国传统文化教育与西方现代大学教育的相互促进，对于他们大多日后成为博古通今、学贯中西的外语通才具有重要意义。

总之，中国近代大学外语专业英才辈出受到理念、模式、教师和学生等四个方面因素的影响。其中，通识教育理念是人才培养过程的指导思想；通才教育模式是人才培养目标的实现途径；高水平的教师队伍是培养优秀外语人才的根本保证；而学生自身的努力则是外语人才不断涌现的重要前提。总之，四个因素缺一不可。

---

① 田本相：《曹禺传》，东方出版社 2009 年版，第 132—134 页。
② 孔庆茂：《钱钟书传》，江苏文艺出版社 1992 年版，第 37 页。
③ 根据《清华大学师生名录资料汇编》（1927—1949）（苏云峰）统计得出。

第七章　中国近代大学外语专业人才培养的理论反思

　　大学专业人才的培养是一个复杂的过程。它受多种因素制约。在外语专业人才培养方面，既受到社会需求的影响，又受到办学模式的制约。综观中国近代大学外语专业人才培养的历史，体现了教育的外部关系规律性。全面认识近代大学外语专业人才培养的动因、过程及其成效，从理论上总结外语专业人才培养的经验教训，对于当今中国大学外语专业人才培养改革具有现实意义。

第一节　近代大学外语专业人才培养的影响因素

　　教育的外部关系规律表明，教育作为社会的一个子系统与社会系统及其他子系统——主要是经济、政治、文化系统之间存在必然性的关系，"教育必须受一定社会的经济、政治、文化所制约，并为一定社会的经济、政治、文化的发展服务"①。中国近代大学外语人才培养活动不是凭空产生的，它有着广泛、深刻的政治、经济和文化的原因。在这半个世纪里，大到社会历史背景、政府政策，小到某个人物、某次改革，都会对人才培养

---

① 潘懋元：《高等教育学讲座》，人民教育出版社 1993 年版，第 34 页。

产生一定影响。本节仅从近代大学外语专业人才培养的历史变迁视角，对影响外语人才培养的因素做一个初步的梳理和归纳。

一　政治环境因素

中国近代大学外语人才培养受到政治环境因素的影响主要体现在两个方面：一是政治时局的变化产生的影响；二是政府颁布的有关政策法规产生的影响。

中国传统高等教育把儒家经典作为学校主要的甚至是唯一的教学内容，目的是培养忠君尊孔、恪守封建纲常的"士大夫"。鸦片战争后，西方列强用军舰大炮打开了大清帝国闭关自守的大门。晚清政府被迫与英、法等西方列强不断地商谈、签订和修改一个个不平等条约。朝廷官员深知，"与外国交涉事件，必先识其性情。今语言不通，文字难辨，一切隔膜，安望其能妥协"[①]。而1858年签订的《天津条约》中规定：（1）嗣后英国文书俱用英文书写；（2）暂时仍以汉文配送；（3）自今以后，遇有文辞辩论之处，总以英文为正义。[②] 因此，清末统治者遭遇的外交窘迫以及中外条约中的语言歧视条款等迫使晚清政府急需创办一所培养外语人才的新式学堂。这说明了京师同文馆是在特殊政治背景下出于应急和迫于无奈而创办的。"它的产生并非中国文化和高等教育发育到成熟阶段的逻辑产物，而是为应付中外交流之急的一种迫不得已的措施，是外力催生的结果。"[③]

洋务外语学堂在确立外语学习语种时也充分考虑到军事和政治的需

---

① 高时良、黄仁贤主编：《中国近代教育史资料汇编·洋务运动时期教育》，上海教育出版社2007年版，第6页。

② 参见陈学恂主编《中国近代教育史教学参考资料》（上册），人民教育出版社1986年版，第37页。

③ 刘华：《试论中国高等教育近代化初期的基本特征——以京师同文馆为例》，《南京师范大学学报》2002年第11期。

要，外语教育以欧洲语言（英语、法语、俄语）为主。因为"查通商各国，以英、法、俄交涉事务为多，学习外国语言文字，亦以英、法、俄为要"。甲午战争爆发后，出于时局的需要，总理衙门要求京师同文馆开设日文，"查日本同洲邻近，交涉日繁，亟应添设东文学馆，以备异日翻译之选"①。可见当时确定外语学习语种是以外交需要为依据，以该国在中国外交事务上的地位作为标准。

1894 年中日甲午战争的惨败实际上宣告了洋务运动的破产，也在一定程度上证明了，在外力催生下被动产生的洋务外语学堂所培养的工具型人才已经无法满足社会需要。19 世纪末 20 世纪初，中外交流愈加频繁，国人希望了解和学习西方的意愿逐渐增强，学习的对象从"西文""西艺"转向"西政"。因此，京师大学堂译学馆虽然"为养成外交人才而设"，但是"于语言文字之外，辅之以普通学、进之以专门学，非徒以备舌人也。将使诸生宏其所学，察政教之繁变，求学问之贯通，裕为全才，以备国家之用"②。也就是说，此时国人学习外语的终极目的已不仅仅是单纯的语言文字应用，而且还要通过外语以"自读西书"，研究国外的政治、经济、教育等制度，以达到"教育救国"的目的。

辛亥革命推翻了清王朝的腐朽统治，中国进入民国社会，社会政体发生变化，要求文化教育亦随之改革。中国日益关注世界形势，并积极地扩大对外交流。尤其是 1928 年到 1937 年南京政府时期，堪称是中国向西方全面开放的时期。外语作为推行西方生活方式和思想观念的媒介，在中国教育领域的重要性逐渐增强。尤其是国民党统治集团出于强化思想、稳固政权的需要，推行带有明显政党色彩的通识教育理念。此外，自 1872 年派出第一批留美幼童起，派遣留学生成为向西方国家学习的重要途径之一。

---

① 高时良、黄仁贤主编：《中国近代教育史资料汇编·洋务运动时期教育》，上海教育出版社 1992 年版，第 48 页。
② 北京大学校史研究室编：《北京大学史料》（第一卷 1898—1911），北京大学出版社 1993 年版，第 180 页。

特别是随着庚款留美和留英计划的出台，公费和自费出国留学者越来越多。由于具有先天的语言优势，民国时期大学外文系毕业生出国留学深造者甚多。为此，外文系充分考虑到这部分同学的需要，以通识教育理念为指导，着力于打下广博扎实的知识基础，为他们将来在国外的专业学习奠定基础。

　　抗日战争爆发后，国民政府从"抗战建国"的需要出发，把"战时当作平时看"，对高等教育的实施目标、系科调整、课程设置等都做了新的部署。1938 年 4 月，国民党制定《战时各级教育实施方案纲要》，要求各院科系"应从经济及需要之观点，设法调查，使学校教学力求切实，不事扩张"。大学教育"应为研究高深学术，培养能治学、治事、治人、创业之通才与专才之教育。其学院之设施，应以国家之需要为对象"①。可见，战时大学开始兼顾通才与专才的培养，强调大学培养的人才要适应国家和地方的现实需要，从而使大学教育比较切合"抗战建国"的实际。上述战时教育措施对外文系的办学产生了重要影响。首先，在战时注重实科教育的倾向下，一些大学的外文系科被撤并；例如，1936 年 1 月，厦门大学外国语文学系"因经济关系"并入中国文学系，成为这个系的外文组。直到1945 年文学院才复办外国语文学系。② 其次，外文系的办学规模也出现萎缩，招生数和毕业生数都有所下降。这一方面是因为抗战期间大学办学经费紧张，有限的办学经费重点投入经济、科技和军事等相关专业，外文系只能减少生源以维持运转；另一方面由于时局动荡，众多大学辗转迁移，学生们求学不易。

---

　　①　宋恩荣、章咸主编：《中华民国教育法规选编（1912—1949）》，江苏教育出版社 1990 年版，第 68 页。
　　②　参见厦门大学外文系编《厦门大学外文系系志（1923—1993）》，厦门大学印行1993 年版，第 3 页。

二　物质环境因素

物质环境因素也是影响外语人才培养的重要前提。正如叶澜教授所说："教育的每一个发展都与物质生产的发展有关，社会物质生产为教育的发展提供了基础性的条件，又对教育不断提出新的要求，成为推动教育发展的根本性的社会动力。"[①] 外语人才培养也不例外。首先社会物质生产的发展使得外语人才的培养成为必要，并为外语人才培养提供物质前提；其次培养的外语人才必须要适应于社会物质生产发展的需要。

鸦片战争后，中国闭关锁国的历史彻底终结。中国传统自给自足的自然经济模式开始解体，西方资本主义的经济方式对中国社会产生影响。为了自强图存，清政府于 19 世纪 60 年代兴起了学习西方先进科学技术以实现富国强兵为目的的洋务运动。以奕䜣、李鸿章为首的洋务派主张兴办军事工业和民用工业，国家经济结构开始发生变化。与此同时，中国民间的对外贸易交往日益频繁，外语成为对外交流的必需工具。由此，中国社会经济状况的显著变化为洋务外语学堂的产生和发展提供了有利的契机。例如，在地域分布上，洋务外语学堂大多集中在商品贸易较为繁荣的通商口岸，如上海、广州、台湾和湖北等地。经费一向是兴办学堂、培养人才要面临的重要问题。晚清政府在政治和军事压力下兴学热情高涨，但是战争赔款和军费开支等已经掏空了国库。因此，清朝统治者只能通过多种途径筹措经费来创办外语学堂。之所以谕准总理衙门创办京师同文馆，并委托该衙门策划其他几所外国语学堂，还基于一个重要的原因，那就是当时附属该衙门并统辖全国海关的总税务司署有条件为学堂提供经费。京师同文馆得到总理衙门名下海关船钞税的全额支持，其他外语学堂则部分或全部依靠当地财政的拨款。地方财政拨款仍然是以海关税务为主，这也是为何

---

① 叶澜：《教育概论》，人民教育出版社 1998 年版，第 121 页。

当时的外国语学堂大多设在通商口岸的原因。比如上海广方言馆的经费部分来自海关船钞税，部分来自江南制造总局及翻译馆；广东同文馆的经费则部分从粤海关征收的船钞税内支付，部分由广东釐务局从其收取的国内工商税收中划拨。①

20世纪初以后，随着中国向西方进一步开放，中国经济市场与世界市场的联系越来越紧密。外国商品及资本对中国社会产生强烈冲击，出现了资本主义性质的近代机器工业、商业、金融业、纺织业和采矿业等；银行、海关、邮局、新闻出版等新兴事业在中国如雨后春笋般陆续出现。工商业经济的快速发展迫切需要新型专业人才。而由于这些新兴行业的工资待遇普通较高，且工作环境好，因此成为当时众多中国青年向往的成功、实惠的职业选择。而要在上述新兴行业中谋取职业，需要具备的关键条件是要懂外语、受过高等教育，而外文系的毕业生恰好在这方面具有先天优势。因此，民国时期大学外文系学生毕业后进入银行、海关、邮局和新闻出版等行业者甚多。

三　文化教育因素

"一定社会特有的文化传统（包括一定的政治指导思想、道德观念、价值取向、风俗习惯、思维方式等等）弥漫于整个社会中，渗透在人们生活的各个方面，强烈地制约着人们对子女的养育方式和教育内容；另一方面，这种稳定的教育方式、教育内容，又使传统文化在下一代身上得以再生，在这里，民族文化传统的传承与年轻一代的社会化是统一的。"② 教育与文化的关系非常密切，文化影响教育方式和教育内容，而教育又传承、选择、创新和传播文化。

---

① 参见高晓芳《晚清洋务学堂的外语教育研究》，商务印书馆2007年版，第236页。
② 傅维利、刘民：《文化变迁与教育发展》，四川教育出版社1988年版，第27页。

（一）"中体西用"论的影响

"中体西用"是晚清洋务外语学堂的办学指导思想。这一名词最早由孙家鼐概括，而思想体系则由张之洞系统阐述。早在 1861 年冯桂芳在《校邠庐抗议》一书中就提出："以中国之伦常名教为原本，辅以诸国富强之术。"① 这种"本辅"说实际上就是"中体西用"论的基本雏形。洋务派主要代表人物奕诉、曾国藩和李鸿章等都直接受到这一观点的影响。"中体西用"论不仅是洋务派高等教育思想的理论基础，也是其核心内容，直接支配着洋务派的教育价值观、人才观和课程论等。② 在"中体西用"论的指导下，洋务派提出向西方学习，主要学习西文、西艺。李鸿章声称："彼西人所擅长者，测算之学、格物之理、制器尚象之法，无不专精务实，殚有成书。……果有精熟西文者，转相传习，一切轮船火器等技巧，当可由渐通晓，于中国自强之道，似有裨助。"③ 为了自强图存，首先必须创办新式学堂，培养西学人才。由于外语是清政府进行外交、外贸以及学习西方先进科学技术的必备语言工具，因此，在洋务运动期间建立的所有官办学堂中，以培养外交翻译人才为目的的京师同文馆创办时间最早、存在时间最长。

（二）通识教育理念的影响

通识教育是美国高等教育的一大特色，于 20 世纪初在美国开始普及。从 20 世纪 20 年代开始，美国一步步排除了日本在华的影响力，开始对中国的政治、经济、文化教育事业全面施加影响。其中在文化教育方面，以

---

① 璩鑫圭、童富勇主编：《中国近代教育史资料汇编·教育思想》，上海教育出版社 2007 年版，第 27 页。
② 参见朱国仁《西学东渐与中国高等教育近代化》，厦门大学出版社 1996 年版，第 49 页。
③ 李鸿章：《请设外国语言文字学馆折》，陈学恂主编《中国近代教育史教学参考资料》（上册），人民教育出版社 1986 年版，第 53 页。

"壬戌学制"的颁布为标志，中国高等教育逐渐从学习日本模式转为学习美国模式，美国的通识教育理念开始移植到中国。1929 年颁布的《大学组织法》中，通识教育被加强，并在 20 世纪 30 年代末的一系列政策法规中得到进一步强化。

由于旧中国的社会经济状况和大学毕业生谋职就业的需要，民国时期大学把通识教育理念作为人才培养的指导思想。外文系在通识教育理念指导下培养的"通才"，由于具备自然、社会和人文科学广博知识，职业适应性较强，大学生毕业后既可以从事理论研究工作，又可以担任中学教师、行政人员，还可以到工商等实业部门工作。

（三）中国传统文化教育的影响

不论是洋务外语学堂还是京师大学堂译学馆，抑或是民国时期大学外文系，在教育内容方面都受到中国传统文化的影响。

洋务外语学堂创办的目的就是培养外语翻译人才。在教学内容上不仅注重外国语文和近代科学知识的学习，而且非常重视中国传统文化的教育。总理衙门规定学生每天都必须用半天时间在汉教习的指导下学习中国传统学问。虽然汉文经学课程未列入课程计划表，却始终如一地开设。京师大学堂译学馆也强调中文教学的重要性，称"向来学方言者，于中国文辞多不措意，不知中国文理不通，则于外国书精深之理，不能确解悉达。且中文太浅则入仕以后，成就必不远大。故本馆规定课程，于中国文学亦未注重"[1]。因此，译学馆的中文课虽然课时不多，但要求既高又严格，主要讲授"古文渊鉴"及历代名臣奏折，重点提高学生古文修养和写作能力。为了培养学贯中西的外语通才，民国时期不仅国立、私立大学外文系开设国文课，而且教会大学亦是如此。如上海圣约翰大学英文系主任都孟

---

① 璩鑫圭、唐良炎主编：《中国近代教育史资料汇编·学制演变》，上海教育出版社 2007 年版，第 435 页。

高先生充分感到"中国文化之灿烂",认为应"令学子不致舍己耘人"①。事实证明,从语言与文化教育的角度来看,外语学习与汉语学习可以相互促进。正因为如此,冯至和闻一多等人从发展中国文化、培养中西兼通的人才出发,在《关于调整大学中文外文二系机构的一点意见》中提出,把中国文学系(文学组、语言学组)与外国语文学系,改为文学系(中国文学组)与语言学系(东方语组、印欧语言组)的意见。②

(四)新文化运动的影响

1915年新文化运动兴起后,伴随中国民族资本主义的发展壮大,新文化运动所倡导的"科学"和"民主"精神以及其他西方先进思想文化逐渐深入人心。陈独秀等人领导发起的新文化运动宣传三个核心主张,即西方的民主和科学、批评儒家学说、提倡白话文和文学革命。在新文化运动的推动下,"创造中国之新文学"成为当时知识界和文化界的一个重要话题。由于外国文学对中国现代新文学的发生发展具有很大作用,是中国新文学创作的重要资源,因此,"创造我们这个时代的新文学"也是民国时期众多大学外文系确定的教学目标之一。此外,学习外语、精通外语,也是了解和学习西方先进文化的重要途径和手段。

第二节　近代大学外语专业人才培养的特点分析

受不同历史时期社会政治、经济和文化因素的制约,中国近代大学外语专业呈现出各自阶段的主要特点。就整体而言,通过对外语专业人才培

---

① 何建民:《上海圣约翰大学的中国文化教育》,章开沅主编《社会转型与教会大学》,湖北教育出版社1998年版,第62页。

② 参见李传松、许宝发《中国近现代外语教育史》,上海外语教育出版社2006年版,第159页。

养模式进行不断探索和实践，中国近代大学外语专业人才培养形成了以下特点：以通识教育理念为主导，在专业课程设置上重视文化素养的熏陶，逐渐以本土教师为主，并强调非正式教育的潜移默化熏陶作用。这些特点对今天大学外语专业人才培养改革具有重要借鉴作用。

一　在人才培养理念上，通识教育理念占据主导地位

人才培养是高等学校的重要职能。高等学校人才培养目标的制定除了考虑学科性质的因素之外，还要考虑到不同科类适应的行业和领域不同。更重要的是，还受到不同历史阶段教育理念的影响。伴随着 19 世纪末近代西方高等教育模式的引入，专业性成为中国近代高等教育的重要特性。20世纪初，欧美通识教育理念由一批留学归国的先进知识分子引入中国大学。自此，通识教育与专业教育成为学术领域和实践领域经久不衰的热点，并持续影响着中国近代大学外语人才培养活动，在二者的冲突和论战中通识教育最终占据主导地位。

1840 年鸦片战争以后，为了救亡图存，清朝统治者不得不引进西方的专业教育模式，中国传统的以儒家伦理道德教育为核心的"通才教育"模式受到严重冲击。与此同时，中国传统的学术体系发生巨变，从"四部之学"向"七科之学"转型，意味着从中国古代讲求博通、培养"通才"的"通人之学"，向近代分科治学、造就"专才"的"专门之学"的转型。① 晚清政府引进近代西方专业教育模式发端于 1862 年京师同文馆的创立，其初衷是为了培养应付外交和洋务需要的外交翻译人才。而 1867 年京师同文馆添设天文算学馆，标志着洋务外语学堂开始转向培养既懂外语，又懂西方科技的专门人才，类似于今天的"复合型外语人才"。

1901 年清政府宣布实行"新政"，已近强弩之末的旧教育成为众矢之

---

① 参见肖朗《中国近代大学学科体系的形成——从"四部之学"到"七科之学"的转型》，《高等教育研究》2001 年第 6 期。

的，"兴学育才实为当今急务"。次年《钦定京师大学堂章程》（"壬寅学制"）提出，"京师大学堂之设，所以激发忠爱，开通智慧，振兴实业；谨遵此次谕旨，端正趋向，造就通才，为全学之纲领"[①]。培养忠于封建王朝统治的"通经济变之才"[②]，成为清末大学的培养目标。民国初年，教育部颁布一系列法令和规程，建立起新的学校系统，史称"壬子·癸丑学制"。但是，和清末相比，这个学制框架结构没有根本性的变化，它依然以日本的教育制度为蓝本。在高等教育方面，明确大学以"教授高深学术，养成硕学闳才，应国家需要"为宗旨。但是这个培养目标定义太高，旧教育转向新教育，难以一蹴而就。

　　直到 1919 年五四运动以后，中国教育制度才从模仿日本转向模仿美国，在教育理念上从以专业教育为主向以通识教育为主转变。在人才培养上强调大学应造就通才，由博返约，由通入专。正如朱光潜所说："近代学术分科立界，日趋于严密，为研究方便起见，固不得不而；实则各科学术往往彼此密切相关，欲精研某一科学问，常需要许多其他科学问为基础或辅助。苟入手即言'专门'，于所学专科以外之相关学科概不问津，则历程愈远，困难愈多，终必无所成而废然思返。"[③] 当然，持相反观点的人也不在少数，许多人认为大学是研究高深学问的机关，大学教育要培养学术专家、培养社会需要的专门人才。曾任武汉大学校长的王星拱就持这种观点。他主张大学要使学生获得专门学识，所有近代化的事业都需要专门学识才能建设起来；对于有些人所主张的只让专门学校造就专门技能的人才，王星拱持不同意见，他说："如果在大学里不能养成专门的技能，在经费较少、规模较小的专门学校里边，更不能养成专门技能。所以这个责

---

　　① 北京大学校史研究室编：《北京大学史料》（第一卷 1898—1911），北京大学出版社 1993 年版，第 87 页。
　　② 同上书，第 43 页。
　　③ 杨东平：《大学精神》，辽海出版社 2000 年版，第 226 页。

任还是大学所应当担负的。"① 尽管抗战初期国民政府基于"抗战建国"的需要，提出"重实轻文"。不过，由于受社会政治、经济环境的影响，在通识教育与专业教育两种理念的冲突和争论中，前者最终占据了主流，尤其是1938年9月共同必修科目表的出台，标志着大学人才培养理念从通专并重转向通重于专。

二　在专业课程设置上，从注重语言技能训练到重视文化素养的熏陶

课程与教学是高等学校培养人才的主要途径，也是把教育思想转变为实际结果（即教育结果）的转变环节或中介，同时又是实现教育目的的手段。② 其中专业课程的教学质量在一定程度上决定了人才培养质量的高低。由于受不同历史阶段教育理念的影响，中国近代大学外语人才培养目标发生转变，这也导致了外语专业在专业课程教学上的侧重点发生转移。

京师同文馆创办的目的是为清政府培养外语翻译的专门人才，因此1866年以前，课程以外国语言文字为主、汉语为辅，"学生每日午前诣汉教习学习汉文功课。午后诣洋教习学习洋文功课"③。1867年起，同文馆学制亦"由洋文而及诸学共须八年"，学生学习的内容由单一的语文扩充至其他学科。根据"八年课程表"，"馆中肄习洋文四种：即英、法、俄、德四国文字也。其习英文者，能借之以及诸课，而始终无阻；其余三国文字熟习之，间须借汉字以及格算诸学"④。由此可见，尽管增加了格物、数学、化学等西学课程，但是外国语言文字始终是京师同文馆的主干课程。一二年级是外语学习基础阶段。三四年级开始科学类课程增加，外文类课程减少，但是翻译练习持续不间断，这充分体现了洋务外语学堂注重外语

---

① 周川、黄旭主编：《百年之功》，福建教育出版社1994年版，第379页。
② 参见王伟廉《高等教育学》，福建教育出版社2001年版，第133页。
③ 李良佑等：《中国英语教学史》，上海外语教育出版社1988年版，第19页。
④ 陈学恂主编：《中国近代教育史教学参考资料》（上册），人民教育出版社1993年版，第31页。

技能训练这一特点。

　　清末文科大学堂的英国文学门开始对文学课程有所重视。根据"癸卯学制"，英国文学门的每周课时表中出现了"英国近世文学史""中国文学"以及"外国古代文学史"等课程。京师大学堂译学馆的外国文学习在前三年进行语言基础训练，后两年兼授"文学大要"，所选用的教材都是英国文学史上的经典作品。民初文理综合性大学外文系的专业课程除重视语言技能训练之外，对文学类课程的重视程度加强。以 1925 年至 1926 年北京大学英文学系的专业课程设置情况为例，除了必修课中开始的"小说""戏剧"和"英国文学史"，选修课几乎都是文学史和文学体课程。①20 世纪 30 年代起外文系的专业课程设置呈现出以外国文学教育为主的典型特点，文学类课程的学分在专业课程总学分中比例偏重。如清华大学外文系（1935）自二年级起开设"西洋小说""戏剧概要""西洋文学史分期研究"等文学史和文学体课程，共计 52 学分，占四年专业课程（包括语言与文学）总学分 92 的一半以上；②同年辅仁大学西语系的必修课中，语言类课程学分为 42，文学类课程学分为 68。③即使是诸如"第一年英文""第二年英文""第三年英文""第四年英文""英文修辞作文及会话"等语言类课程，也几乎都用经典文学作品作为讲授素材，在训练听、说、读、写等语言基本功的同时培养学生的文学鉴赏能力。例如，李赋宁曾说起他在清华大学外文系"大一英语"课使用的是自编教科书，第一课选自赛珍珠写的翻译中国农村贫苦农民生活的小说 *The Good Earth*（《大地》）。语言学家胡明扬回忆起他在上海圣约翰大学英文系一年级上学期英文课用的教材就是狄更斯的《大卫·科波菲尔》，九百多页，每周两章，四五十

---

　　①　参见王学珍、郭建荣主编《北京大学史料》（第二卷 1912—1937），北京大学出版社 2000 年版，第 1133—1136 页。

　　②　根据清华大学外文系分年课程表（1935 年国家图书馆藏）计算得出。

　　③　参见《北平辅仁大学文学院西洋语言文学系课程组织及说明》，1935 年度，国家图书馆藏。

页。① 此外，教师通常还会指定学生课外阅读大量文学作品。总的来说，民国时期大学外文系偏重文学教育。究其原因在于，1922 年新学制颁布后英语的重要性大大提高。初中和高中课程规划中英语课时比重较大，总课时数居高，与国语相当或超过。而且，当时的高中英语教育类似今天大学英语专业的教育，把英语细分为阅读、作文、文法、会话、修辞学、翻译等不同的科目。② 因此，当时能够进入外文系就读的大多数学生的英语基础较好。正如后来的毕业生所回忆的"从当时的课程设置来看，英文作为一种语言工具，认为在中学阶段都应该掌握，若要深造，那就得在文学方面下功夫"③。

文学类课程分为文学史和文学体两部分。譬如西洋文学史，按时代进行分期研究，即古代希腊罗马、中世纪、文艺复兴、十八世纪和十九世纪，分配于四年中，但是从各校所开设的文学类课程数来看，偏重于古典文学，当代文学涉及较少。文学体则强调分文体（如小说、诗、戏剧、散文和文学批评）进行研究，而每一种文体又择定一家或数家之作品详细讲读。值得注意的是，当时各大学外文系非常重视中国文学，或开设一些中国文学史课程，或举办中国文学的专题讲座，使得学生受益匪浅。就像冯至晚年时回忆道："我觉得主要中西文学兼着学，确有不少好处，主要是能够开拓眼界，打开思路，不为一隅所囿，可以彼此启发，加深理解。"④

对于外文系学生而言，文学学习的重要性是不言而喻的。因为，文学是语言的结晶，文学的语言是最精粹的语言。通过对经典文学作品的学习和研究，不仅可以积累研究语言的材料，还可以了解各国的历史文化传

---

① 根据胡明扬《外语学习和教学往事谈》，束定芳主编《外语教育往事谈——外语名家与外语学习》，上海外语教育出版社 2005 年版，第 97 页。

② 参见陈雪芬《中国英语教育变迁研究》，博士学位论文，浙江大学，2008 年，第 104—105 页。

③ 朱雯：《思往事，惜流芳》，李良佑、刘犁主编《外语教育往事谈——教授们的回忆》，上海外语教育出版社 1988 年版，第 118 页。

④ 李传松、许宝发：《中国近现代外语教育史》，上海外语教育出版社 2006 年版，第 131 页。

统、社会习俗、价值观等，提高自己的文学修养。此外，各国不同时代的优秀文学作品有一个共同点：歌颂人间的真善美，揭露抨击社会和人性中的阴暗面，这对于外文系学生的品德塑造和性情陶冶具有积极作用。

三　在师资队伍方面，从依赖外籍教师到以本土教师为主

大学是培养人才的地方，必须依靠学识渊博、品德高尚，既教书又育人的教师。中国近代大学在外语人才培养过程中，经历了京师大学堂译学馆依赖外籍教师到民初后大学外文系以本土教师为主的发展过程，这个转变也体现了中国近代大学外语专业实力逐渐增强，办学过程更为自主。

（一）依赖外籍教师的阶段

1862 年京师同文馆创立后，由于我国传统教育培养的士人对近代"西文""西艺"知之甚少，因此只能以"厚其薪水"的方式"不得不于外国中延访"，以解决师资匮乏问题。自 1862 年至 1898 年，京师同文馆大约有历任汉洋教习共计 83 人，其中汉教习 32 人，约占历任总教习人数 38%。历任洋教习有 51 人（不计未到馆的英文教习巴化理、天文教习法国人方根拔、兵法教习法国人吉乐士），约占历任总教习人数的 62%。① 除了算学外，五个外文馆和天文、化学、格致和医学等近代科学课程几乎都由洋教习承担。② "奉夷为师"，是晚清新式人才匮乏不得已而为之的做法。洋务外语学堂在师资上以外籍教师为主，充分反映了晚清政府在外语人才培养上对西方列强的依赖。而这种状况一直延续到京师大学堂成立后。在"中学为体、西学为用"的办学宗旨和效法日本的价值取向指导下，京师大学堂的师资结构并没有得到根本改善。据 1903—1906 年京师大学堂教习执事

---

① 参见高时良、黄仁贤主编《中国近代教育史资料汇编·洋务运动时期教育》，上海教育出版社 1992 年版，第 176—178 页。
② 同上书，第 65—69 页。

题名录统计，教习总人数56人，其中洋教习19人（日本教习12人），本国教习37人。① 虽然从人数上看外国教习不及本国教习，但反映近代学校性质的"西学"课程基本上都由外国教习担任，可见，外国教习在京师大学堂成立初期仍占有举足轻重的地位。根据陈初编辑的《京师译学馆校友录》统计，译学馆历年共有144名教职员，其中教授外国文的教员有44人，包括英籍教员3人，美籍教员2人。② 此外，专门教育课程（即交涉学、理财学和教育学）的教学工作几乎都由外籍教师承担。

（二）以本土教师为主的阶段

民国初年，伴随着中国人民的觉醒与反帝运动的高涨，教育领域里越来越多的人主张教育独立，以摆脱西方列强的控制，其中表现在聘用教习方面，提出应该以中国人为主，外国人为辅，"则中国学业可期独立"。其代表人物有严复和蔡元培。1912年京师大学堂改称北京大学，严复出任校长。对于聘用教员问题，严复主张"所聘教，如非万不得已，总以本国人才为主。其聘请之法，则选本国学博与欧美游学生各科中卒业高等而又沈侵学问，无所外慕之人……如此则历年之后，吾国学业可期独立，有进行发达之机"③。1917年，蔡元培出任北大校长，在教师任用上提出以聘请具有革新思想的国内著名教师为主，以聘请学有专长的外籍教授为辅。之所以在教师聘用上开始能够摆脱对西方列强的依赖和控制，一方面得益于清末至民初几次留学高潮中赴海外学习的人士学有所成后陆续回国任教，这一点在外文系表现尤为突出；另一方面，民国时期我国高等教育的办学水平和人才培养质量有了很大提高，本土大学毕业生并不逊于国外大学所培养学生的质量。因此，20世纪20年代以后，外文系的师资队伍中本土

①　参见北京大学校史研究室编《北京大学史料》（第一卷1898—1911），北京大学出版社1993年版，第329—331页。

②　参见邱志红《京师译学馆英语教育初探》，《北京社会科学》2011年第6期。

③　苏勇、樊竞：《燕园史话》，工人出版社1985年版，第80页。

教师逐渐占据优势地位，主要表现在以下几方面。

1. 本土教师数量占优势

从教师数及其所占比例来看，除了某些教会大学外（如燕京大学），民国时期绝大多数大学的外文系在师资队伍上确实做到了以本土教师为主、外籍教师为辅。以国立北京大学外国语文学系为例。1936 年外文系有教师 23 人，分别为教授 6 人、副教授 4 人、讲师 12 人和助教 1 人。按国籍划分，外籍的教授 2 人（分别为法国人邵可侣、德国人洪涛生）、讲师 3 人，外籍教师数约占教师总数的 1/5。① 同一年，清华大学外文系教师总数为 25 人，除了毕莲、吴可读、华兰德和史丕司烈夫这 4 位外籍教师外，其余皆为中国籍教师。② 像北京大学和清华大学这类办学水平较高、经济实力较为雄厚的大学，在外籍教师所占比例尚且如此，其他一般大学的外籍教师比例则更小。

2. 本土教师水平较高

民国时期大学外文系的师资虽然较为紧缺，但教师素质普遍高。他们大多数既受过传统文化教育的熏陶，又曾经留学海外，接受过西方现代科学教育，因此，可称之为"通师"。在办学思想上，外文系教师大多秉持通识教育理念，主张应该培养中西兼通的外语通才。梅贻琦有句名言：大学者，非谓有大楼之谓也，有大师之谓也。这里的"大师"乃是指博古通今、学贯中西的通人。柳无忌也认为："一个做学问的人，如大学教授，最理想的是广博而精深。问题是，这理想不易达到；求其次，这二者孰为重要？我的答案：人生的时间有限，如二者不能兼得，宁博而不精；或者，

---

① 根据国立北京大学教职员录［北京大学档案馆·全宗号（一）·案卷号 MC193603］统计整理而成。

② 参见《清华大学员工名册（1926—1952）》，《清华大学档案馆研究资料汇编（第七期）》，2010 年，清华大学档案馆藏。

可以说，应先广而后专。"① 在教学上，教师们各有专长、互相搭配，满足了外文系在语言和文学方面课程教学的整体需要，为培养出众多优秀外语人才提供了前提条件。外文系本土教师水平较高主要体现在以下几个方面。

第一，许多教师具有欧美留学经历，并曾获得欧美著名大学的学士、硕士或博士学位。

清末民初我国经历了数次留学高潮，尤其是在美国庚款留美计划出台以后。从 1909 至 1925 年，仅清华学堂就遣送 1031 名学生赴美深造。② 随之庚款留英计划开始实施。此外自费赴欧美留学的人数也在逐年上升。受惠于此，民国时期大学外文系众多教师都曾有过欧美留学经历，他们当中大多数还获得了国外著名大学的学士、硕士或博士学位。因篇幅有限，在此仅列举出北京大学、清华大学等 14 所著名大学的一部分留学归国教师（见表 7 - 1）。

表 7 - 1　　　　北京大学等 14 所大学外文系留学归国教师情况一览

姓　　名	留学时间	留学高校	留学专业	获得学位	主要任教高校（含兼职）
吴 宓	1917—1921	美国弗吉尼亚大学 哈佛大学	新闻学 西洋文学	学士 硕士	东南大学、清华大学（系主任）、北京大学、燕京大学、武汉大学、四川大学等
王文显	1915	英国伦敦大学	文学	文学学士	清华大学（系主任）、北京大学、辅仁大学、北平师大等

---

① 柳光辽：《人生履痕：教授·学者·诗人——柳无忌》，社会科学文献出版社 2004 年版，第 66 页。

② 参见李华兴主编《民国教育史》，上海教育出版社 1997 年版，第 738 页。

续　表

姓　　名	留学时间	留学高校	留学专业	获得学位	主要任教高校 （含兼职）
朱光潜	1925— 1933	英国爱丁堡大学 伦敦大学 巴黎大学 斯特拉斯堡大学	英国文学 哲学 心理学 艺术	文学硕士 国家博士	北京大学、北平辅仁大学、武汉大学等
胡　　适	1910— 1917	美国康奈尔大学 哥伦比亚大学	农科 哲学	博士	北京大学（系主任）
辜鸿铭	1873— 1880	英国爱丁堡大学 德国莱比锡大学 法国巴黎大学	西方文学 哲学 法学	硕士 博士 （13 个）	北京大学
林语堂	1919— 1923	美国哈佛大学 德国莱比锡大学	文学 语言学	硕士 博士	北京大学、北京女子师范大学（系主任）
徐志摩	1918— 1922	美国克拉克大学 哥伦比亚大学 伦敦大学 剑桥大学	历史 政治 经济学	学士 硕士	北京大学、中央大学
梁实秋	1923— 1924	美国科罗拉多学院			暨南大学、东南大学、山东大学（系主任）、北京大学（系主任）等
范存忠	1927— 1931	美国伊利诺伊大学 芝加哥大学 哈佛大学	文学	硕士 博士	中央大学（系主任）
柳无忌	1927— 1931	美国耶鲁大学	英国文学	博士	南开大学（英文系主任）、中央大学

续　表

姓　名	留学时间	留学高校	留学专业	获得学位	主要任教高校（含兼职）
陈　嘉		威斯康星大学 哈佛大学 耶鲁大学		学士 硕士 博士	武汉大学、浙江大学（外文系主任）、西南联大、中央大学
叶公超	1920—1926	美国爱默斯特大学 剑桥大学 巴黎大学	英国文学 文艺心理学	学士 硕士	北京大学、暨南大学（系主任）、清华大学、西南联大（系主任）
楼光来	1918—1922	美国哈佛大学	西洋文学	硕士	南开大学、东南大学、清华大学、中央大学等
俞大纲	1934—1936	英国牛津大学	西洋文学	硕士	中央大学
郭斌和	1927—1930	美国哈佛大学	西洋文学	硕士	清华大学、浙江大学、中央大学等
罗　昌		日本早稻田大学 英国牛津大学	历史、法律	学士	北京大学、北平师范大学（系主任）
孙大雨	1926—1930	美国达德穆斯学院 耶鲁大学	英国文学	硕士	武汉大学、中央大学、浙江大学等
袁昌英	1916—1921 1926—1928	英国爱丁堡大学 巴黎大学	英国文学	硕士	武汉大学
陈　源	1921	英国爱丁堡大学 伦敦大学	政治经济学	博士	武汉大学（系主任）

姓　名	留学时间	留学高校	留学专业	获得学位	主要任教高校（含兼职）
方　重	1923—1927	美国斯坦福大学 加州大学	英美文学	学士 硕士	武汉大学（系主任）
罗念生	1929—1933	美国俄亥俄大学 哥伦比亚大学 康奈尔大学 雅典美国古典学院	英美文学 希腊文学		北京大学、武汉大学、清华大学等
英千里	1913—1924	英国伦敦大学			辅仁大学（系主任）
司徒月兰		加利福尼亚大学	文学	学士 硕士	南开大学 上海圣约翰大学
罗皑兰	1928—1934	美国斯坦福大学 哥伦比亚大学	社会学 英美文学		南开大学、湖南大学
罗大冈	1933—1939	法国里昂大学 巴黎大学	哲学 文学	硕士 博士	南开大学
陈　逵	1920—1928	美国内布拉斯加大学 威斯康星大学	欧美文学 哲学	学士 硕士	南开大学（系主任）、浙江大学等
张彭春	1910—1916	美国克拉克大学 哥伦比亚大学	文学 教育学	学士 硕士 博士	南开大学
陈福田		美国夏威夷大学 哈佛大学	英国文学 教育学	学士 硕士	清华大学（系主任）、西南联大（系主任）

姓　名	留学时间	留学高校	留学专业	获得学位	主要任教高校（含兼职）
莫泮琴		美国哥伦比亚大学		博士	北京大学、西南联大
赵诏熊	1928—1932	美国麻省理工学院 哈佛大学	机械工程 英国文学	学士 硕士	南开大学、北京大学、清华大学、西南联大
吴达元	1930—1934	法国底雄大学 巴黎大学 里昂大学	法国文学	硕士	清华大学、西南联大
闻家泗		巴黎大学 格林诺布尔大学	法国文学		北京大学、西南联大
杨业冶	1929—1931 1931—1935	哈佛大学 德国海德堡大学	德语兼修音乐	硕士	清华大学
陈　铨	1928—1934	美国奥柏林大学 德国克尔大学	哲学 西洋文学	硕士 博士	武汉大学、清华大学、西南联大
张歆海	1918—1923	美国哈佛大学	英国文学	博士	北京大学、清华大学、东南大学（系主任）、中央大学、光华大学等
段茂澜		美国纽约大学 哥伦比亚大学 巴黎大学	西洋文学	学士 博士	南开大学

续　表

姓　　名	留学时间	留学高校	留学专业	获得学位	主要任教高校（含兼职）
梅光迪	1911—1919	美国威斯康星大学 西北大学 哈佛大学	比较文学		东南大学、中央大学、浙江大学
苏雪林	1922—1925	法国里昂海外中法学院	西方文学绘画艺术		武汉大学
梁宗岱	1924	留学法国、意大利			北京大学（法文系主任）、清华大学、南开大学等
闻一多	1922—1925	芝加哥美术学院 科罗拉多大学	美术		中央大学（外文系主任）
袁家骅	1937—1940 1947—1948	牛津大学	古英语 日耳曼语言学	硕士	西南联大
周辨明	1928	德国汉堡大学	语言学	博士	厦门大学（外语系主任、文学院院长）
熊五瑾		美国康奈尔大学 威斯康星大学	文学	学士 硕士	厦门大学

资料来源：1. 李良佑、刘犁主编：《外语教育往事谈——教授们的回忆》，上海外语教育出版社 1988 年版。2. 束定芳主编：《外语教育往事谈（第二辑）——外语名家与外语学习》，上海外语教育出版社 2005 年版。3. 李继凯、刘瑞春主编：《追忆吴宓》，社会科学文献出版社 2001 年版。4. 齐家莹主编：《清华人文学科年谱》，清华大学出版社 1999 年版。5. 黄延复：《水木清华：二三十年代清华校园文化》，广西师范大学出版社 2001 年版。6. 中央大学南京校友会、中央大学校友文选编辑委员会编：《南雍骊珠：中央大学名师传略》，南京大学出版社 2004 年版。7. 北京辅仁大学校友

会编：《辅仁往事》，辅仁大学校友会，2007 年。8. 毛杏云主编：《春风桃李：从交通大学走出的文化名人》，上海交通大学出版社 2006 年版。9. 南开大学办公室编：《南开人物志》（第一辑），南开大学出版社 1999 年版。10. 诸荣会：《百年背影：历史嬗变中的悲喜人生》，安徽文艺出版社 2012 年版。11. 西南联合大学北京校友会编：《国立西南联合大学校史——1937—1946 的北大、清华、南开》，北京大学出版社 2006 年版。12. 张亚群：《自强不息　止于至善——厦门大学校长林文庆》，山东教育出版社 2012 年版。

欧美大学的通识教育理念对这批曾经出国留学教师的教育思想产生了深远的影响。比如叶公超后来回忆："我在爱默思大学念了三年书，受益匪浅。爱默思的教育，完全是人文教育。"[①] 而外文系的著名教授中，除吴宓外，还有梁实秋、张歆海、梅光迪、郭斌龢、楼光来等都是哈佛大学比较文学系的学生，他们都曾受业于美国新人文主义代表人物白璧德教授。在饱受欧美通识教育理念熏陶的同时，留美归国的教师也吸收了国外著名大学在外国语言文学方面最系统、最前沿的学术理论。当然也有些教师虽然没有专攻"硕士"或"博士"学位，但也在国外潜心游学而成为饱学之士。如著名翻译家、诗人梁宗岱在广州岭南大学读一年后前往欧洲文化的中心——法国、英国、德国和意大利等国著名学府游学研读，广泛吸收西方文化营养。同时，许多教师在出国之前就深受中国传统学问的熏陶和教育。像吴宓十岁读完《史鉴节要便读》及《上孟子》，均能背诵；十一岁读完四书全部，又先已开始读《春秋》《左传》……须皆能背诵。[②] 总之，深厚的国学功底，加上欧美留学教育经历，对于他们后来成长为兼通中西学问的外文教授具有很大帮助。

---

① 毛杏云主编：《春风桃李——从交通大学走出的文化名人》，上海交通大学出版社 2006 年版，第 140 页。

② 参见王岷源《吴宓和他的〈文学与人生〉》，《群星灿烂：燕大名学者评价》，燕京大学北京校友会，2008 年，第 67 页。

　　第二，能够同时承担多门专业课程的教学，充分说明教师自身的知识面广、专业水平高。

　　教师能够同时承担多门专业课程的教学，一方面是因为当时大学外文系的师资较为紧缺，但是同时也说明教师专业水平高，尤其是外文系一些知名教授。例如，吴宓自 1926 年 3 月起任清华大学外文系教授，所授课程有：英国浪漫诗人、希腊罗马文学、西洋文学史、翻译术、中西诗比较、文学与人生、大一英文、大二英文等。[①] 而柳无忌在任职南开大学英文系主任的同时承担了英国文学史、文学批评、英国戏剧、现代英国文学、高级作文、杂志文、大一英文等课程。对于柳的讲课，学生们的评价是："贯通中西，涉猎古今，有令人茅塞顿开之奇功。"[②] 有些教师甚至在同一个学期就同时开设数门课程，譬如司徒月兰于 1934 年第二次来南开大学英文系任教，她担任的课程有：一年级英文（星期二、四、六上午 11 点至 12 点）、英语练习（星期四、六上午 10 点至 11 点）、高级英文作文（星期一、三上午 10 点至 11 点）、西洋文学入门（星期一、三、五上午 8 点至 9 点）、西洋文学代表人物（星期一、三下午 7 点半至 8 点半）、弥尔顿（星期一、三、五上午 11 点至 12 点），每周上课 15 学时。[③] 而西南联大外文系虽然是三校合并而成，师资较为充足，但是也要求每个教授必须担任三门课，目的是为学生开出更多的专业课程以供选择，而且要求上课时不能照本宣科，主要讲自己的研究专长和心得。

　　第三，教学之余从事学术研究或文学创作，二者相互促进，相得益彰。

　　外文系教师在胜任繁重的教学工作之余，还从事学术研究工作。他们或著书立说，或进行文学创作，或翻译文学作品。教学与科研、创作相互

---

① 参见李继凯、刘瑞春编《追忆吴宓》，社会科学文献出版社 2001 年版，第 270 页。
② 南开校友总会编：《南开校友通讯》（第 2 辑），南开校友总会，1992 年，第 25 页。
③ 参见肖福堂主编《南开外语历程（1919—2004）》，南开大学，2004 年，第 114 页。

促进、相辅相成。以教师们从事的文学创作为例，一方面体现了理论与实践相结合，另一方面也为学校营造了一个浓厚的文学氛围，激发学生对文学的兴趣和热情。

譬如，南开大学英文系主任柳无忌在繁重的教学工作之外，除了编写教材，还在校内外刊物上发表了大量作品与文章，其中有诗歌《希望》《病中》《下棋》《生死两镜》；散文《苹果里》《我所认识的了沅》；论文《语文与文学》《为新诗辩护》《诗人济慈》；短评《艺术与事实》《文化的买卖》《文人相轻》；书评《朱自清的〈欧洲杂记〉》《当代苏俄戏剧》《番石榴集》；译作《法兰西》《乔塞及其作品》；等等。①　在柳无忌的影响下，英文系师生的文学创作热情高涨，文学作品产出不断。而事实也证明，课程教学和文学创作二者相结合效果非常好。青年作家罗皑岚中学时代就发表小说，后赴美入哥伦比亚大学研究院攻读英美文学。他的长篇小说《苦果》在天津《大公报》连载，闻名华北文坛。柳无忌聘请他为英文系学生讲授"英美小说史"和"英美散文选读"——由作家讲小说、散文，用学生们的话来说："真是太棒啦！"凌叔华在担任武汉大学外文系的专业课程教学之余，创作了《酒后》（成名作和代表作)、《花之寺》《女人》《小哥儿俩》《爱山庐梦影》和《古歌集》等小说和诗集。

教师们把教学和创作紧密结合在一起，促进了中国现代新文学创作的发展。在这方面，西南联大外文系堪称典范。如外文系教师冯至创作的诗歌、散文、小说，几乎篇篇都是精品，在学生中影响巨大，尤其是 1942 年结集出版的《十四行集》，被学生传阅，极大地推动了西南联大乃至整个中国新诗的创作。李广田专讲语体文写作，同时他又是联大冬青、文艺等文学社团的导师，其创作的示范意义自然不言而喻。他在联大任教期间写有散文、小说、诗歌等，如散文《空壳》《到椰子林去》，小说《没有名

---

①　参见肖福堂主编《南开外语历程（1919—2004）》，南开大学，2004 年，第 23 页。

字的人们》《引力》,诗歌《给爱星的人们》《我听见有人控告我》,等等,在学生中产生了广泛影响。陈铨对联大新文学创作的影响也不可小觑。陈铨在联大主要创作小说和戏剧,他改编的话剧《祖国》是联大在昆明的首演剧目,话剧《野玫瑰》也获得了国民政府教育部第一届"学术奖",这对现代戏剧文学的发展起了较好的促进作用。同样任教于外文系的卞之琳,以其翻译的《亨利第三》《旗手》,及创作的诗歌《慰劳信集》和小说《山山水水》等,也赢得了学生们广泛的喜爱。①

　　总之,民国时期大学外文系的教师以其广博的知识面、精深的专业能力、高尚的品格使得学生时刻受到感染和教化。例如,20世纪30年代清华大学外文系部分学生对戏剧产生浓厚兴趣,涌现出以曹禺、李健吾、张骏祥为代表的剧作家群体,这与系主任王文显的影响是分不开的。据说曹禺从南开大学经济系插班转入清华大学西洋文学系,就是因为仰慕王文显的才华。他早就听说王文显对戏剧很有研究,因此他抱着满腔希望去听王文显的"戏剧概论""莎士比亚"和"近代戏剧"。虽然王文显讲课的方法很简单,就是按照他编的讲稿在课堂上"照本宣科",但是内容非常扎实,对于刚接触系统戏剧理论的曹禺来说受益匪浅。而且,王文显还指定学生阅读大量欧美戏剧名著。由于王文显是系主任,又教戏剧,他每年都要校方购买大量戏剧书籍,从西洋戏剧理论到剧场艺术,从外国古代戏剧到近代戏剧作品。正是这些戏剧藏书,为曹禺打开了一个广阔的戏剧天地。张骏祥在《王文显剧作·序》中说:"我们这些对戏剧有兴趣的同学,就有机会看到不少书。我们今天怀念文显先生,首先就该为此感谢他。"此外,诗人卞之琳也把他走上"现代派"风格的创作道路归功于老师叶公超,"叶公超是第一个引起我对二三十年代、晚期叶芝、'左倾'的奥登等英美现代派诗风兴趣的人"②。

① 参见王彬彬《中国现代大学与中国现代文学》,上海人民出版社2011年版,第332页。
② 卞之琳:《星水微茫忆》,《水星》(合订本),上海书店出版社1993年版,第3页。

　　尽管民初后大学外文系中外籍教师占教师总数的比例较小，但是，这一部分外籍教师对当时外文系的发展起到了重要作用。虽然季羡林在其回忆录中提到："（清华大学西洋文学系）这些外国教授，除了个别的，大多是草包。他们都在本国大学毕过业，但肯定在本国当不了大学教授，有的可以作大学助教，有的可以作中学教师，有的只配当商店店员或小公务员之类，找不到太好的工作，但到中国来却成为名教授"①，但是，我们不能据此妄断他们中所有人都不能胜任外文系的教学，并完全否定他们对本校外语人才培养所做出的贡献。事实上，清华大学等外文系的大多数外籍教师都是具有真才实学的，其中有些人还在专业领域取得卓著成就。

　　例如，曾任英国剑桥大学英国文学系主任、"新批评派"代表人物之一的瑞恰慈，1929 年至 1931 年度来清华大学外文系任教。他在清华大学开设有"第一年英语""西洋小说""文学批评""现代西洋文学（一）诗（二）戏剧（三）小说"等课程。其中"文学批评"一课是其所开设的重要课程，为三年级必修课。② 在"文学批评"这门课中，他一半讲古典文学批评理论，一半讲自己的文学批评主张。瑞恰慈的文学批评理论对外文系的学生影响很大。其中受他影响最深的是"九叶派"诗人袁可嘉。袁可嘉认为新诗现代化即表现为"综合化"，这"综合化"的理论即从瑞恰慈而来。另外，"汉园三诗人"之一的李广田在他的《创作论》（1948）一书的序中说，自己这本书写于 1944 年，"而那时候我正读着理查兹的著作"。书中的《论伤感》一文，便完全吸收了瑞恰慈在《实用批评》中的一些观点。在他的《诗的艺术》一书中，《论新诗的内容与形式》和《诗的艺术》一文对卞之琳《十年诗草》的剖析，都能看出他是受了瑞恰慈诗歌语义学理论的影响。

　　瑞恰慈的学生、英国诗人燕卜荪同样也对西南联大外文系部分学生产

---

　　① 蔡德贵：《季羡林传》，陕西师范大学出版社 2009 年版，第 92 页。
　　② 参见齐家莹主编《清华人文学科年谱》，清华大学出版社 1999 年版，第 89 页。

生过重要影响。燕卜荪 1936 年受聘北京大学，后随学校南迁至昆明西南联大外文系。来西南联大前燕卜荪已在英国诗歌界、诗评界颇有影响，他的批评专著《晦涩的七种类型》（1930）至今仍是英美各大学研究文学的学生的必读书之一。在西南联大图书缺乏的情况下，燕卜荪都是凭他的记忆讲授，他将莎翁的著作整段背写在黑板上再讲解。他那一丝不苟的英国授课作风影响了很多学生。"燕卜荪教授教导我如何从语言一词多义的特性和语言的含混性的角度深入发掘作品的含义，对作品进行深入的分析。燕卜荪教授批改学生的作业和作文，非常仔细、认真，使我能够避免华丽、空洞的词句，学会用明确、朴素的语言直截了当地表达思想。"① 而作为一个诗人，燕卜荪对于西南联大外文系热爱诗歌创作的学生群体在文学方面的成长和发展具有非常重要的帮助。正如王佐良所说："一个出现在中国校园中的英国现代诗人，本身就有任何书本所不能替代的影响。"② 查良铮就是其中的受益者，"燕卜荪开设的'当代英诗'课内容充实，选材新颖，从霍甫金斯一直讲到奥登。……他的讲解，一改学院派的教法，常常是书上找不到的内容实况，并加以精细分析。……通过这段学习，查良铮开始知道什么叫现代派，慢慢地学会了如何去体会当代敏感。从此，他开始试着把西方现代主义同中国的诗歌传统结合，写中国的现实，抒发自己独特的感受，创作出了许多好诗，他的诗到达了中国现代诗坛的前区，逐步形成了现代派的诗风"③。

四　重视非正式教育的潜移默化熏陶作用

本书中的非正式教育是相对于正式课程教学而言。其涵盖面非常广，包括理念层面的办学理念、校风学风，物质层面的学校建筑、校园环境，

---

① 李赋宁：《饮水思源话恩师》，庄丽君主编《世纪清华》，光明日报出版社 1998 年版，第 253 页。
② 王佐良主编：《怀燕卜荪先生》，王佐良《中外文学之间》，江苏人民出版社 1984 年版，第 4 页。
③ 南开大学办公室编：《南开人物志》（第一辑），南开大学出版社 1999 年版，第 370 页。

制度层面的管理体制、组织机构以及行为层面的师生交往、学生交往、各种课外活动，等等。《学记》说："大学之教也，时教必有正业，退息必有居学。"正式课程及其教学是学校办学最主要的工作之一，也是培养人才、实现教育目的的基本途径，但是，在进行实践锻炼和照顾个性差异等方面具有难以避免的局限性。而非正式教育通过多种形式，能够获得正式课程教学难以做到的实践训练，有利于培养学生的实际工作能力，发展各种兴趣爱好。中国近代大学外语人才培养的指导思想是通识教育。通识教育的目的在于培养健全的人，一既要具备基本的知识和能力，还要有高尚人格和社会责任感。要达到以上要求，仅仅依靠正式课程教学远远不够，非正式教育潜移默化的熏陶作用更为至关重要。

课外活动与课堂教学是相辅相成的关系。为了巩固课堂教学效果、锻炼学生的实践能力，近代大学积极组织各种与外文有关的课外活动，在校园里创建一个浓厚的语言学习氛围。上海圣约翰大学英文系毕业生黄嘉德曾说道："圣约翰大学的英语环境特别有利于学生英语水平的提高。我在那里学习期间，课内听英语、讲英语、阅读文科方面各种英语教材和参考书，课余还参加各种课外活动，写英语日记，参加英语作文比赛、英语辩论会，听英语广播，看英语电影，还在校内上演的英语戏剧中扮演角色。这些课外活动对我掌握英语在听、说、读、写等方面的基本功起了决定性的作用。"[1]

校风学风对学生的影响也是无形的、持久的。著名历史学家张芝联于1935年夏考入燕京大学西语系，他曾说过两年燕京生活是他一生的大转机，因为"那里有的是自由、愉快、友爱、生命；那里除了教室生活外，还充满着学术研究的空气。那里教授和学生是打成一片的。……燕

---

[1]　黄嘉德：《英语教育五十五年》，李良佑、刘犁主编《外语教育往事谈——教授们的回忆》，上海外语教育出版社1988年版，第87页。

京大学的学术空气和自由环境有利于相互切磋，探索真理，使我受益匪浅"①。

　　美育也是实施通识教育的重要途径。近代大学重视美育对学生的熏陶。如北京大学建立了画法研究会、书法研究会、音乐会等，对于外文系学生来说，"（我，即冯至）有时听音乐演奏，参观书画展览，开拓了眼界。懂得一点艺术，接受一点审美教育，对于学习文学是有所裨益的"②。清华大学也设有音乐室、谷音室等文艺团体。聘溥西园担任古典戏曲、古典美术和古典音乐的指导教师；聘古普克（德籍）担任钢琴指导教师；聘托诺夫（俄籍）担任小提琴指导教师。加上学生当中的业余社团（文学社、美术、歌咏团……）及其经常举办的讲座、表演、展览等，使校园生活处于弦歌长兴的氛围之中。③ 学校大礼堂经常播放贝多芬、莫扎特和巴赫等的古典音乐和交响乐唱片，供爱好音乐的学生欣赏，曹禺便是到大礼堂欣赏乐曲的常客之一。这种音乐熏陶对曹禺的影响是潜在的，对音乐的感受都渗透在他的艺术细胞之中。他曾说过："我既不会拉，也不会唱，但音乐的影响对我很深，也说不清是怎样的一种影响。"④ 其实音乐对他戏剧艺术的和谐感、节奏感、结构感都有着潜在的影响。譬如在《雷雨》的"序幕"和"尾声"，不仅可看到希腊悲剧中合唱队的影响和启示，他还特意安排了巴赫的 *High Mass in B Miuor Benedietus gui Venait Domini Nomini*，大风琴伴着合唱颂主歌，教堂外边的钟声从远处传来，使序幕具有浓郁的、肃穆的氛围，把观众引入剧情之中。⑤

　　外文系的外籍教师或留学归国教师比较多，他们中大多数仍保留了西方的生活习俗。在周末或节假日约请学生分批到家中作客，有时也举办文

---

① 燕京研究院编：《燕京大学人物志》（第二辑），北京大学出版社 2002 年版，第 64 页。
② 赵建林编著：《解读北大》，广西师范大学出版社 2004 年版，第 149 页。
③ 参见黄延复《清华传统精神》，清华大学出版社 2006 年版，第 129 页。
④ 田本相：《曹禺传》，东方出版社 2009 年版，第 136 页。
⑤ 同上书，第 137 页。

学沙龙，这不仅为学生们提供了课外运用外语会话的机会，也使学生了解了社交场合的西方礼仪，并增进了师生之间的相互了解。例如，萧乾在回忆录中提到，他在燕京大学读国文专修班时经常参加西语系教授包贵思家里举行的读诗会，"包贵思来自新英格兰，每逢星期五，总举行这种读诗会。她坐在靠近壁炉的沙发上，旁边是一盏落地灯。她那瘦削的肩膀上老是披着一条深色围巾，用尖细的嗓音时抑时扬地朗读维多利亚时代（如田尼孙）的诗歌。有时读累了，就喊学生来接着读下去"①。

非正式教育以间接的、内隐的、长期的方式对学生的知识、情感、信念、意志、行为和价值观等方面起潜移默化的作用。中国近代同一时期大学外文系的课程（包括共同必修课和专业课程）设置情况相差不大，但是某些大学（如清华大学）的外文系可以培养出一大批学贯中西的博雅之士，不可否认非正式教育起了非常重要的作用。对于非正式教育，在北京大学任教多年的林语堂深有感触地说："我深信凡真正的教育，都是风气作用。风气就是空气，空气好，使一班青年朝夕浸染其中……学问都会有的……因为学问这东西，属于无形，所求于朝夕的熏染陶养……古人所谓春风化雨，乃得空气教育之真义。"②

第三节　对当今大学外语专业人才培养的启示

教育史研究对现实教育具有借鉴意义。伯顿·克拉克曾说："历史的研究也就是要提供种种比较，帮助理解当前。"③中国近代大学外语人才培

---

①　萧乾：《未带地图的旅人——萧乾回忆录》，中国文联出版公司1991年版，第49—50页。

②　李麟编著：《北京大学凭什么出名》，同心出版社2012年版，第33页。

③　［美］伯顿·克拉克：《高等教育新论》，王承绪等译，浙江教育出版社1988年版，第7页。

养活动是一个历史的存在，它的意义并不仅仅只是为近现代中国培养了一大批杰出外语人才，同时也为当前大学外语人才培养改革提供了宝贵的办学经验。虽然当前大学与近代大学所处社会历史环境不同，但是外语专业的人文学科属性始终未变。尤其是在当前大多数大学急功近利，注重社会功能，片面强调专业教育的错误倾向下，中国近代大学外语专业以通识教育理念为指导，从培养目标、课程设置、师资队伍、教学管理制度、课外活动五方面具有重要启示与借鉴。

一　就培养目标而言，大学外语专业应以培养人文通识型外语人才为主

近代中国大学经历了一系列艰难变革历程，在外语专业人才培养方面积累了不少有益经验。从培养目标来看，注重培养中西会通、人文素养厚实的外语通才。从清末"癸卯"学制到民国"壬戌"学制，外语学科一直归为文学（科或门或类）范畴，属于人文学科。民国时期绝大多数大学的外文系隶属于文学院，其教学研究以文学见长，注重人文素质的培养。如中央大学外文系的设置方针之一为"讲授外国文学之标准作品以提高欣赏及批评之程度并吸收其优美之文艺思想以资观摩"[①]；清华大学外文系提出要"创造今世中国文学，汇通东西之精神、思想，而互为介绍传布"。

反观现实，长期以来，我国外语学界存在一种不正确的风气，即判断同行水平的高低，不看其知识的深度和广度，也不看其思维能力和学术水平，而是看其语音语调是否准确地道，口语是否流利漂亮。在这种风气的误导下，很多外语专业的学生尽管"嘴巴快"（口语好）、"耳朵灵"（听力好），但是"脑子空"（知识面狭窄，人文素养贫乏），以至

---

① 《国立中央大学文学院外国文学系选课指导书》，1935 年，东南大学档案馆藏，案卷号：第 155 号。

于经常被人评价为"学外语的人没文化"。究其原因，主要还是外语专业自身的专业定位出现偏差。以英语专业为例，新中国成立后，我国英语专业大致经历了两个发展阶段：第一个阶段是20世纪50—70年代，以培养"听说、读、写、译"等语言技能为目标；第二个阶段是20世纪80年代至今，以培养复合型（英语能力＋某种专业知识，如法律、经贸、新闻等）人才为目标。这两个阶段都过分强调语言的工具性，外语教育的功用性十分突出，有背离人文主义教育传统的趋向。如果说通识教育在新中国成立后我国高等教育界长期未能得到足够重视的话，那么在外语教育领域就更加薄弱。因为在第一个阶段，语言技能训练占用了大量时间。而在外语院系为拓宽学生知识面而转向致力于培养复合型外语人才的阶段，法律、经贸、新闻等相关专业知识课程又占去了相当多的时间，甚至连外语专业中适宜开展人文通识教育的文学和文化类课程也受到挤占。诚然，这种专业定位与社会不同历史阶段对外语人才的需求相关。然而，被动去迎合市场的做法不仅削弱了外语院系本身的传统优势（文学与语言），而且使外语专业的定位愈加模糊。当前，我国基础教育阶段非常重视英语学习，学生的英语基础已今非昔比。21世纪的外语专业学生带着平均2000左右的词汇量和基本英语交际能力进入大学①，有些来自大中城市的学生英语水平甚至更高，传统的以培养语言技能为目标的外语专业定位已经不能适应社会对外语人才的要求。

时代在发展，但外语专业的本质属性不会变。目前通识教育改革已经在我国高等教育领域全面展开。外语专业教育作为高等教育的重要组成部分，除了强调专业教育的特性之外，基于它的人文学科属性，更应强调通识教育。此外，当今社会发展迅速，知识更新速度加快，只有具备较强学习能力的人才有更广阔的发展空间。如新中国成立前国立武汉大学文学院

---

① 参见教育部颁布的2000年《全日制普通高级中学英语教学大纲》。

就曾提出"要养成学生自动读书研究的能力与习惯。学问是无穷尽的，四年的功课无论怎样完备，也不能教完某一学科的千百分至一二。所以与其装塞有限的事实于学生的脑中，不如启发他们读书的兴趣，指导他们求学的方法，培养他们研究的能力"①。在通识教育模式下，学生所学的专业及其知识结构也许并不直接符合职业生涯的需要，但他们在高等教育中所获得的学术修养、独立思考的能力、精神感悟的境界，能使他们形成较为博大的见识、宽广的胸怀和聚散自如的思考。而这一切，比起有限的专业知识和技能来说，是更为宝贵的品质，是他们有可能在适应社会需要的同时又推动社会进步的根本保证。② 2010 年颁布实施的《国家中长期教育改革和发展规划纲要》明确提出，要"培养大批具有国际视野、通晓国际规则、能够参与国际事务和国际竞争的国际化人才"，这对当前我国大学外语专业如何对接国家的人才战略需求，提出了新的机遇和挑战。因此，当今大学外语专业应该将培养目标定位为人文通识型外语人才，即具有扎实的外语语言技能、深厚的人文素养、宽广的知识面，以及具备批判精神、国际视野和创新能力的外语人才。

　　当然，"高校办得好坏，不在规模大小，关键是要办出特色，形成自己的办学理念和风格"③。就外语专业教育而言，高校要在学术研究和人才培养方面有一定传承，突出特色。除了综合性大学应侧重培养人文通识型、国际化外语人才之外，师范类院校应主要培养高素质外语师资，财经类、理工类等院校仍应注重复合型外语人才培养，而高职高专院校则主要培养技能应用型外语人才，只有这样才能避免出现各高校外语专业定位相似、人才"千人一面"的现象。

---

① 《国立武汉大学一览》，1935 年，国家图书馆藏。
② 参见王德峰《从大学理念看通识教育的方向与道路》，《复旦教育论坛》2006 年第 4 期。
③ 温家宝：《百年大计、教育为本》，《光明日报》2009 年 1 月 5 日第 1 版。

二　从课程设置来看，大学外语专业应完善通识教育课程结构，构建以文学、文化类课程为主的专业课程体系

在半个世纪办学过程中，中国近代大学外语专业在课程设置方面积累了许多有益经验：共同必修课强调人文、社会、自然三大知识范畴的结合，并始终把国文放在课表首位；在专业课程上，语言技能课程少而精，文学类课程多而全，且注重中国文学类课程。

对比现实，当前我国大学外语专业在通识教育课程和专业课程体系方面都存在不可忽视的问题。首先，通识教育课程结构不合理。通识教育课程结构包括两方面内容：一是通识教育课程在课程总学分中的比重；二是通识教育课程的内部组成。通识教育课程在课程总学分中的比重体现了学校对通识教育的重视程度。目前各校外语专业的通识教育课程占四年课程总学分比重30%左右，与1938年文学院共同必修科目占四年学分总数的40%相差不大。以厦门大学英语语言文学系为例（见表7－2），其通识教育课程包括三大块：公共基本课程、全校通识课程和院系通识课程，学分数分别为36、18和1，总计55学分，占英语非师范专业应修满的156学分中的35%。但是通识教育课程的内部组成则欠合理。目前我国大学通识教育课程通常由全校公共必修课和文化素质教育选修课组成。全校公共必修课包括政治理论基础、汉语基础、第二外语、计算机、体育，有的学校还有军事课程，一般占通识教育课程总学分的70%左右。在表7－2中可以看到，公共基本课程共10门，归为政治理论课程、第二外语、计算机和体育（"大学语文"划归"全校通识课程"），合计36学分，占通识教育课程总学分55的65%。上述公共必修课体现了课程的政治理论性和工具性，并不能实现通识教育目的。而真正体现通识教育理念精髓的文化素质教育选修课通常只占通识教育课程总学分的30%左右。其次，在专业课程上，把过多学时放在语言技能训练上。同样以厦门大学为例（见表7－3）。按照《高等学校英语专业英语教学大纲》（2000）中对专业课程的分类，厦大英语非师范专业的专业课程归为三类，学分总计为 89，专业技能课、专业知识课和相关专业知识课分别占四年专业课程学分总数的 67%、10% 和 23%。作为一所"985 工程"的著名综合性大学，厦门大学的生源质量较好，能被外文系录取的学生，其英语基础也都相当不错，尚且在专业课程设置仍偏重于语言技能训练，如此可见一斑。由于在语言技能训练中往往强调模仿记忆，因此外语专业毕业生的逻辑思维能力较差，缺乏较强的分析、综合、判断、推理、思考和辨析能力，显现出令人担忧的"思辨缺席症"[①]。难怪有学者认为："英语专业毕业生在学术或事业上的总体成就比其他专业的毕业生逊色，很少出现杰出人才，其中原因很可能与过于专注语言技能的训练而忽视思想观念的发展有关。"[②]

表 7 – 2　　　　　　　厦门大学英语语言文学系的通识教育课程[③]

课程类型	课程名称	修读形式	学　分
公共基本课程（36 学分）	毛泽东思想、邓小平理论和"三个代表"重要思想概论	必　修	6
	思想道德修养与法律基础	必　修	3
	中国近现代史纲要	必　修	2
	军事理论	必　修	2
	马克思主义基本原理 I	必　修	2
	马克思主义基本原理 II	必　修	1
	当代世界经济与政治	选　修	2
	计算机基础	必　修	2
	日语/法语/德语	必修（三选一）	12
	体育	必　修	4

---

① 黄源深：《思辨缺席》，《外语与外语教学》1998 年第 7 期。
② 刘天伦：《培养目标与可利用资源》，《外语界》1996 年第 1 期。
③ 厦门大学：《厦门大学英语语言文学系培养方案（2009）》。

续　表

课程类型	课程名称	修读形式	学　分
全校通识 课程 （18 学分）	微积分（E 类）	必　修	3
	生命科学导论	选　修	1
	大学语文	必　修	2
	跨学科基本课程组	选　修	12
院系通识课程 （1 学分）	学科入门指导	必　修	1

表 7−3　厦门大学英语语言文学系英语非师范专业的专业课程设置情况①

课程类型	课程名称	修读形式	学　分	学分总数
专业技能	综合英语	必　修	12	合计:60
	英语精读	必　修	8	
	高级英语精读	必　修	8	
	初级英语听力	必　修	2	
	中级英语听力	必　修	2	
	高级英语听力	必　修	1	
	英语朗读艺术	必　修	1	
	英语泛读	必　修	4	
	英语会话	必　修	2	
	英语快速阅读	必　修	4	
	交际英语	必　修	2	
	初级英语写作	必　修	4	
	高级英语写作	必　修	4	
	英汉翻译	必　修	2	
	汉英翻译	必　修	2	
	口　译	必　修	2	

① 厦门大学:《厦门大学英语语言文学系培养方案(2009)》。

续　表

课程类型	课程名称	修读形式	学　分	学分总数
专业知识	英语短篇小说 英语视听说 英语短剧创作与表演	选修(三选一)	1	合计:9
	英语语法	必　修	2	
	美国文学	必　修	2	
	英国文学	必　修	2	
	论文指导	必　修	1	
	辞书与学习	必　修	1	
相关专业知识	系列1:文学	选　修		合计:20
	系列2:经贸	选　修		
	系列3:语言学	选　修		
	系列4:口笔译	选　修		
	系列5:英语国家概况与文化对比	选　修		
				学分总计:89

借鉴中国近代大学外语专业在课程设置方面的有益经验,当前大学外语专业的课程改革可以从以下两方面着手。

(1) 大学通识教育课程应该在保持其占总课时一定比重的前提下,完善通识教育课程的内部组成。

首先要适当压缩公共必修课的课时数,尤其是政治理论课程,占的课时多但教学效果并不好，因此可以通过压缩课时、改革教学方式等手段提高教学效果。其次要对文化素质教育选修课进行整合。文化素质教育选修课不应该是课程杂乱的堆积，要实现通识教育的目的，不仅课程要有广阔的覆盖面，而且要求各个学科领域的课程比例合理。在这一点上综合性大学外语专业具有先天优势。由于学校学科齐全，因此学生在跨系跨学科选修自然科学和人文社会科学的课程时有更多选择。

（2）外语专业要探索建立一个以文学、语言学、翻译和所学语言国家研究为主体，以学科教育为导向，致力于实施人文教育，提高学生学习能力、思辨能力和创新能力的专业课程体系。

第一，突破课时瓶颈，实施语言技能课程教学改革。

随着现在中小学教育阶段对英语学习逐渐重视，外语专业的学生在进入大学前已经有 9 年甚至 12 年的英语学习经历，语言基础较好，因此外语专业的课程体系应该与中学英语教学并轨，在进一步夯实语言基本功的前提下，首先根据"少而精"的原则整合和压缩传统语言技能课程。比如，可以将一、二年级的"英语口语"改造为由"英语交际口语""英语演说""英语辩论"组成的口语系列课程；将"英语写作"和"学术论文写作"整合为"英语基础写作"和"英语学术写作"，在一、二年级完成。基础写作侧重教授记叙、描写、说明等文体的写作手法，在学术写作中侧重议论文和学术论文写作的基本方法，同时强调思辨能力的培养。其次，把语言技能训练融入专业知识课程，也就是实施"技能课程知识化，知识课程技能化"。在人文知识课程的教学中融入听、说、读、写、译的训练。

第二，增加文学、文化类专业课程，实行人文教育。

在当前我国高中毕业生英语水平已经达到一定程度的情况下，外语专业已经具备侧重文学教育的基础和前提。外语专业的学生要从文学经典中吸取营养，通过阅读和分析外国文学作品，增强对西方文学及文化的了解，提升人文素养，培养和提高审美情趣。文学课程的编排上遵循文学史和文学体兼顾原则。在文学史上，除了外国古典文学史部分外，还要重视现代文学作品和作家；在文学体裁上实行分类教学。文学课程的教材要选用经典的篇章，并要求学生课外阅读大量经典文学原著，因为"优秀的文学作品是一只无形的手，把人们引向人格的塑造，精神的熔铸，灵魂的提升"①。

　　学外语不仅仅是掌握一门语言技能，更要学习与外国语国家密切相关的历史、哲学、宗教、艺术、政治、民俗等各方面的知识。因为讲外语本身就是一种跨文化行为。外语教育名家王佐良曾说过："通过文化来学习语言，语言也会学得更好。"② 学外语的人之所以被评价为"没文化"，就是因为其缺乏人文素养，知识面狭窄。因此，外语专业应该开设一系列人文社科课程，如西方文化概论、西方文明史、西方哲学简史、跨文化交际、中西文化比较等课程。尤其要开设有关中国传统文化的课程，这体现了对本民族文化的认同、接受，即费孝通先生所提出的"文化自觉"。长期以来，外语专业课程设置一直未将中国文化和历史放在一个重要的地位。中国传统学问和西方语言文学知识是相辅相成的。我国老一辈外语学人如季羡林、钱锺书等无不具有深厚的国学素养。因此，建议外语专业与其他人文学科专业协作，资源共享，鼓励学生跨专业、跨系科选修中国文化、历史、哲学等课程。

三　从通识教育实施过程来看，高水平师资队伍起到重要作用

　　中国近代大学外语专业发展过程中，不断摆脱对外籍教师的倚重，逐渐构建以本土教师为主的高水平师资队伍。本土教师往往具有深厚的国学修养、广博的知识面和精深的专业知识。且相当一部分教师有欧美留学经

---

① 陈众议：《〈百年孤独〉与全球化》，曹莉主编《永远的乌托邦——西方文学名著导读》，清华大学出版社 2011 年版，第 123 页。

② 张西平：《外语教育呼吁人文精神》，《中华读书报》2007 年 10 月 24 日。

历，受到西方文化的熏陶，因而学贯中西。为了促进师资队伍水平的不断提高，近代大学外语专业重视对聘用教师的学历、资历、研究能力等方面的考核，并出台教授带薪学术休假制度，保证教师在学术上可持续发展。

反观当今大学，近年来外语成为学科点膨胀最快的专业之一。据统计，目前我国开设本科英语专业的高校已有 900 余所，其中 200 余所还设有硕士点，英语专业在校学生已超过 100 万人。[①] 因此这也导致外语专业师资队伍一直处于较严重的缺编状态，生师比过大的现象屡见不鲜。由于教师数量严重短缺，外语专业教师平均每周课时数在 14 节以上，给广大外语专业教师带来沉重的工作负担，也给外语专业教学质量带来了直接的负面影响。一方面是现有师资数量不足，另一方面，高水平师资供不应求。当前我国外语专业教育的师资主体基本接受的是"苏联模式"的专才教育。他们在外语技能方面基本功扎实，但是知识面狭窄，人文素养方面较为薄弱。目前，师资培养是外语专业实施人文通识教育的一个瓶颈。新形势下我国大学要培养出人文通识型外语专业人才，就必须打造一支高素质的教师队伍。"高素质"的外语教师不应是仅精通听、说、读、写、译等技能的教书匠，而更应具备广阔的知识面和深厚的人文素养。也就是说，要培养出外语通才，教师自身必须是一个"通"师，就像民国时期大学外文系的吴宓、林语堂、朱光潜、柳无忌等一批外语教授。

教师是教学行为的主体，其理论水平、教学能力在一定程度上决定了高校的人才培养质量和学科发展进程。为了满足当前大学外语专业课程教学对高水平师资的需要，可以采取以下几方面措施。

首先，鼓励外语专业的教师攻读人文社科领域的硕士或博士学位。我国大学外语专业的现任教师中相当一部分是外语专业本科或硕士毕业。为了优化教师学历结构，应鼓励教师攻读高一级学位。尤其是针对外语教师

---

① 参见戴炜栋、胡文仲主编《中国外语教育发展研究（1949—2009）》，上海外语教育出版社 2009 年版，第 13 页。

人文素养较薄弱这一现象，建议他们攻读国内外大学的历史、中文、哲学、教育学、社会学等人文社科领域的硕士或博士学位。

其次，聘用外语水平较高的人文社科领域的专业教师到外语专业来兼课，为学生开设人文通识类的专业课程。现任教师的培养和提高需要一个长期的过程。为了节省办学成本，外语专业可以与学校其他院系教师资源共享，邀请中文系、历史系、哲学系、艺术系等的外语专业水平较高的教师为外文系学生开设中国文学史、西方哲学史、西方思想史、美学概论、政治学等课程。

最后，教师要注重自身教学能力的提升。学历教育并不完全等同于能力培养，持有高学历而不善教书者也不乏先例。因此，外语专业教师有必要阅读教育理论著作来了解教学原则、教学理念等，并通过教学观摩、教学探讨、教学实践等研究其他高水平教师的有益经验，提升自身的教学能力。

四 就制度保障而论，外语专业应制定科学、合理的教学管理与评价制度

为了规范教学过程、确保办学质量，中国近代大学外语专业在教学管理制度上采取了许多行之有效的措施。例如，实施灵活弹性的选科制与学分制，以必修选修结合与主系辅修制，使学生在专精一门之余旁涉其他学科领域知识，有助于通才培养；为保障学习自由，彰显学生的主体地位，出台转学转系制度，允许学生在一定限度内转换学校和专业；在考核评价制度上，通过增加考试次数、严格考试纪律、提高考核要求、改革考试形式等保证外语专业教学水平。

对比当前，大学教学管理制度的不完善对于人才培养模式改革起着制约作用，主要表现在：第一，自1978年教育部提出有条件的高校可以试行学分制开始，我国大学学分制改革已经走过30多年，但是在实施过程中仍

存在不少问题。例如，实行学分制必须开设一定比例的选修课。课程数量的增加，对于教室、图书、实验设施以及师资等教学硬件和软件都有更高的要求。而高校扩招所引发的教学资源严重不足成为制约学分制的一个瓶颈。开设选修课的目的是让学生的知识结构更完整、合理，满足他们的个性发展需求，以适应当今社会的现实需要。但是学生在选课时往往存在盲目性和功利性。选修课程时对课程性质和任课教师不了解，有的甚至为了修满学分而选择比较容易通过的课程。这些都与学分制实施初衷相违背。①第二，转专业悖论。学分制条件下学生本应可以根据自己的知识基础、兴趣爱好和社会需求等，按照规定程序中途更换专业。但目前我国大部分高校在专业上实行的是"一考定终身"，即使有些高校规定了可以转专业，但也只有在原专业名列前茅（比如专业排名前5%或10%）的学生才具有转专业资格，而这些学生往往对所读专业怀有兴趣和特长，恰恰是那些成绩不好的学生对专业没有信心和兴趣而希望转出。这种悖论与高校提倡"以生为本"的教育理念相矛盾。第三，评价手段单一。考试就像一根指挥棒，对外语专业的教学起着指引和限制作用。我国大学外语专业传统的考核评价几乎完全依赖笔试的方法，形式较为单一，内容大多测试学生的记忆能力，这种单一的评价手段进一步强化了语言技能训练的重要性。英语专业四、八级考试是检查英语专业学生是否达到教育部规定的综合语言技能和交际能力的重要手段，对于指导高校英语专业教学以及促进英语专业学科建设起到了积极作用。但是，这两种考试的负面作用也是显而易见的。它们仍然局限于语言技能水平的检测和学生识记能力的考查。

为了确保教学秩序的良性运转，为社会输送高质量的外语专业人才，大学外语专业应制定科学、合理的教学管理与评价制度。

首先，完善选课制和导师制。选课制是学分制的灵魂。要构建一个完

---

① 参见姚军《我国普通高校实施学分制的障碍与对策》，《江苏高教》2011年第1期。

整系统的选修课程体系，可以将选修课分为专业选修课、能力选修课和素质选修课。学生根据自己的实际需要进行选择。并且要加强对选课过程的管理。选课工作是一项复杂、细致的工作，需要在退选课手续、排课、教学过程、考核等方面加强管理，以确保选课质量。由于外语专业低年级学生对本专业及其课程性质不太了解，学习目标不明确，尤其是在选课时容易盲目，因此需要给他们配备一位富有专业教学经验的指导教师。除了学术上的指导，本科生导师还对学生进行思想引导和心理疏导。

其次，赋予学生更多的转专业自由。一位社会学者曾说过："转系、自由选择专业背后有一个现代教育的重要价值观，就是学习自由。选择什么专业是学生的权利，保证的是一种学术兴趣，只有这样才能有高质量的学习和研究。"[①] 因为兴趣是最好的老师。中国科技大学过去 10 年的专业选择改革经验就证明了这一点。在中国科大数学学院毕业生中，成绩前 10% 的学生有一半由外专业转来，而该院转入的学生只占总数的 15%—20%。物理学院的转专业学生不足 1/5，却占到了前 5% 学生的近四成。2013 年，该校本科生最高奖学金"郭沫若奖学金"的 33 位获奖者中，有 9 位经历过转专业。[②] 因此，高校应尊重学生志趣，把选择专业的权利交给学生，赋予学生更多的转专业自由，这样才符合人才成长的规律。当然，转专业确实会带来一定负面影响。它在一定程度上会造成专业间新的不平衡，有些所谓"冷门"专业如果完全放开，允许学生自由地转专业，就会面临"生存危机"。况且，一些处于学术前沿的基础学科有可能成为真正的冷门，这样势必造成国家基础学科落后、人才断层。另外转专业过多也会给教学管理工作带来诸多不便。因此，学校在做好学生思想工作的同时，应加强通识教育人才培养模式改革，实行主辅修制。

---

① 参见方惠坼《对高校转专业现状的思考》，《天津师范大学学报》（社会科学版）2007 年第 3 期。

② 参见《大学自由转专业为何路难行！一考定终身该打碎了》 （http://news. xinhuanet. com/yzyd/edu/20131031/c_ 117953554. htm）。

最后，建立多元化的考核评价体系。从本质上来看，英语专业四、八级考试仍是语言水平测试。这种单一评价方式已经和我国当前旨在培养知识面广、人文素养高的外语人才培养目标格格不入。外语语言知识和技能可以通过考试和量化来衡量，但是学生的人文素养却无法用考试来衡量。因此，应逐步取消或者限制四、八级考试在英语专业水平评价中的权重。为了全面衡量学生的英语水平，应该建立一个多元化的考核评价体系，包括平时作业、课程论文、专题口头报告、调查报告、开卷考试、闭卷笔试等。

五　从通识教育实施效果来看，丰富多彩的课外活动是营造良好通识教育氛围的有效途径

课外活动与课堂教学是相互补充的关系。中国近代大学外语专业具有重视课外活动的传统。通过开展英语演说、辩论和演剧等社团活动，锻炼了学生的语言表达能力和组织管理能力；组织文学社团活动为学生探讨文学和练笔提供了平台；各种音乐、美术、书法等社团活动则有助于学生陶冶性情、提升素养；而各种学术讲座则拓宽了学生的学术视野，营造浓厚的学术氛围。

反观现实，由于长期以来对外语专门人才的大量需求和培养复合型外语人才的热潮，外语的工具性和实用性被进一步强化。即使在课程设置上也采取一种"有用"或"没用"的标准，对不具有直接现实价值的文学和文化类课程不重视，甚至在教师中流传这样的一句话：给学生一个莎士比亚，不如给学生一个饭碗。此外，在当前就业压力相当严峻的形势下，外语专业学生几乎把全部时间精力用于提高外语语言技能训练上，或准备考研或考公务员，而对于陶冶情操、提升人文内涵的各种社团活动漠不关心。这种"急功近利"的人才培养模式导致外语专业学生人文修养薄弱、实践能力较差。

　　因此，外语专业应该通过多渠道、多途径开展课外活动，对课堂教学进行有利补充。丰富多彩的课外活动是大学实施人文教育必不可少的手段，通常把它称为"第二课堂"。学校开展的课外活动形式多样，如为通识教育目的开设的各种讲座、社团活动、社会实践活动等。和课堂教学相比较而言，课外活动对学生的影响具有潜移默化的、持久无形的特点。华中科技大学涂又光教授曾提出一个"泡菜"理论。他指出，泡菜的味道主要取决于糖、盐、生姜、大蒜等构成的泡菜水的味道，而不仅是萝卜、白菜本身的味道。所以，大学的教化影响很大程度上取决于大学的文化氛围。[①]而文化氛围的营造很大程度上就是通过各种形式的课外活动。

　　为了营造良好的人文教育氛围，助推学生文化素质的全面提升，学校应以丰富多彩的"第二课堂"活动为基础，发挥校园文化活动润物细无声的育人效果。除日常的课堂教学外，学校应划拨专项经费，举办各种大型的学术讲座和学术报告活动，使之成为校园文化生活最为活跃的有机组成部分和一道亮丽的风景。学生们身处这样浓厚的学术氛围中，便能见证思想的交锋，领略大师的风采，与前沿的观点对话。为了培养高质量的外语专业人才，必须营造良好的语言学习氛围。学校可以成立以外语专业学生为主体的外语学会、戏剧社等，定期开展活动，或练习口语，或交流学习心得。此外，也可以每学期组织外语演讲、辩论、配音等比赛，开展创办英文报纸、排练英文话剧等活动。通过这类活动，不仅为学生创造了练习外语的机会，而且锻炼了他们的工作能力、交际能力、合作能力和组织能力等。现代大学生对校园之外的社会了解不多，对社会实际缺乏体验，也很少思考如何用所学知识服务于社会。外语专业可以每年选派学生组成支教团，奔赴一些贫困偏远地区开展暑期英语教学活动。这类社会实践活动不仅为学生提供了一个学以致用的机会，而且使他们真正了解了中国贫困

农村的生存状态，拉近与社会的距离，增强社会责任感和使命感。学校和外语院系应提供必要的场所和经费，通过开展高品位、多层次的课外活动，为学生搭建一个丰富知识、交流思想和展示自我的平台，使学生逐渐养成高尚的品质、健全的人格和深厚的文化素养。

总之，中国近代大学外语专业教育以通识教育理念为指导，拓展了外语专业的发展空间，促使近代大学外语专业人才辈出。20世纪50年代后，受苏联专才教育模式的影响，我国大学外语专业教育片面强调专业化，导致学生知识面狭窄、能力不足，无法适应社会发展的需要。因此，在当前致力于培养"大批具有国际视野、通晓国际规则、能够参与国际事务和国际竞争的国际化人才"的时代背景下，我国大学外语专业教育应转变观念，引入通识教育，以培养外语语言基本功扎实、知识广博、具备创新思维能力、跨文化沟通和交际能力强的国际化创新型外语人才。

参 考 文 献

一 　史料

1. 潘懋元、刘海峰主编：《中国近代教育史资料汇编·高等教育》，上海教育出版社 2007 年版。

2. 璩鑫圭、唐良炎主编：《中国近代教育史资料汇编·学制演变》，上海教育出版社 2007 年版。

3. 璩鑫圭、童富勇主编：《中国近代教育史资料汇编·教育思想》，上海教育出版社 1997 年版。

4. 高时良、黄仁贤主编：《中国近代教育史资料汇编·洋务运动时期教育》，上海教育出版社 2007 年版。

5. 陈学恂、田正平主编：《中国近代教育史资料汇编·留学教育》，上海教育出版社 2007 年版。

6. 舒新城主编：《中国近代教育史资料》，人民教育出版社 1981 年版。

7. 朱有瓛主编：《中国近代学制史料（第一辑上册)》，华东师范大学出版社 1983 年版。

8. 朱有瓛主编：《中国近代学制史料（第一辑下册)》，华东师范大学出版社 1987 年版。

9. 朱有瓛主编：《中国近代学制史料（第二辑上册)》，华东师范大学出版社 1987 年版。

10. 朱有瓛主编：《中国近代学制史料（第三辑下册）》，华东师范大学出版社 1992 年版。

11. 朱有瓛、高时良主编：《中国近代学制史料（第四辑）》，华东师范大学出版社 1991 年版。

12. 宋恩荣等主编：《中华民国教育法规选编（1912—1949）》，江苏教育出版社 1990 年版。

13. 中国第二历史档案馆主编：《中国民国史档案资料汇编（第五辑第一编）》，凤凰出版社 1994 年版。

14. 辛树织主编：《第一次中国教育年鉴（第一册）（甲编）》，台北传记文学出版社 1971 年版。

15. 辛树织主编：《第一次中国教育年鉴（丙编）》，台北传记文学出版社 1977 年。

16. 张妍、孙燕京主编：《民国史料丛刊（第 1070 册）》，大象出版社 2009 年版。

17. 杨学为主编：《中国考试史文献集成（第 7 卷民国）》，高等教育出版社 2003 年版。

18. 北京大学校史研究室编：《北京大学史料（第一卷 1898—1911）》，北京大学出版社 1993 年版。

19. 北京大学、中国第一历史档案馆编：《京师大学堂档案选编》，北京大学出版社 2001 年版。

20. 王学珍、郭建荣主编：《北京大学史料（第二卷 1912—1937）》，北京大学出版社 2000 年版。

21. 清华大学校史研究室编：《清华大学史料选编（第一卷 1911—1928）》，清华大学出版社 1991 年版。

22. 清华大学校史研究室编：《清华大学史料选编（第二卷上 1928—1937）》，清华大学出版社 1991 年版。

23. 齐家莹主编：《清华人文学科年谱》，清华大学出版社 1999 年版。

24. 王文俊、梁吉生主编：《南开大学校史资料选（1919—1949）》，南开大学出版社 1989 年版。

25. 南开校友总会编：《南开校友通讯（第 2 辑）》，南开校友总会 1992 年。

26. 南开大学办公室编：《南开人物志（第一辑）》，南开大学出版社 1999 年版。

27. 厦门大学校史编委会编：《厦大校史资料（第一辑）1921—1937》，厦门大学出版社 1987 年版。

28. 厦门大学外文系编：《厦门大学外文系系志（1923—1993）》，厦门大学出版社 1993 年。

29. 南京大学校史资料编辑组、学报编辑部编：《南京大学校史资料选辑》，南京大学出版社 1982 年版。

30. 复旦大学校史编写组编：《复旦大学志（第一卷 1905—1949）》，复旦大学出版社 1985 年版。

31. 吴相湘、刘绍唐主编：《国立北京大学纪念刊（第一册）·民国六年廿周年纪念册》，台北传记文学出版社 1971 年版。

32. 吴相湘、刘绍唐主编：《国立北京大学纪念刊（第三册）·民国十八年卅一周年纪念刊》，台北传记文学出版社 1971 年版。

33. 中国人民政治协商会议全国委员会文史资料委员会编：《文史资料选辑（第四十辑）》，中国文史出版社 2000 年版。

34. 辅仁大学校友会编：《辅仁往事（第二辑）》，辅仁大学校友会 2007 年。

35. 燕京研究院编：《燕京大学人物志（第二辑）》，北京大学出版社 2002 年版。

36. 西南联大《除夕副刊》编：《联大八年》，新星出版社 2013 年版。

37. 叶雪芬主编：《柳无忌年谱》，社会科学文献出版社 1992 年版。

38. 高平叔主编：《蔡元培年谱长编（中）》，人民教育出版社 1996 年版。

39. 《国立武汉大学一览》，1935 年，国家图书馆藏。

40. 《清华学校大学部学程大纲》，1927 年，国家图书馆藏。

41. 《清华大学学程大纲》，1929 年，国家图书馆藏。

42. 《国立清华大学一览》，1935 年，国家图书馆藏。

43. 《国立清华大学一览》，1937 年，国家图书馆藏。

44. 《国立清华大学一览》，1932 年，国家图书馆藏。

45. 《国立清华大学一览》，1927 年，国家图书馆藏。

46. 《清华大学员工名册（1926—1952）》，2010 年，清华大学档案馆藏。

47. 《清华大学专任教授休假条例，教师服务及待遇规程》，1930 年，清华大学档案馆藏，资料号：1 - 2 - 1 - 109。

48. 《教育部训令》，1940 年，清华大学档案馆藏，资料号：120 - 1。

49. 《清华大学本科教务通则》，1934 年，国家图书馆藏。

50. 《国立北京大学一览》，1937 年，北京大学档案馆藏。

51. 《北平私立燕京大学一览》，1937 年，北京大学档案馆藏。

52. 《国立中央大学文学院外国文学系选课指导书》，1935 年，东南大学档案馆藏，资料号：第 155 号。

53. 《教育部颁发大学各学院分院共同必修科目表》，1938 年，东南大学档案馆藏，案卷号：072。

54. 《南开学校一览》，1929 年，南开大学档案馆藏。

55. 《国立武汉大学一览》，1935 年，国家图书馆藏。

56. 《国立中央大学学则暨选课指导书》，1933 年，国家图书馆藏。

57. 《国立中央大学一览》，1935 年，国家图书馆藏。

58. 《国立中央大学一览》，1942 年，南京大学档案馆藏。

59. 《国立北京大学教职员录》，1936 年，北京大学档案馆藏，案卷号：MC193603。

60. 《戏剧研究会开会纪略》，1920 年，北京大学档案馆，案卷号：BD1920016。

61. 《北大学术研究会过去的工作与今后的计划（节选）》，1926 年，北京大学档案馆藏，案卷号：BD1926006。

62. 《英文演说奖金条例》，《北京大学日刊》1919 年 3 月 22 日。

63. 《陈蘅哲先生演说词》，《北京大学日刊》1920 年 9 月 18 日。

64. 《外国语文学系英文组教授在校指导时间及地点表》，《北京大学日刊》1931 年 10 月 15 日。

65. 《二十三周年纪念日特刊》，《北京大学日刊》1920 年 12 月 17 日。

66. 《本校致各教授会公函》，《北京大学日刊》1922 年 10 月 11 日。

67. 《国立北京大学转学规则》，《北京大学日刊》1932 年 6 月 17 日。

68. 《平时试验办法》，《北京大学日刊》1919 年 3 月 4 日。

69. 《英文系入系试验》，《北京大学日刊》1933 年 9 月 26 日。

70. 《国立北京大学 1918 年招考简章》，《北京大学日刊》1918 年 5 月 22 日。

71. 《胡适教授致本校各科英文教员公函》，《北京大学日刊》1919 年 2 月 20 日。

72. 《学生生活及活动》，《北京大学日刊》1920 年 12 月 17 日。

73. 《英文系二年级一部分同学发起组织同班会启事》，《北京大学日刊》1924 年 6 月 9 日。

74. 《英文学系教授会启事》，《北京大学日刊》1925 年 1 月 9 日。

75. 《文科本科现行课程》，《北京大学日刊》1917 年 11 月 29 日。

76. 《文预科课程表》，《北京大学日刊》1917 年 11 月 25 日。

77. 《在爱丁堡中国学生会及学术研究会欢迎会演说词》，《北京大学日刊》1921 年 8 月 30 日。

78. 《外国语文系概况》，《清华周刊》1935 年 6 月 14 日。

79. 《我的清华生活之回忆》，《清华周刊》1926 年 6 月 1 日。

80. 《翟孟生先生讲演》，《清华周刊》1929 年 5 月 4 日。

81. 《新大一中英文演说竞赛会纪事》，《清华周刊》1929 年 12 月 21 日。

82. 《国立清华大学现存各会社概况》，《清华周刊》1928 年 11 月 16 日。

83. 《戏剧社公演补记》，《清华周刊》1929 年 3 月 29 日。

84. 《本校历年会社一览表·杂项》，《清华周刊》1921 年 4 月 28 日。

85. 《今日中国大学教育方针之我见》，《清华周刊》1927 年 3 月 25 日。

86. 《北平辅仁大学文学院西洋语言文学系课程组织及说明》，1935 年，国家图书馆藏。

87. 《圣约翰大学一览》，1934 年，国家图书馆藏。

88. 《复旦大学改组讯》，《申报》1929 年 8 月 8 日。

89. 《文科外国语言文学系学程纲要（草案）》，《厦大周刊》1926 年 10 月 16 日、30 日，1926 年 10 月 30 日。

90. 《大学教授限制兼课》，《申报》1929 年 6 月 22 日。

91. 《全国高教师资资格任用与待遇》，《申报》1937 年 7 月 9 日。

92. 《全国高教训育概况（三）：导师制之实施》，《申报》1939 年 10 月 22 日。

93. 《大夏大学试行导师制》，《申报》1929 年 6 月 29 日。

94. 《大夏大学的导师制》，《申报》1930 年 3 月 29 日。

95. 《中国公学大学部采用业师制》，《申报》1926 年 4 月 11 日。

96.《专科以上学术学业成绩考核法》,《申报》1940 年 6 月 5 日。

97.《专科以上学校毕业总考制之意义》,《申报》1940 年 6 月 15 日。

98.《暨大重订学校课》,《申报》1933 年 1 月 10 日。

99.《圣约翰大学国文部发展消息》,《申报》1923 年 6 月 28 日。

100.《大学各院系必修科目教育部修正完成》,《申报》1948 年 12 月 22 日。

101.《教部整理大学课程之步骤与办法》,《申报》1940 年 7 月 25 日。

102. 罗家伦:《中国大学教育之危机》,《申报》1934 年 1 月 19 日。

103.《北大注重外国文》,《申报》1926 年 12 月 23 日。

104.《中国大学课程编订之沿革与意见》,《申报》1939 年 7 月 21 日。

105.《竺校长答词——本校实施导师制概况》,《国立浙江大学校刊》1938 年第 4 期。

106. 竺可桢:《大学生与抗战建国》,《浙大日刊》1941 年 10 月 10 日。

107. 竺可桢:《新生谈话会训辞》,《浙大日刊》1936 年 9 月 23 日。

108.《杂项》,《清华周刊》1921 年 4 月 28 日。

二　著作

1. 潘懋元:《高等教育学讲座》,人民教育出版社 1993 年版。

2. 潘懋元:《新编高等教育学》,北京师范大学出版社 2009 年版。

3. 潘懋元:《潘懋元高等教育文集》,新华出版社 1991 年版。

4. 刘海峰:《科举学导论》,华中师范大学出版社 2005 年版。

5. 刘海峰、史静寰主编:《高等教育史》,高等教育出版社 2010 年版。

6. 张亚群:《科举革废与近代中国高等教育的转型》,华中师范大学出版社 2005 年版。

7. 田正平、商丽浩主编:《中国高等教育百年史论:制度变迁、财政运作与教师流动》,人民教育出版社 2006 年版。

8. 田正平主编：《中外教育交流史》，广东教育出版社 2004 年版。

9. 周谷平：《近代西方教育理论在中国的传播》，广东教育出版社 1996 年版。

10. 张彬、周谷平编著：《中国教育史导论》，浙江大学出版社 2007 年版。

11. ［美］伯顿·克拉克：《高等教育系统》，王承绪等译，杭州大学出版社 1994 年版。

12. 叶澜：《教育概论》，人民教育出版社 1998 年版。

13. 王伟廉主编：《高等教育学》，福建教育出版社 2001 年版。

14. 付克：《中国外语教育史》，上海外语教育出版社 1986 年版。

15. 李传松、许宝发：《中国近现代外语教育史》，上海外语教育出版社 2006 年版。

16. 李传松编著：《新中国外语教育史》，旅游教育出版社 2009 年版。

17. 李良佑、张日昇、刘犁编著：《中国英语教学史》，上海外语教育出版社 1988 年版。

18. 戴炜栋主编：《高校外语专业教育发展报告（1978—2008）》，上海外语教育出版社 2008 年版。

19. 戴炜栋、胡文仲主编：《中国外语教育发展研究（1949—2009）》，上海外语教育出版社 2009 年。

20. 孙有中主编：《英语教育与人文通识教育》，上海外语教育出版社 2008 年版。

21. ［加］露丝·海荷主编：《东西方大学与文化》，赵曙明主译，湖北教育出版社 1996 年版。

22. 黄俊杰：《美国大学的通识教育——美国心灵的攀登》，北京大学出版社 2006 年版。

23. 黄俊杰：《大学通识教育的理念与实践》，华中师范大学出版社

2001 年版。

24. 金耀基：《大学之理念》，生活·读书·新知三联书店 2001 年版。

25. 李曼丽：《通识教育——一种大学教育观》，清华大学出版社 1999 年版。

26. 左玉河：《从四部之学到七科之学：学术分科与近代中国知识系统之创建》，上海书店出版社 2004 年版。

27. 吴民祥：《流动与求索：中国近代大学教师流动研究（1898—1949）》，浙江教育出版社 2006 年版。

28. 韩延明：《大学理念论纲》，人民教育出版社 2003 年版。

29. 刘梦溪主编：《中国现代学术经典》，河北教育出版社 1997 年版。

30. 杨东平主编：《大学精神》，文汇出版社 2003 年版。

31. 杨东平：《通才教育论》，辽宁教育出版社 1989 年版。

32. 高晓芳：《晚清洋务学堂的外语教育研究》，商务印书馆 2005 年版。

33. 张美平：《晚清外语教学研究》，中国社会科学出版社 2011 年版。

34. 陈向阳：《晚清京师同文馆组织研究》，广东高等教育出版社 2004 年。

35. 粟进英、易点点：《晚清军事需求下的外语教育研究》，湖南大学出版社 2010 年版。

36. 霍益萍：《近代中国的高等教育》，华东师范大学出版社 1999 年版。

37. 熊明安编著：《中国高等教育史》，重庆出版社 1988 年版。

38. 李华兴主编：《民国教育史》，上海教育出版社 1997 年版。

39. 刘少雪：《中国大学教育发展史》，山西教育出版社 2007 年版。

40. 陈翊林：《最近三十年中国教育史》，上海太平洋书店 1930 年版。

41. 李华兴主编：《民国教育史》，上海教育出版社 1997 年版。

42. 孙培青、李国钧主编：《中国教育思想史（第 3 卷）》，华东师范大学出版社 1995 年版。

43. 国联教育考察团：《中国教育之改进》，国立编译馆 1932 年版。

44. 朱国仁：《西学东渐与中国高等教育近代化》，厦门大学出版社 1996 年版。

45. 陈洪捷：《德国古典大学观及其对中国的影响》，北京大学出版社 2006 年版。

46. 章开沅主编：《社会转型与教会大学》，湖北教育出版社 1998 年版。

47. 邓小林：《民国时期国立大学教师聘任之研究》，西南交通大学出版社 2007 年版。

48. 李佳：《近代中国大学通识教育课程研究》，浙江大学出版社 2010 年版。

49. 李良佑、刘犁主编：《外语教育往事谈——教授们的回忆》，上海外语教育出版社 1988 年版。

50. 束定芳主编：《外语教育往事谈：外语名家与外语学习（第二辑)》，上海外语教育出版社 2005 年版。

51. 张后尘主编：《外语名家论要》，外语教学与研究出版社 1999 年版。

52. 张亚群：《自强不息　止于至善——厦门大学校长林文庆》，山东教育出版社 2012 年版。

53. 张彬：《倡言求是　培育英才：浙江大学校长竺可桢》，山东教育出版社 2004 年版。

54. 冒荣：《至平至善　鸿声东南——东南大学校长郭秉文》，山东教育出版社 2004 年版。

55. 冯夏根：《文化关怀与民族复兴——罗家伦的思想人生》，人民出版社 2009 年版。

56. 许小青：《诚朴雄伟，泱泱大风：中央大学校长罗家伦》，山东教育出版社 2012 年版。

57. 冯沪祥：《罗家伦论人生》，北京大学出版社 2010 年版。

58. 梁柱：《蔡元培与北京大学》，北京大学出版社 1996 年版。

59. 吴梓明编著：《基督教大学华人校长研究》，福建教育出版社 2001 年版。

60. 杜智萍：《19 世纪以来牛津大学导师制发展研究》，内蒙古大学出版社 2011 年版。

61. 商丽浩：《政府与社会——近代公共教育经费配置研究》，河北教育出版社 2001 年版。

62. 诸荣会：《百年背影：历史嬗变中的悲喜人生》，安徽文艺出版社 2012 年版。

63. ［美］叶文心：《民国时期的大学校园文化（1919—1937）》，冯夏根、胡少诚等译，中国人民大学出版社 2012 年版。

64. 金林祥：《蔡元培教育思想研究》，辽宁教育出版社 1994 年版。

65. 黄延复：《梅贻琦教育思想研究》，辽宁教育出版社 1994 年版。

66. 刘述礼、黄延复主编：《梅贻琦教育论著选》，人民教育出版社 1993 年版。

67. 黄延复、马相武主编：《梅贻琦与清华大学》，山西教育出版社 1995 年版。

68. 梁吉生：《张伯苓教育思想研究》，辽宁教育出版社 1994 年版。

69. 王文俊等主编：《张伯苓教育言论选集》，南开大学出版社 1984 年版。

70. 崔国良主编：《张伯苓教育论著选》，人民教育出版社 1997 年版。

71. 《竺可桢全集（第 2 卷）》，上海科技教育出版社 2004 年版。

72. 高平叔主编：《蔡元培全集（第 3 卷）》，中华书局 1984 年版。

73. 《冯至全集（第 5 卷：文坛边缘随笔)》，河北教育出版社 1999 年版。

74. 陆耀东：《冯至传》，北京十月文艺出版社 2003 年版。

75. 柳光辽等主编：《人生履痕：教授·学者·诗人——柳无忌》，社会科学文献出版社 2004 年版。

76. 英若诚、康开丽：《水流云在：英若诚自传》，中信出版社 2009 年版。

77. 吕晓明：《张骏祥传》，上海人民出版社 2010 年版。

78. 黄宗江：《我的坦白书：黄宗江自述》，中国电影出版社 2005 年版。

79. 龙飞、孔延庚编著：《南开骄子》，南开大学出版社 2009 年版。

80. 孔庆茂：《钱钟书传》，江苏文艺出版社 1992 年版。

81. 李洪岩：《钱钟书与近代学人》，百花文艺出版社 1998 年版。

82. 傅宏星：《吴宓评传》，华中师范大学出版社 2008 年版。

83. 李继凯、刘瑞春主编：《追忆吴宓》，社会科学文献出版社 2001 年版。

84. 蔡德贵：《季羡林传》，陕西师范大学出版社 2009 年版。

85. 季羡林：《学海泛槎：季羡林自述》，华艺出版社 2005 年版。

86. 田本相：《曹禺传》，东方出版社 2009 年。

87. 韩石山：《李健吾传》，山西人民出版社 2006 年版。

88. 吴宓：《吴宓日记》，生活·读书·新知三联书店 1998 年版。

89. 宗璞：《宗璞自述》，大象出版社 2005 年版。

90. 朱映晓：《一个中国闺秀的野心与激情——凌淑华传》，江苏文艺出版社 2012 年版。

91. 许渊冲：《逝水年华》，生活·读书·新知三联书店 2008 年版。

92. 赵瑞蕻：《离乱弦歌忆旧游》，湖北人民出版社 2008 年版。

93. 吴宓：《文学与人生》，清华大学出版社 1993 年版。

94. 萧乾：《未带地图的旅人——萧乾回忆录》，中国文联出版公司 1991 年版。

95. 中央大学南京校友会、中央大学校友文选编纂委员编：《南雍骊珠：中央大学名师传略》，南京大学出版社 2004 年版。

96. 燕京大学北京校友会编：《群星璀璨：燕大名学者评价》，燕京大学北京校友会 2008 年版。

97. 李赋宁：《学习英语与从事英语工作的人生历程》，北京大学出版社 2005 年版。

98. 李赋宁：《饮水思源话恩师》，光明日报出版社 1998 年版。

99. 毛杏云主编：《春风桃李：从交通大学走出的文化名人》，上海交通大学出版社 2006 年版。

100. 王守仁编著：《雪林樵夫论中西——英语语言文学教育家范存忠》，南京大学出版社 2002 年版。

101. 王德滋主编：《南京大学百年史》，南京大学出版社 2002 年版。

102. 徐以骅主编：《上海圣约翰大学（1879—1952）》，上海人民出版社 2009 年版。

103. 熊月之、周武主编：《圣约翰大学史》，上海人民出版社 2007 年版。

104. 萧超然等主编：《北京大学校史（1898—1949）》，北京大学出版社 1988 年版。

105. 清华大学校史组编著：《清华大学校史稿》，中华书局 1981 年版。

106. 苏云峰：《从清华学堂到清华大学》，生活·读书·新知三联书店 2001 年版。

107. 南开大学校史编写组编：《南开大学校史（1919—1949）》，南开大学出版社 1989 年版。

108. ［美］文乃忠：《东吴大学》，王国平、杨木武译，珠海出版社 1999 年版。

109. 北京辅仁大学校友会编：《北京辅仁大学校史 1925—1952》，中国社会出版社 2005 年版。

110. 陈明章主编：《学府纪闻：国立清华大学》，南京出版有限公司 1981 年版。

111. 沈刚伯主编：《学府纪闻：国立武汉大学》，南京出版有限公司 1981 年版。

112. 孙邦华编著：《会友贝勒府：辅仁大学》，河北教育出版社 2004 年版。

113. 燕京大学校友校史编写委员会编：《燕京大学史稿（1919—1952）》，人民中国出版社 1999 年版。

114. 西南联合大学北京校友会编：《国立西南联合大学校史——1937—1946 的北大、清华、南开》，北京大学出版社 2006 年版。

115. 杨立德：《西南联大的斯芬克斯之谜》，云南人民出版社 2005 年版。

116. 黄延复：《清华传统精神》，清华大学出版社 2006 年版。

117. 钟叔河、朱纯主编：《过去的大学》，长江文艺出版社 2005 年版。

118. 陈远主编：《逝去的大学》，同心出版社 2005 年版。

119. 陈平原、夏晓虹主编：《北大旧事》，生活·读书·新知三联书店 1998 年版。

120. 赵建林编著：《解读北大》，广西师范大学出版社 2004 年版。

121. 陈平原：《中国大学十讲》，复旦大学出版社 2002 年版。

122. 钱穆：《文化与教育》，广西师范大学出版社 2004 年版。

123. 卞孝萱、徐雁平主编：《书院与文化传承》，中华书局 2009 年版。

124. 苏勇、樊竞：《燕园史话》，工人出版社 1985 年版。

125. 黄延复：《水木清华二三十年代清华校园文化》，广西师范大学出版社 2001 年版。

126. 傅维利、刘民：《文化变迁与教育发展》，四川教育出版社 1988 年版。

127. 王彬彬：《中国现代大学与中国现代文学》，上海人民出版社 2011 年版。

128. 《高等学校英语专业英语教学大纲》，上海外语教育出版社 2000 年版。

129. 黄季陆：《抗战前教育政策与改革》，台北中央文物供应社 1971 年版。

130. 周清明：《中国高校学分制研究——弹性学分制的理论与实践》，人民教育出版社 2008 年版。

131. Harvard Committee, *General Education in a Free Society*. Harvard, MA：Havard University Press, 1958.

132. Jerry G. , *General Education Today*：*A Critical Analysis of Controversies, Practices, and Reform*. San Francisco, CA：Jossey – Bass Publishers, 1983.

三　论文

1. 潘懋元：《福建船政学堂的历史地位及其影响》，《教育研究》1998 年第 8 期。

2. 刘海峰：《传统文化与中国古代高等教育特点》，《机械工业高教研究》1994 年第 4 期。

3. 张亚群：《科举制下通识教育传统的演变及其启示》，《华中师范大学学报》（人文社会科学版）2009 年第 4 期。

4. 张亚群、刘毳：《梅贻琦与清华大学通识教育实践》，《大学教育科学》2011 年第 4 期。

5. 张亚群、虞宁宁：《会通中西 教泽群贤：陈垣高等教育思想特色辨析》，《福建师范大学学报》（哲学社会科学版）2012 年第 1 期。

6. 田正平、陈桃兰：《抗战时期大学生生活的另类书写——〈未央歌〉中的西南联大纪事》，《高等教育研究》2009 年第 7 期。

7. 肖朗：《中国近代大学学科体系的形成——从"四部之学"到"七科之学"的转型》，《高等教育研究》2001 年第 6 期。

8. 周谷平、李佳：《通识教育视野下的大学公共外语课程——以近代清华大学为个案》，《高等工程教育研究》2007 年第 5 期。

9. 周谷平、张雁：《中国近代大学理念的转型——从〈大学堂章程〉到〈大学令〉》，《高等教育研究》2007 年第 10 期。

10. 周谷平、朱绍英：《美国大学模式在近代中国的导入》，《河北师范大学学报》（教育科学版）2004 年第 4 期。

11. 黄俊伟：《中国近代教会大学的教育理念述评——以华人校长为例》，《现代大学教育》2010 年第 5 期。

12. 胡莉芳：《中国近代大学校长的通识教育理念和实践》，《复旦教育论坛》2008 年第 8 期。

13. 陈洪捷：《蔡元培对德国大学理念的接受——基于译文〈德意志大学之特色〉的讨论》，《北京大学教育评论》2008 年第 3 期。

14. 孙邦华：《论陈垣的大学教育思想》，《天津师范大学学报》（社会科学版）2011 年第 5 期。

15. 鄢彬华、谢黎智：《通识教育的内涵辨析》，《教育学术月刊》2010 年第 6 期。

16. 康全礼：《民国时期大学通才教育理念探析》，《汕头大学学报》（社会科学版）2007 年第 3 期。

17. 康全礼：《"硕学闳才"大学教育理念考察》，《广西社会科学》2007 年第 5 期。

18. 李曼丽：《中国大学通识教育理念及制度的构建反思：1995—2005》，《北京大学教育评论》2006 年第 7 期。

19. 林安梧：《孔子的六艺之教就是通识教育——世界最早的通识教育家》，《通识在线》2005 年第 10 期。

20. 郭为藩：《知识社会的通识教育课程》，《通识在线》2006 年第 4 期。

21. 李均：《论"学习自由"》，《高等教育研究》2000 年第 3 期。

22. 吴武洲：《西南联大的转系 VS 今日教育自由精神的式微》，《粤海风》2006 年第 6 期。

23. 李祖祥、姜永杰：《论大学生的"学习自由"》，《现代教育科学》2004 年第 2 期。

24. 龚怡祖：《略论大学培养模式》，《高等教育研究》1998 年第 1 期。

25. 刘华：《试论中国高等教育近代化初期的基本特征——以京师同文馆为例》，《南京师范大学学报》（社会科学版）2002 年第 11 期。

26. 仇云龙、张绍杰：《晚清外语人才培养特色及其当下启示》，《外语教学与研究》2011 年第 2 期。

27. 仇云龙、张绍杰：《民国时期学术型英语人才培养特色及其当下启示》，《外语教学》2012 年第 4 期。

28. 李长莉：《晚清同文三馆对人材的培养》，《河北师范大学学报》（哲学社会科学版）1987 年第 1 期。

29. 邱志红：《京师译学馆英语教育初探》，《北京社会科学》2011 年第 6 期。

30. 黎难秋：《清末译学馆与翻译人才》，《中国翻译》1996 年第 3 期。

31. 陈雪芬：《柳无忌与民国时期南开大学英文系》，《教育评论》

2009 年第 6 期。

32. 陈雪芬:《清华大学外文系的博雅教育模式分析》,《教育评论》
　　2010 年第 1 期。

33. 陈建中等:《吴宓的"博雅之士":清华外文系的教育范式》,《社
　　会科学战线》1997 年第 1 期。

34. 周棉:《冯至年谱》,《徐州师范学院学报》(哲学社会科学版)
　　1992 年第 3 期。

35. 吕敏宏、刘世生:《会通中西之学　培育博雅之士》,《外语教学
　　与研究》2011 年第 2 期。

36. 王燕:《西南联大外文系的文化精神——外文系与联大诗人群》,
　　《廊坊师范学院学报》2004 年第 3 期。

37. 辜正坤:《外语界大师李赋宁——记李赋宁先生及其翻译》,《中
　　国翻译》1996 年第 3 期。

38. 李赋宁:《三十年代中叶清华大学的基础课教学》,《清华大学学
　　报》(哲学社会科学版)1995 年第 4 期。

39. 李世琦:《博大会通说顾随》,《社会科学论坛》(学术评论卷)
　　2008 年第 3 期。

40. 梁晨:《民国国立大学教师兼课研究——以北京大学、清华大学为
　　例》,《南京大学学报》(哲学·人文科学·社会科学)2011 年第
　　3 期。

41. 杨李娜:《民国时期的大学招考制度及其影响》,《漳州师范学院
　　学报》(哲学社会科学版)2005 年第 4 期。

42. 戴炜栋:《我国外语教育 60 年:回顾与展望》,《中国外语》2009
　　年第 5 期。

43. 黄里云:《高端外语翻译匮乏呼唤外语人才培养模式的多样化》,
　　《学术论坛》2007 年第 7 期。

44. 庄智象：《我国外语专业建设与发展的若干问题思考》，《外语界》2010 年第 1 期。

45. 陈坚林、顾世民：《试论大学英语课程在通识教育中的地位和作用》，《外语电化教学》2011 年第 1 期。

46. 柴改英：《以外语创新人才培养为目标的通识教育》，《外语电化教学》2010 年第 9 期。

47. 张欢雨、马伟林：《通识教育视野下的英语专业教学改革》，《教育学术月刊》2012 年第 9 期。

48. 梁德智：《通识教育在外语类高等院校本科教育阶段的地位及其现状的调查研究》，《西安外国语学院学报》2004 年第 1 期。

49. 陈晓平：《通识教育的有益尝试——英语专业开设中国传统诗词课程的实践研究》，《中国成人教育》2010 年第 13 期。

50. 刘润清：《许国璋教授与英语教育》，《外语教学与研究》1995 年第 1 期。

51. 胡文仲、孙有中：《突出学科特点，加强人文教育》，《外语教学与研究》2006 年第 5 期。

52. 黄源深：《思辨缺席》，《外语与外语教学》1998 年第 7 期。

53. 戴炜栋、张雪梅：《对我国英语专业本科教学的反思》，《外语界》2007 年第 4 期。

54. 张中载：《外语教育中的功用主义和人文主义》，《外语教学与研究》2003 年第 6 期。

55. 文秋芳、周燕：《评述外语专业学生思维能力的发展》，《外语学刊》2006 年第 5 期。

56. 蒋栋元、李灏：《英语专业八级考试新增题型与人文素质教育》，《中国矿业大学学报》（社会科学版）2007 年第 1 期。

57. 张西平：《外语教育呼吁人文精神》，《中华读书报》2007 年 10 月

24 日。

58. 庄智象等：《国际化创新型外语人才培养的思考——教学大纲、课程体系、教学方法与手段》，《外语界》2012 年第 4 期。

59. 刘翊、吴永强：《学分制下高校英语专业通识教育课程改革启示》，《西南民族大学学报》（人文社会科学版）2008 年第 S1 期。

60. 入世与外语专业教育课题组：《关于高等外语专业教育体制与教学模式改革的几点思考》，《外语界》2001 年第 5 期。

61. 方惠圻：《对高校转专业现状的思考》，《天津师范大学学报》（社会科学版）2007 年第 3 期。

62. 姚军：《我国普通高校实施学分制的障碍与对策》，《江苏高教》2011 年第 1 期。

63. 陈雪芬：《中国英语教育变迁研究》，博士学位论文，浙江大学，2008 年。

64. 顾卫星：《明清学校英语教学研究》，博士学位论文，苏州大学，2001 年。

65. 李力：《中国近代大学校园文化之形态与功能研究》，博士学位论文，厦门大学，2011 年。

66. 斯日古楞：《中国近代国立大学学科建制与发展研究》，博士学位论文，厦门大学，2012 年。

67. 袁曦临：《人文社会科学学科分类体系研究》，博士学位论文，南京大学，2011 年。

68. 赵立波：《人文发展与通识教育问题初探》，博士学位论文，复旦大学，2008 年。

69. 沈文钦：《近代英国博雅教育及其古典渊源》，博士学位论文，北京大学，2008 年。

70. 赵鲁平：《解读上海外语教育：历史与文化语境的嬗变》，博士学位论文，华东师范大学，2005 年。

71. 刘毳：《梅贻琦与海峡两岸清华大学》，硕士学位论文，厦门大学，2011 年。

72. 郑丽：《山中走出的"东方剑桥"——竺可桢与抗战时期浙江大学的发展》，硕士学位论文，厦门大学，2012 年。

73. 《教会大学中的通识教育》（http：//www. fudan. edu. cn/tsjy/article. php？id = 95）。

74. 《陆佩弦》（http：//cell. shisu. edu. cn/Default. aspx？tabid = 1493）。

75. 《调查显示：英语、计算机专业成失业重灾区》（http：//www. edu. cn/gao_ jiao_ news_ 367/20100811/t20100811_ 506632. shtml）。

76. 冯莉：《外语人才培养：需求分析先行》，《光明日报》2010 年 12 月 3 日。

77. 《听沈从文劝告翻译家杨苡改学英语》，《新商报》2010 年 11 月 24 日。

后　记

　　本书是我在博士学位论文的基础上修改而成的。这次重点将第四章和第五章的位置进行了调换，从而更符合学术研究的逻辑顺序和本书的写作思路。

　　首先要特别感谢我的导师张亚群教授，师恩似海，感谢他多年来对我的悉心培育。张老师作为我硕士阶段的第二导师，对我的学习和生活曾给予了很多支持和帮助。七年前，张老师不嫌弃我学术底子薄，又一次将我收为博士弟子，感激之情永生难忘。博士论文从选题、框架构思、撰写到后期的修改，每一步都是在张老师的悉心指导下完成的。在论文写作过程中，每当我遇到问题时，张老师总是耐心地引导和鼓励我。尤其是在论文后期的修改阶段，张老师更是给予精心的指导，提出许多宝贵的修改意见。只是我生性愚钝，经常不能完全领会到老师的学术指引，离老师的要求相差甚远，很是惭愧。在张老师门下受教八载，老师对待学术研究严谨认真、精益求精的态度虽然曾令我饱尝艰辛，但也大受其益。

　　潘先生年过九旬还精神矍铄地为我们讲授高等教育学专题。读书期间我虽与先生直接交流不多，但是先生的渊博学识和人格魅力始终感染着我。很喜欢听刘海峰教授主讲的科举学专题，每次短短的三小时精彩讲授，内容涵盖历史、文学、哲学、艺术等，犹如接受了一次酣畅淋漓的人文通识教育。特别感谢郑若玲教授，不是姐妹胜似姐妹的这份情谊让我感觉很温暖。让我们做一辈子的好朋友、好姐妹。在此我还要感谢杨广云、叶燕、吴晓君、冯波、肖娟群、李武静等诸位老师对我的关心和帮助。

感谢 2009 级博的全体同学。在这个班集体中我感受到了集体的力量和温暖。感谢我的同门虞宁宁、斯日古楞、李力、刘毳、曾华、汪洋、郑丽、付佳、阎志军、党亭军、胡天佑等对我的关心和帮助。还要感谢 2011 级 EDD 赖晓琴，无私地把宿舍借给我住，为我论文后期修改期间提供了方便。

特别要感谢我的家人，你们的支持和鼓励是我能够顺利完成学业的巨大动力。我爱你们！

肖玮萍

2016 年 8 月于江西师范大学